人民日报记者说
典型人物采访与写作

人民日报地方部 / 编
费伟伟 / 主编

人民日报出版社

代序

改进文风、创新报道永远在路上

人民日报社社长　杨振武

带头改进文风,是十八大后中央交给人民日报的重要任务,也是我们顺应媒体发展潮流、回应人民群众呼声的自觉追求。去年以来,我们在选稿用稿上有了很大变化,强调"短、新、实",力求把短文章写精,把长文章写活,做到讲故事与讲道理相结合、思辨性与可读性相统一,报纸的面貌有了很大变化,但离"更好看,更爱看"的目标还存在不小的差距。有的同志仍惯于把"内容正确"等同于"效果良好",惯于从概念到概念,从抽象到抽象,很少考虑受众感受,一般性地谈成绩、材料拼凑式的报道仍然存在。我常说,你对读者"漠不关心",人家就对你"视而不见",报道自然是"写谁谁看,谁写谁看"。

改进文风、创新报道,改到深处是理念。新闻贵在新,做新闻工作也贵在新,要保持思想的敏锐性和开放度,不能"总在老框框里打转转"。有的同志工作也很卖力气,就是思想观念跟不上,写稿子都是一个套路,谋篇布局三段式,行文观点串例子。对此,我们可以换位思考,如果都是一个模子的稿子,你会不会爱看?习近平总书记讲到,有些做法过去有效,现在未必有效;有些过去不合时宜,现在却势在必行;有些过去不可逾越,现在则需要突破。这番话讲到家了。我们要认真领会总书记讲话精神,树立创新意识,把脑筋开动起来,把聪明才智激发出来,把自己从过去的俗套中解脱出来。分社今年获得中国新闻奖的两篇作品《五个担心让领导出一身汗》《驻村三日》，还有前不久刊发的通讯《因为爱所以爱》《一滴"南水"出安康》等稿件，写法上都求新求变，因为"不同以往"，所以"不同凡响"。我们报纸需要更多这样的好作品！

改进文风、创新报道，关键是要突破"自弹自唱"的勇气，不能固步自封"关起门来过小日子"。对于一篇稿子、一张报纸，什么是"更好看"，怎样才能达到"更爱看"，我们自己说了不算，最终的评价权、选择权都在读者。现在，有的同志仍习惯于自我评价或圈内评价，以固有标准来看待报道，较少关注外部效果；有的把报道对象例行的感谢和肯定简单等同于对报道的认可；有的只在小圈子中自我欣赏，陷于一种盲目的沾沾自喜。经验告诉我们，人的感觉一旦过于良好，就不想突破创新，守成的心态就会重一些。我们正在探索建立科学的反馈和评估机制，避免自我感觉过于良好、消极被动不愿创新。记者要多写那些顶花带刺、欢蹦乱跳、能吸引人、能感染人的好稿子。好稿子就要上好位置，这也是一种导向。我曾经讲过，我们报纸的文风，要向总书记学习，向总书记看齐。习近平总书记的讲话有高度，有深度，有厚度，有温度，生动鲜活，触及心灵。我们在学习习近平总书记系列重要讲话精神时，要领会其精神实质，也要好好学习总书记的文风。

改进文风、创新报道，改到深处也是作风。好文章哪里来？关键一条，就是要踏踏实实迈开双脚，实实在在走进基层，与新闻人物面对面，与新闻事件零距离。我曾在总编室《值班手记》上写了一段话，肯定《宁夏全力逆转沙漠化》等3篇报道见人见事见行动、有声有色有观点，都是深入现场采访得来的。当我们的足印遍布生活深处时，报道就有底气、灵气和锐气，报纸就有生机和活力。深入才会有灵感，深入才会出佳作，驻地记者离开了"深入"，也就失掉了根基。一些分社社长，经年累月在基层，风里来雨里去，写出了很多"接地气"的好稿子。在通讯手段发达的今天，我们依然大力提倡记者到新闻现场去。地方部提出，"不到现场不写稿，不是自采不署名，不经核实不发表"，编委会认为这"三不"提得很好。

　　思想决定作风，作风决定文风。改进文风、创新报道永远在路上，决不会一劳永逸。国内分社的同志一定不能松劲，要坚持不懈转作风，深入持久改文风，激发新活力，创造新价值，为人民日报的使命与光荣，书写荡气回肠的新篇章！

　　（本文摘自作者2014年11月17日在人民日报社国内分社"加强自身建设培训班"上的讲话）

目 录

采访：离采访对象近些、再近些

002　引言

007　近点，再近点 / 王慧敏
010　提倡"六易其稿"精神 / 杨振武
013　附：热血铸雄关 / 王慧敏
　　　——新疆克孜勒苏柯尔克孜自治州军民戍边纪实

023　遴选最打动人的素材 / 马跃峰
025　附："拆窝燕子"邢孔丰 / 马跃峰

028　写人物，在"走心"/ 叶　琦
030　附：这门"亲戚"走了四十年 / 叶　琦

033　"从迈开双脚做起"/ 费伟伟
037　附：万里黄龙今已缚 / 费伟伟　徐运平　施　娟　朱　磊

043　学会巧用发问的艺术 / 王　楚
047　附：有胆略的决定 / 王　楚
　　　——武汉三镇大门是怎样敞开的

053 倾听，也是很好的采访 / 朱　磊
055 　附：总觉得他会憨憨地笑下去 / 朱　磊
　　　——追记宁夏吴忠市利通区金塔社区党支部书记赵峰

060 谢绝采访之后 / 邓建胜
062 　附：章金媛：79岁的我还有两个梦 / 邓建胜

065 最鲜活的东西不在纸上 / 王汉超
068 　附：解读新乡先进群体"基因图谱" / 龚金星　王汉超

072 和郭明义交朋友 / 孔祥武　李　波
074 　附：新时期的道德模范——郭明义 / 龚达发　郑少忠　何　勇
　　　李　波　孔祥武

088 俯下身才能心贴心 / 吴齐强
090 　附：本色 / 刘士安　吴齐强
　　　——甘祖昌将军夫人龚全珍的故事

096 捕捉细节才能打动人心 / 郝迎灿
098 　附："货郎电工"王炳益 / 万秀斌　郝迎灿

100 持平常之心　让细节生辉 / 安　洋
103 　附：申纪兰的根与本 / 安　洋

108 观察比询问还重要 / 柏　生
110 　附：韧性的战斗 / 柏　生
　　　——访著名科学家高士其

117　如何采访专家学者 / 张玉来
120　附：诺贝尔奖得主的中国情 / 张玉来

写作：写自己感受最深的

124　引言

129　泪飞最是感人处 / 戴　鹏
135　用细节写出情感的力度 / 费伟伟
138　附：百姓心中的丰碑 / 戴　鹏　徐运平
　　　——追记公安局长的楷模任长霞

148　寻找凸显人物精神的细节 / 杨文明
150　附：闲不住的陈友凤 / 杨文明

153　以平实的语言写出平实的感觉 / 贺广华　周立耘
154　附：男儿当自强 / 贺广华　周立耘
　　　——洪战辉带着妹妹求学记（上）

160　"把倔老头变成可爱的倔老头" / 胡洪江　杨文明
164　附："生活在群众中让人充实" / 张　帆　胡洪江　杨文明
　　　——记原云南省贡山独龙族怒族自治县县长高德荣

169　把自己摆进去 / 徐锦庚
171　附：因为爱　所以爱 / 徐锦庚
　　　援藏博士夫妻马新明孙伶伶的家国情怀

185　从"小"中探视时代发展规律 / 赵　鹏

186　附:"算账书记"吴金程 / 赵　鹏

189　**改革是最动人的中国精彩故事背景** / 郝　洪
192　**用三天浓缩邹碧华一生** / 王一彪
194　附:担当,是改革者必须的修行 / 郝　洪
　　　——上海法官邹碧华生命的最后三天

198　**拎住思想的"钱串子"** / 刘裕国
199　附:他有一副雪山铁骨 / 刘裕国
　　　——追记四川甘孜州委常委、宣传部长毕世祥

207　**老典型如何写出新意** / 卞民德
210　附:一位老兵的坚守 / 徐锦庚　卞民德
　　　——记山东省沂源县张家泉村原党支部书记朱彦夫

215　**哪些元素吸引人?** / 费伟伟
221　**把人的内心准确无误地写出来** / 刘　衡
223　附:"妈妈教我放鸭子" / 刘　衡
　　　——记全国"三八"红旗手、湖北沔阳县彭场公社陈惠容的谈话

226　**用第一人称增强报道贴近性** / 崔　佳
229　附:老马的"基层工作经" / 王建新　崔　佳

232　**记者要有创新思维** / 刘裕国
233　附:忠诚像雪山一样圣洁 / 刘裕国
　　　——追记四川省甘孜州道孚县瓦日乡原乡长菊美多吉

239　**用"镜头"让故事活起来** / 颜　珂

241　附:"抗旱铁人"欧阳家友 / 颜　珂

244　**写出你的个性** / 卢小飞
246　附:还没到笑的时候 / 卢小飞

247　**开头怎么写:"写自己感受最深的"** / 费伟伟
254　**谷文昌:写了14稿** / 牛一兵
261　附:"四有"书记谷文昌 / 杨振武　牛一兵　余清楚
263　人生一粒种　漫山木麻黄 / 吴　焰　赵　鹏　孔祥武
　　　——谷文昌的生前事身后名

编辑:让新闻创造力倍增

278　引言

281　**学会写出心中的感动** / 朱　虹
283　附:"生命禁区"的守护者 / 朱　虹
　　　——可可西里自然保护区见闻

285　**我为什么能撞到这个机遇** / 高海浩
287　附:一人沉浮　千夫评说 / 高海浩
　　　——步鑫生被免职后的种种议论

293　**梳理、归纳也是"磨刀"** / 费伟伟
297　附修改稿第三稿:"金牌调解"潘云辉
299　附见报稿:"金牌调解"潘云辉 / 吴齐强

302　**一周采编业务述评摘录**

303　写人也好，写事也好，生动就好 / 侯露露
　　（2013年12月30日～2014年1月5日）

305　让规定动作亮起来 / 施　娟
　　（2014年3月24日～2014年3月30日）

308　带着一点爱意去写作 / 魏　薇
　　（2014年7月21日～2014年7月27日）

310　讲好"这一个"，写活"这一个" / 姚雪青
　　（2014年12月15日～2014年12月21日）

312　"精彩故事"要讲出彩 / 袁　泉
　　（2015年1月26日～2015年2月1日）

316　精准"抓鱼"，妙手"烹鲜" / 钱　伟
　　（2015年2月9日～2015年2月15日）

319　讲好故事，从头坚持别摇摆 / 李亚楠
　　（2015年4月26日～2015年4月30日）

323　让人物"动"起来 / 杨　彦
　　（2015年5月25日～2015年5月31日）

329　新闻生产力是如何产生的
　　——从《擦鞋者说》看编采互动

330　夫子自道：有准备的头脑才能创新 / 龚永泉

332　旁观者说：好稿子也是用出来的 / 顾兆农

334　研讨者说：写出真实依然是最基本的功夫 / 阎晓明

335　研讨者说："真僧只说家常话" / 贺广华

336　附：擦鞋者说 / 龚永泉

338　没有互动，就没有创意和精彩
　　——从高德荣系列报道看采编全程合作

339　一次自我超越的背后 / 徐元锋　杨文明

343 指令稿，也能有精彩！/ 人民日报总编室要闻四版编辑组
　　——独龙族老县长高德荣系列报道的版面创新
346 真实就是"干货"/ 韩立群
　　（2014年12月22日~2014年12月28日）
349 附："长"在群众中的"老县长"/ 徐元锋　杨文明
　　——记独龙族共产党员高德荣

354 **后记** / 费伟伟

采访 01
离采访对象近些、再近些

引言

从事新闻摄影的，都知道那句名言："如果你的照片拍得不够好，那是因为你离得还不够近。"（罗伯特·卡帕）

新闻采访都是这个理儿。

一篇优秀的人物通讯，必始于扎实的采访，好新闻永远是用脚走出来的，离采访对象越近，离好报道也就越近。著名作家雨果说过："富人凭借客厅里的寒暑表去判断冷热，穷人却只能依靠自己的皮肤去感受。"新闻记者是永远的穷人。记者也要用自己的皮肤，自己的心灵去感应，去体验。王慧敏在新疆克孜勒苏柯尔克孜自治州采访边防连，在三四千米的海拔和刺骨的寒冷里奔波了半个多月，只看到过3个游牧的老乡。身临其境，才发现自己低估了环境的严酷程度。夜宿边防连，"在一分一秒数时间的过程中，我的灵魂受到了一次全面的拷问。我们太幸福了！"

因此，"近些，再近些"的感慨，可谓采访至理。

马跃峰一篇千字文写了三回，从遴选人物，到"遴选最打动人的素材"，两天里做了三次采访。有了丰富素材、感人场景，人物形象顿时立体、鲜活。"现调的馅，包饺子最好吃。"他深有感触。倘若时过境迁、人去楼空呢？你也仍应置身现场。很多人物故事讲得不精彩、不会表达的背后，往往是"没去感觉，也就没有感觉"。这就像相恋时的感觉，写30封情书，也不抵一次见面。一次面对面，胜过纸上寻寻觅觅无数。因此，叶琦说，采访前做准备工作固然重要，但"都不如到现场走上一趟"，带着心去聆听、去感受。只有"走心"，才能产生精神的共鸣。只有走得深,记者才能擦亮发现的眼睛,展开思想的翅膀,赋予报道"顶花带刺"的鲜活和深邃的意境。费伟伟认为,讲故事讲得不好,是因为走得不多、走得不深、走得不实。真正走进、贴近、深入了,就不仅能捕捉到那些鲜活的语言、鲜活的场景,还能"在时代的景深中触摸到个体的温度",触摸到采访对象"个体的温度",记者才可能触发"个体的感受"——那些独特、真实、深切的感受。

提问是采访不可或缺的环节,甚至是能否采访成功的关键,特别是当你的采访对象是"大人物"时。王楚认为,采访"大人物"不能仰视,只能平视,重点要采访"他"在事件过程中的思想斗争、变化、结果。这类采访宜闭合式提问。一是可以避免被采访者有意的"答非所问",二是使记者自己长时间处于主动地位。提问应多问"人""人的思想""人与人之间的关系",因为共性问题最易引起读者共鸣。

可有时,提问也许不合时宜。比如,当你面对亲人刚刚离世、依然沉浸在巨大悲痛中的家属。朱磊说:倾听,也是很好的采访。花费多一些时间与耐心去倾听和观察,甚至收获更大。

有时,采访会被婉言谢绝。比如,邓建胜不得已只好以其他身份"混进"采访对象家,旁听主人和老同事聊天。即使这样,也仍会对主人公有更深的理解和认识。因为,熟悉人物工作、生活的环境,不仅是交代背景,更是提炼主题、写出特色的必要程序——写出典型环境中的典型人物。而此前谢绝采访的主人公,后来"同意我参加她们在南湖社区的一次志愿服务"。同样,正值中秋,朱磊给报道对象赵峰的家属捎去一盒月饼,其他时候只是默默倾听。然而"没想到,在赵峰家里,一杯清茶,谢芳却打开了话匣子,从两人相识一直到赵峰去世"。当一个记者对一个刚痛失亲人的人付出属于人类应有的同情心和真诚而恰当安慰,当一个记者对采访对象表达出足够尊重和敬意,意外收获也不期而临。

意外吗?其实也不意外。记者要敏感,也要温情,敏感是有一双善于发现的眼,温情是有一颗懂得理解的心。有了这样一份温情,采访中言行举止也会自然传递一份暖意，采访后的报道里也会自然流露一种人文情怀。

记者出身、后来名动天下的当代重要作家加西亚·马尔克斯说过这样一句很精辟的话：录音机无法听到人的心跳，这才是采访中最重要的部分。

在资讯传递越来越便捷的今天，应格外强调这一点。特别是有些重大人物典型，有关方面给记者提供的材料诚可谓"面面俱到"，然而，"最鲜活的东西不在纸上"。王汉超说得很到位：在汗牛充栋的材料基础上总结提炼，仍不免老生常谈，流于空泛。沉下去研究，挖深，采透，得到的东西才有令人信服的力量。

一深入就生动，一深入就深刻，一深入就精彩。只有深入才有可能深刻，因为能发现别人还没有看到的真相；只有深入，才有可能生动，因为能采掘到别人没有发现的细节。王汉超概括为"带着问题下去带着答案回来，带着答案下去带着求证回来，带着典型下去带着故事回来"。到村里，到农户家里，到工地，到企业，到山上，到果园……聊出了大量过去没人写过，市里长期跟踪关注先进群体的同志都不知道的细节和故事。

学会与采访对象交朋友！只有交上朋友，获得信任，才能采到真话实情。孔祥武和李波认为，老记者真诚相授的这一经验，是他们采访郭明义最大的体会。

俯下身才能心贴心，心贴心才能真正抓住报道最能打动读者的那个点。自己感受到了的东西，往往不见得能够理解它；但是，理解了的东西，就一定能更深刻地感受。夜宿雪山边防连，与老鼠一场夜战，使王慧敏与戍守边关的官兵心贴近、贴紧了，报道的主题"自然转向这些最可爱的人"；道德模范郭明义对采访已学会"水来土挡"，当记者和他成为朋友，问过的问题再问时，记者们很惊讶：竟有意想不到的效果！比如，第一次问郭明义：怎样看待家人与受助者的关系？他脱口而出：他们在我心中同等重要。后来交上朋友后再问同样的问题,"显然熟悉后他放下了思想负担,脱口说出了这样'经典'的话:一个不爱家人的人,怎么会爱他人、爱社会?"

心贴心才能贴出真情互动。吴齐强采写龚全珍,多次探访老人的家,甚至早上6点就守在楼下等候,老人去哪儿,就跟着,一路走、一路谈。后来,龚全珍老人终于第一次给他拿出珍藏几十年、此前从不示人的日记。

没有深入细致的采访,要想写出生动的文章,无疑是奢谈。那么,何谓细致采访呢?

作家有话:故事好编,细节难找。

"君看萧萧只数叶,满堂风雨不胜寒。"一叶可知秋,细节和整体对生活的意义是同样的,而整体的品质和可靠,只能基于每一个细节的精致。

新闻报道和文学一样,都要用细节说话。郝迎灿是个年青记者,感悟却十分深刻:捕捉细节才能打动人心,但没有亲身体验,没有实地采访,很难得到打动人心的细节。细节让人物不再停留在材料上,而还原为一个活生生的人,有七情六欲、喜怒哀乐。安洋认为,记者最该珍惜自己现场亲眼看到的事实,亲耳听到的议论,亲身经历的过程。用一颗平常之心、用一丝平静之气,把功夫和着力点用在现场客观细致地观察、感受和思索上。

也正因如此,有经验的记者总是努力到一线去,到现场去,即使报道的事件已经过去,也要力争到事件发生的现场去观察一番,去发现细节。著名记者柏生强调,学会观察,培养敏锐的观察力,比询问还重要。一个记者有自己比较敏锐的观察,才可能在报道中写出独到的见解,才能写得感动人。即使他的文学语言不那么丰富,但是他抓到了感人的场面和细节,挖到了深刻的思想,也会是感人的。

这位经验丰富的老记者还提醒我们,在实际采访中,观察并不是孤立进行的。常常是观察、询问、思考、核对，几种方法同时进行或交替使用，它们之间也常常互为引导。结合实际灵活运用，才能取得好的效果。

总之，采访，就要迈开双腿，沉在现场，眼到，手到，心到。

当然，"功夫在诗外"，重视现场，也切不可忽视日常。材料详尽与真实再现是成正比的，报道含金量与自身学养是成正比的。老记者张玉来的经验，今天于年青记者格外有警示意义，想写出好报道，就要慢下来，沉下去。慢下来读书，慢下来思考。要对报道对象调查研究，做实笨拙的案头工作，虚实平衡，把采写变成勘探人心的学问。

一句话，采访越费心，报道越出彩。

近点，再近点

王慧敏

提要： 采访是写作的基础。没有深入细致的采访，要想写出生动的文章，那是奢谈。离生活近点，再近点，走进雪域边关的严酷，让灵魂接受全面的拷问，便会明白该怎样做记者。为国戍守边关的官兵感染了记者，报道的主调自然转向这些最可爱的人，笔端也自然生出了色彩。

《热血铸雄关》获人民日报社好新闻一等奖，在社会上也得到了一定的好评。这篇稿子就题材而论，不算新。如果说这篇稿子还有可取之处的话，可能就是离生活近了点儿——克州军民在严酷的条件下守边的事迹感染了作者，作者的笔端才有了些许色彩。

采访前，克州州委、军分区曾准备了大量的文字材料，座谈会也开了好几个，如果仅仅把这些东西诉诸文字，任你有生花妙笔，我想恐怕也很难打动读者。我向军分区领导请求：能不能沿边境线实地走一走？军分区领导不同意，理由是"边防连队住宿很困难，有的地方压根儿就没有路"。我向领导保证："绝对不给部队添麻烦。没有住的地方，就和战士们挤一挤；没有路，战士们怎么走，我也怎么走！"

克州位于祖国西陲帕米尔高原，山地占全州面积的95%，平均海拔3000多米，是新疆自然条件最恶劣的一个州。电影《冰山上的来客》，背景就是这个地方。

出发前，尽管有了充分的心理准备，但身临其境后才发现，自己还是低估了环境的严酷程度。先不说这里三四千米的海拔和刺骨的寒冷，光那份荒寂，就压抑得让人难受。在边境线奔波了半个多月，只看到过3个游牧的老乡。四周除了山还是山，而山体寸草不生，永远是那种毫无生气的单调的灰黄色。这里的绝大部分官兵，从入伍到退伍，没有离开过大山一步。一个浙江籍战士告诉我："在这里，就是看到一只野兔、一只老鼠都会让你高兴得跳起来。"

在某部边防六连，战士们吃饭时，大多得站着或蹲着——因为凳子不够。一个宿舍8个人却只有6张铺板，战士们只好把床并在一起打通铺。住在战士宿舍里，睡在战士们单独为我腾出来的床上，我心里愧疚得很。我在文章中写了个"与鼠共眠"的细节。其实，当夜的情景比我文章中描绘的还要可怕。

那夜临睡前，辽宁籍战士小谭从箱里拿出一只甜瓜，执意要让我尝尝。说这只瓜是过"八一"节的时候，连里发的，自己一直舍不得吃。瓜打开后就放在我床头的一块板上。那夜老鼠肆虐，就是这只瓜惹的祸。先是一只老鼠钻进了被窝，因为跑不出去，在被子里左冲右突，在我的腿上、胸口抓了几道血印子。我打开手电一照：地上有20多只老鼠在乱窜。最可怖的是那块放瓜的板，七八只老鼠蹲在那里围着瓜贪食。老鼠离我近在咫尺，有一只老鼠后腿就跷在枕头上。我一挥手，老鼠们蹭地跳到了地上，但随即又争先恐后地爬了上来。如是者再三。后来，老鼠看我拿它们没招儿，干脆不往下跳了。我一挥手，顶多挪一挪后腿。到最后，连挪都不愿意挪了。那夜，从4点钟到天亮，我拥着被子任凭老鼠在我枕旁咯吱咯吱嚼个不停。

在一分一秒数时间的过程中，我的灵魂受到了一次全面的拷问。我们太幸福了！前几天，人民日报经济部一位退休老同志给我写了封信，说："在都市待久了，很多人的思想都麻木了，老是怨这怨那。看了这篇文章，我很受感动，在饭桌上我把文章念给了全家人听。"

有了这样的体验，笔下能不出"彩"？确实，采访是写作的基础。

没有深入细致的采访，要想写出生动的文章，那是奢谈。

克州是有名的"拥军模范州"。起初我的着墨点是，这些年来地方如何拥军、如何为部队解决后顾之忧。边界走了一圈之后，尤其是有了"与鼠共眠"的经历后，我得出这样的结论：边防战士、守边官员在那样的环境中为国守边关，作为我们的地方政府，作为生活在和平环境中的任何一个人，为他们做再多的工作，也是应该的！于是，我的报道的主调转向了那些守在边界上的最可爱的人。

记得离开边防六连的时候，天刚蒙蒙亮——为了不打搅战士们，我们特意起了个大早。谁知还是走漏了消息。战士们列队站在营房门口为我们送行。晨曦照着战士们那一张张被高原的风霜打磨成黑红色的脸膛，他们身后的山坡上用鹅卵石镌着几个硕大的字："祖国在我心中"。我的眼泪夺眶而出！该怎样做记者，我明白了许多许多……

（作者系人民日报社浙江分社社长，
时任人民日报驻新疆记者站副站长）

提倡"六易其稿"精神

杨振武

提要: 这篇稿件,实地采访半个多月,精心打磨一个半月,先后"六易其稿"。六易其稿的表现是深入。深入包括深入采访,也包括深入钻研。每一稿都会是对前一稿的修正和否定,每一稿都会是一次心灵的洗礼和考量,每一稿都会是一次汗水的挥洒和浇灌。"六易其稿"的核心是敬业。敬业才会深入,才会全身心地投入。"六易其稿",就是一个精益求精、打造精品的过程。

一篇稿件,实地采访半个多月,精心打磨一个半月,先后六易其稿,这就是11月4日《人民日报》一版头条刊登的长篇通讯《热血铸雄关——新疆克孜勒苏柯尔克孜自治州军民戍边纪实》,作者是驻新疆记者站副站长王慧敏。

这篇稿件是王晨社长布置的。7月中旬,王晨同志根据有关方面提供的材料,批示新疆站深入采访,写一篇反映军民戍边的报道。我与王慧敏通了电话,问他能不能在"八一"前交稿?他回答:"现有的材料还不行,要看下去采访的情况才能定。"

王慧敏是快手,每次完成任务都很出色,而这次,不但"八一"没有交稿,8月底仍无音信。我打电话催稿了,王慧敏说:"很抱歉,稿子写得不满意,正在改。"过几天,他怕我着急,又主动打电话来说:"还在改。"一直等到9月22日,稿子来了,并附言:"因为题材和本人水平所限，稿子写得很艰难。前后用了一个月时间，六易其稿。自己觉得还不是很满意，请领导斧正。"我连夜将稿子看完，深为稿子的构思和文笔所感动，7000字的稿子，删改不过二十字。9月23日，在送社长审稿时，我写了这样一段话："王慧敏同志这篇稿子拖得时间比较长，主要是他想写好，六易其稿说明了他尽了力。我们在文字上略做改动，送上，请指示。"10月22日，王晨同志认真审阅稿件后批示："这是全国拥军爱民、戍边为民的一个典型。王慧敏同志坚持三贴近，下功夫写出此稿。我意可作为特例，择机发表这一长篇通讯。可从一版转。"10月23日，张研农总编辑在此稿上批示："一版转，发好。"

一篇驻站记者采写的稿件，社长批示作为"特例"，总编辑批示要"发好"，其被重视的程度之高，是不多见的。王慧敏在完成任务中所表现的"六易其稿"精神，很值得我们总结和发扬。

"六易其稿"的表现是深入。深入包括深入采访，也包括深入钻研。关于这篇稿件的采访，王慧敏在《近点，再近点》的体会中已有讲述。正如他所说的，"采访是写作的基础。没有深入细致的采访，要想写出生动的文章，那是奢谈"。三四千米的海拔，半个多月的奔波，严酷环境的体验，夜半老鼠的骚扰，像这样的深入，不是一般人都能做到、都乐意去做的。王慧敏做到了，而且是主动要求去做的。我没有看过王慧敏的前五稿，但我相信，每一稿都会是对前一稿的修正和否定。每一稿都会是一次心灵的洗礼和考量，每一稿都会是一次汗水的挥洒和浇灌。"六易其稿"六个台阶，只有不畏艰苦，自我加压，一个台阶一个台阶地奋力攀登，才可能到达其光辉的顶点。

"六易其稿"的核心是敬业。记者的敬业精神就表现在把新闻真正当作事业来做。具体说来，就是要像爱护自己的眼睛一样爱我们报社、爱我们的报纸、爱自己所从事的工作。只有深深的爱，才可能为之奉献而无怨无悔。我们去年曾提出过要做"免检记者"，"免检"的前提是敬业。敬业才会深入，敬业才会细心，敬业才会勤奋，敬业才会全身心地投入，敬业才会有"六易其稿"，甚至八易其稿、十易其稿。我们现在开展的"三项学习教育"活动，其中一项就是要弘扬职业精神职业道德。衡量一位记者的职业精神，很重要的一条，就是看他对待工作的态度如何，成果如何？我们要从制度上入手，褒扬那些全心全意的同志，教育那些半心半意的同志，批评那些三心二意的同志，把大家的注意力引导到比学习、比工作、比干劲上来，努力营造爱岗敬业、团结奉献的良好氛围。

"六易其稿"的追求是精品。我们的报纸需要精品，广大读者需要精品，每位同志都应该瞄准精品，多出精品。因为我们所从事的是精神产品的生产，而精神产品的质量追求是没有尽头的。王慧敏的"六易其稿"，就是一个精益求精、打造精品的过程。应该说，我们每位同志都有出精品的实力，也有这个能力，关键是要有雄心壮志，有这个追求，下工夫经营。好文章多是改出来的。文章要改好，就得不断地学习思考，不断地往深处发掘，不断地去伪存真，不断地去粗存精，不断地精雕细琢，这个过程会劳心费神，会食不甘味、寝不安席，会很痛苦。但咬紧牙关，坚持一下，我们就可能登上一个新的高峰。名记者都是靠名篇支撑的。我们要写出精品，打造名篇，没有"六易其稿"的精神是不行的。

我们提倡的"六易其稿"精神，还有不久前研讨的"张玉来现象"，都是我们队伍中的"闪光点"。用身边的典型来说话，目的是要解决我们队伍中存在的问题。希望大家认真学一学社长总编辑的批示，对照典型找一找差距，该做的要做起来，该改的要改过来。这是我们队伍的活力所在。

（原载人民日报《记者工作》2003年第11期，作者系人民日报社社长，时任人民日报记者部主任）

附：

热血铸雄关

——新疆克孜勒苏柯尔克孜自治州军民戍边纪实

王慧敏

车在凹凸不平的土路上颠簸。7个小时过去了，满目除了山还是山！连绵起伏的山峰似乎永远没个尽头，山体也永远是那种单调的灰黄色。

终于，在转过又一座山峰后，眼前豁然开朗，一块足球场大小的草地突兀横在眼前，草地左侧山体上几个白色大字耀眼夺目："祖国在我心中"。草地尽头山的褶皱里一排房舍若隐若现。玉其塔什边防连到了。而再往前走呢，不到1公里，便是中国和吉尔吉斯斯坦的边境线了。

玉其塔什位于新疆克孜勒苏柯尔克孜自治州（简称"克州"）境内。克州素有"祖国西陲第一州"之称。这里地处"万山之祖"的帕米尔高原，山地面积占全州总面积90%以上。

这是一块自然条件十分恶劣的土地：境内高峰林立，海拔5000米以上的高山就有15座。山顶常年戴雪，积雪与冰川厚度达百米以上。这又是一块战略地位极为重要的圣土，全州边境线长达1170公里。

特殊的地理环境和战略位置，使克州处在新疆反对民族分裂斗争和国际反恐斗争的前沿阵地。几十年来，克州军民携手并肩，生死与共，在千里边境线上谱写着一曲曲卫国戍边的不朽乐章。

"一脚踏下去，雪齐胸深。想再迈腿，必须先伏下身把前面的雪压平。走不了几步，就筋疲力尽。"

8、9月间，山下还是30多摄氏度的酷暑，然而，车到玉其塔什边防连,一跨出车门,宛如跌进了冰窖。营房四周的山体上白雪皑皑,站岗的士兵穿着厚厚的军大衣。这里海拔3400多米。

穿上军大衣,仍觉寒意刺骨。指导员段增福说:"在这里当兵,一年四季离不开大衣。冬天气温一般都在零下四五十摄氏度呐。到了严冬,常常连温度计的水银柱都冻裂了。每年的9月中旬这里就开始下大雪,一直要下到第二年的5月底。"

段指导员指着外面陡峭的山峰说:"每年新兵入伍,连里给新兵上的第一课是辨识营房周围的标志物,譬如:电线杆在什么方位,峡谷口哪块岩石突出,路傍着哪座山峰走等。因为到了冬天,一切都被埋在了雪下面,不少沟壑被旋起的大雪填平,如果不熟悉地形,一脚踏进了深沟,那肯定是灭顶之灾。"

厚厚的积雪给巡逻、值勤带来了极大的困难。冬天战士们从一个哨位巡逻到另一个哨位,1公里多的路,往往要走上几个小时。"严格地说,那不能称得上是走,实在是连滚带爬。"二排四班战士谭文涛诙谐地向记者形容。他说:"一脚踏下去,雪齐胸深。想再迈腿,必须先伏下身把前面的雪压平。走不了几步,就筋疲力尽。"

一次,一位战士下岗归来,正碰上大雪。走到离营房不到1公里的地方,再也走不动了。焦急的战士们沿路寻找,发现他已如雕塑般凝固在茫茫雪原上——双腿呈弓步状伏在雪地里,臂弯里紧紧抱着枪,眼睛直视着前方。这位共和国的卫士和帕米尔高原永远融成一体了。

大雪,给战士们日常生活带来的困难,非身临其境是难以想象的。这里,一年有9个月大雪封山。如果在封山前把给养全运进来,容易霉变。而封山之后再运呢,难度可就大了:车辆不通,从粮食、蔬菜到油盐酱醋全靠马驮人扛。年年冬春全连都要为运给养和冰雪展开一次次较量。今年3月,副指导员李运敬带4个战士用马匹从团部往回拉给养。走到离连部10公里处的冰大坂时,面对硬邦邦滑溜溜的冰面,战马怎么也不肯过。他只好和战士们把给养从马背上卸下来,一箱一箱抱过去。在运最后一箱醋时，他脚下一滑人便朝悬崖下滚去。眼看就要跌下百丈悬崖，两个突起的冰柱子帮了大忙，把他卡在了中间。他虽然被撞得头昏眼花，那箱醋却仍被他牢牢抱在怀中。记者问他："当时那么危急，你怎么不把醋扔了？"李运敬说："这全是下意识的。你不知道，这里冬天解决吃的问题有多难……"

几年前的冬天，连续下了40多天大雪，所有的交通都中断了。团部想尽了办法也没能将给养送进来。先是没了蔬菜，战士们只好把原先扔在伙房外的烂萝卜和大白菜的菜根捡回来，洗洗切切当菜吃。后来连这些东西也没了，全连就剩下了一袋米和一瓶香油。没办法，连里一位参谋带着两个战士到雪地里套呱呱鸡来为大家改善生活。谁知遇上了雪崩，3个人全被埋在了几十米厚的雪堆里……

连领导告诉记者，战士们从当兵走进大山那天开始，一直到退伍，没有谁离开过大山一步。因为最近的居民点离这里也有200多公里。除了营房和哨位，终日面对的就是那无边无际的群山和茫茫雪原。

长年累月生活在这样的环境中，战士们的心态如何？入夜，记者住进了2排4班战士宿舍。来了客人，战士们都很兴奋，争先恐后地拿出自己的军大衣盖在记者身上，床上一下子多了5件军大衣。班长石磊来自陕西榆林，这位长得又高又壮的小伙子，在玉其塔什已经5个年头。他说："我们村附近有一个煤田，这些年，村上不少人家靠搞运输过上了好日子。父母也想让我早点退伍回去搞运输，连拖拉机都买好了。我也不是没有动过回去的念头。可只要一站到界碑前，这个念头就无影无踪，只觉得热血沸腾。我们连长说过，'选择了边防就是选择了奉献'这句话，已经成了我们所有戍边战士的座右铭。只要祖国需要我，我会无怨无悔地干下去。"

熄灯号响了，在战士们均匀的鼾声中，记者也进入了梦乡。睡梦中隐约觉得有什么东西在耳畔抓挠，记者下意识一挥手，只听"吱"地一声，一个东西撞在墙上——原来是只老鼠。快天亮时，觉得又有什么东西钻进了被子。记者紧张得赶紧抖被子，入侵者也紧张起来，上下乱窜——又是只老鼠。睡觉前，石班长说这里跳蚤多，建议记者将衣服脱了吊起来。这下可糟了，那只左冲右突跑不脱的老鼠毫不客气地在我的腿上、胸口抓了几道血印子。打开手电一照：地上有20多只老鼠在乱窜。早上，当记者心有余悸地和战士们说起当夜的遭遇时，战士们一副见怪不怪的样子。石磊开玩笑："来了客人，老鼠也想凑热闹呗！"他说："冬天草原上没了吃的，那时，老鼠才多呢。"

如果说玉其塔什边防连的官兵们该诅咒大雪的话，那么木吉边防连的官兵最该诅咒的恐怕是这里的海拔了。

海拔还不到4500米，记者已经感到头疼欲裂。这里是克州的木吉边防连。

木吉边防连守防258公里，平均海拔4800米。战士们巡逻，人在山上走，云在山下游。有的地方根本没有道路，靠攀岩而行，时刻都有生命危险。巡逻一趟下来，要十几天。这里人迹罕至，官兵们不得不经常风餐露宿。该连防区的9号点位，海拔超过了5000米，这里有三个梯形台阶，每个台阶200多米长。战士们巡逻到这里，每向上爬十几米就要头朝下脚朝上躺下休息一次。因严重缺氧，官兵都要用背包绳将头缠紧。600多米的距离，每次要爬上四五个小时，尽管是零下几十摄氏度的严冬，衣服也要被汗水浸个透。最要命的是这里的天说变就变，而且一时几变，风、雨、雪、冰雹随时会来。连领导告诉记者：尽管如此，每次巡逻官兵都争着要去这个点。

在这里，守边军人奉献出的不仅是青春年华，也在奉献他们的健康和亲情。克州所有的边防哨点都在海拔3000米以上，阳光的强烈紫外线穿过稀薄的空气，在银白的世界里交叉反射，极易将人的肌肤灼伤。在这里，不消几天，皮肤就由红变黑，层层掉皮。

如果不是他亲口说，很难相信站在面前的这位"老年人"只有39岁。黧黑的面孔上，一道道的皱纹如同黄土高原上的沟壑，头发基本上全白了。他就是布伦口边防派出所所长阿里木。阿里木在布伦口边防派出所已经工作了18年，巡逻执勤的足迹绕地球一周有余。他很乐观："现在城里不是流行染发嘛，这个钱，我就省了。"他说，在边防连队待上几年，很多人的头发都会变细、变白。同时，许多人会轻重不同地得上心律不齐、心肺肿大、记忆力衰退等高原病。

在木吉乡，记者听到了一个牛郎织女隔河相望的真实故事。边防派出所艾力木江的妻子阿依努难产险些丢了命。妻子难产时，艾力木江正在哨卡值勤。儿子满月后，妻子带上儿子去看望丈夫，却又正赶上山洪，车子无法通行。阿依努对边防大队领导讲："能隔河看上丈夫一眼，让他听一听孩子的声音，我就知足了。"于是，大队长通知艾力木江准备好对讲机等在对岸。妻子到时，夫妻对岸互望，竟无语凝噎。突然，怀里的孩子"哇"的一声哭了起来，妻子激动地用对讲机喊道："你听见了吗？这是咱们儿子的声音呀！"泪从艾力木江脸上流了下来，在场的官兵们无不动容。

"这里是我们的家园，条件再差再苦，也得有人守。我老了，还有儿子、孙子呢！"

斯姆哈纳边防连连长杨福全带着两名新战士在大山里艰难地跋涉。离冬古喇嘛山口还有十几里地，可他们实在走不动了。离开连队已经11天了，按照原计划，他们该在4天前到达冬古喇嘛山口。一场不期而至的大暴雪阻断了他们的行程。两天前，带来的干粮、水已悉数告罄。更糟的是，一匹战马摔伤了腿，只能牵着它慢慢地挪动。

如果冬古喇嘛山口的守边员已经不在那里，后果将十分可怕。因为离下一个打尖的地方还有5天路程。人如果7天不吃不喝，那意味着什么？

不过，战士们心里明白，守边员在的可能性很小。按照约定，如果4天前巡逻的战士还不到，守边员就可以带着牛羊转场。

冬古喇嘛山口的守边员是一位60多岁的柯尔克孜族老大娘。几乎没有人知道她的确切名字，因为她长期守在冬古喇嘛山口，战士们都亲切地称她"冬古喇嘛老大娘"。

抱着一线希望，大家慢慢朝冬古喇嘛山口挺进。随着夜幕的降临，气温更低了，大家身上残存的热量似乎已消耗殆尽，步伐也更加迟滞。而那群已经尾随了他们整整一天的狼，却越逼越近，绿莹莹的狼眼仿佛伸手可触。边境不能轻易开枪，大家把匕首攥在手里，背靠背朝前慢慢挪。

"前面有火！"战士小王高兴地大叫起来。近了，近了，大家看清楚了：那位不停地往火堆里添柴的，正是冬古喇嘛老大娘。

原来，面对突降的大雪，老大娘担心战士们巡逻时碰到意外，冒着牛羊被大雪冻毙的危险，毅然留了下来……

柯尔克孜以"山父水母"民族自誉，对祖国的一山一水、一草一木都有深厚的感情。克州1000多公里的边境，有大小通外山口256处。为了守好这些山口，20世纪60年代初，州上决定选出优秀青壮年担当守山员。当时条件极为艰苦，没有路，没有电，烧牛粪，住地窝子，基本上是一种半原始的生活状态。但一代又一代的守山人甘愿忍受寂寞，忍受清贫，与边防战士一起用热血和青春在帕米尔高原铸起了一道道雄关。

1962年，刚新婚不久的艾山主动要求到环境恶劣的冬古拉守边。艾山和妻子帕夏尔古丽自己动手制作，沿边境线埋下200余块刻有柯文"中国"字样的砖块和其他标志。1992年，组织上考虑到艾山老人年岁已大，动员他一家人搬到县城附近定居，并为他修建好包括住房在内的生活设施。但老人谢绝了，他说："时代再发展，国家不能没边防。这里是我们的家园，条件再差再苦，也得有人守。我老了，还有儿子、孙子呢！"近年来，艾山两个儿子已承担起父亲的守山任务，每当部队官兵到冬古拉时，兄弟俩轮流协同官兵巡逻执勤，艾山则和老伴为官兵忙活后勤。

库鲁木都山口守山老人莫依丁已年过70岁,在40年守山戍边中,老人曾6次救起冻伤、摔伤官兵23人。一年深秋,边防连长郭汉民带队巡防遇暴风雪,官兵被困两昼夜,郭汉民和3名战士的脚严重冻伤,跟官兵一起巡逻的莫依丁解开自己的上衣,将冻伤官兵的脚一个个轮流放在自己的胸口去暖。

在克州千里边境线,像冬古喇嘛老大娘、艾山、莫依丁这样几年、十几年、甚至几十年义务守边的柯尔克孜牧民,比比皆是。祖国西陲第一村——斯姆哈纳村86岁的巴鲁吉在接受记者采访时说:"为国家守好门户,是我们柯尔克孜人的责任,遭点罪,吃点苦,我们无怨无悔。"

"军民关系就好比一个人,经济是人的两条腿,国防是人的脊梁。没有腿,人走不了路。而没有了脊梁,人就连站起来也困难。"

克州驻军的前身是延安时期的老模范359旅,这支由王震将军领导过的军队,正是60年前双拥运动的发起者。60年的薪火相传,使"军民团结一家亲"的思想,在克州各族群众的心中,深深扎根。

克州的军民关系,是以卫国戍边的共同信念为基础的。克州历届党委、政府明确提出:不重视边防的领导不是好领导,不关心边防的干部不是好干部,边防意识不强的公民不是合格的公民。

为了边防事业,克州各级党政领导和广大人民群众宁苦自己也不苦部队。克州州委书记王新怀讲得掷地有声:"军民关系就好比一个人,经济是人的两条腿,国防是人的脊梁。没有腿,人走不了路。而没有了脊梁,人就连站起来也困难。"州长买买提艾山更是坦言:"只要部队有困难,州上哪怕不发工资也必须解决。"

克州是个吃国家财政补贴的贫困州,地方财政收入自给率不到10%,发不上工资是常有的事。然而,近5年来,州、县(市)为驻州部队基础设施建设投入近千万元。乌恰县年财政收入只有四五百万元,然而,5年来,他们共投资260多万元为驻县部队建了办公楼、住宅楼、武器库、供排水设施。阿合奇县出资60多万元为4个边防连安装卫星电话，并规定：官兵打电话一律免费。

为了让战士们安心守边，克州专门制定了《自治州军人抚恤优待办法》，明确提出："选送好入伍的，服务好在伍的，安置好退伍的。"1996年以来，全州做到了5个100%，即征兵任务完成100%，义务兵奖励率100%，义务兵优待面100%，退伍兵安置率100%，优扶对象定补面100%。全州多年来没出现一例退兵。

"再穷不穷军烈属，再难不难革命功臣。"全州每年发放优抚金超过百万元。近几年，就业压力不断加大，但退伍军人的安置始终得到了保证。从1996年以来，全州共安置复员军人1080人，不仅本地子女当兵复转如期如数安置，并且为其他省区367名退伍留疆人员安排了工作。

为了边防事业，克州广大群众视子弟兵如同自己的子女，备加关爱。大雪封山部队生计有困难时，驻地群众就是自己不吃也把最好的食物送到部队；部队缺草料，群众宁让自家的牲畜挨饿，也会把草料送给部队；官兵巡防到任何一个点，牧民都像迎接亲人一样招待他们，把最新的被褥让官兵铺盖，让官兵睡床而自己的家人却睡地铺；不少牧户成年累月舍不得杀只羊，但发现巡逻官兵脚冻了，会毫不犹豫地宰羊，用热羊血为战士洗脚，用热羊皮为战士焐脚……边防七连连长杨福全感慨地告诉记者："驻军和地方群众早已成为一家人了，我们有事情就直言相告。群众家中遇到婚丧嫁娶，都会通知连队，开口就是'家里有事办，回家来看看吧'。"

"爱民情不钟，愧当子弟兵。"

斯姆哈纳是一个位于中吉边境的小村。忆起往昔的岁月，村民委员会主任夏木沙紧锁眉头："以前，村民祖祖辈辈靠天养畜。年年夏秋村里人都得赶着畜群不停地追撵水草。到了冬天，草料不够，哪一年都会有牲畜饿死。"

说起眼下的光景，夏木沙来了精神，他指着房前屋后的一畦畦农田说："去年春天，驻军7连帮我们在定居点周围修了塘坝，引来了水，教会了我们种洋芋、青稞。今年春天，战士们又帮我们建了个小型畜产品加工厂。我们的日子和以前相比，真是两重天。"

克州军分区司令员赵华业说："无论什么时候，部队为人民服务的宗旨都不能变。但是，军政军民关系也必须与时俱进。新时期，我们既是守边勇士，也是经济建设的勇士。"

据悉，仅1985年以来，部队官兵参加地方重点建设48项，投入军力150多万人次，出动车辆机械8万多台次。1996年在南疆通信光缆建设中，驻军十一团承担了50公里挖沟铺缆任务，官兵每天苦干14个小时，仅用20天就铺设完毕。乌恰县武警中队十多年如一日致力于驻地的绿化，在乱石戈壁上植树10多万棵，被评为"全国部门造林400佳"。去年，自治州启动万亩葡萄园基地建设，州军分区官兵出动6000多人次参战，司令员赵华业、政委魏秉贤等军分区领导身先士卒战风沙，斗寒暑，开荒4000余亩，种植葡萄2万多株。

为扶贫帮困，驻军官兵情洒高原。从机关到边防连，层层抓扶贫工作，人人有扶贫任务，级级有扶贫对象，扶贫人口累计上万人，捐款捐物上百万元。魏秉贤说："'爱民情不钟，愧当子弟兵'已成为驻州部队官兵的行为准则。"

为了人民利益，部队官兵危难之处显身手。哪里有险情，最早赶到的是部队。1996年至1998年，阿图什市发生5级以上地震23次，驻军部队出动官兵1.4万人次，出动车辆8000台次，抢救物资2.5万余件，价值6500万元。1999年8月2日，暴雨成灾，阿图什托卡依水库决口80多米，部队、武警官兵3500多人参加抢险，56名官兵组成"敢死队"跳进决口，最终让洪水低头保住了水库……

"军民团结如一人，试看天下谁能敌？"半个多月的采访，记者对这句人人耳熟能详的话，有了更深刻的认识。正是生死与共的军民关系，为克州千里边防线铸造了一道任何敌对势力都无法逾越的雄关；也正是这种生死与共的军民关系，为克州社会经济的发展提供了巨大的推动力：这个新疆昔日的经济小州，如今正向经济大州迈进——连续5年，克州经济发展速度位居全疆前三位，全州农牧民人均收入和城乡居民储蓄存款，与1980年相比，分别增长了22.3倍、108.7倍。

（原载《人民日报》2003年11月4日）

遴选最打动人的素材

马跃峰

提要：三稿方成教训深。一稿败于材料陈旧，二稿败于事例不典型，三稿成于遴选精彩故事。为了这份"精彩"，两天三次采访，有了丰富素材、感人场景，人物形象便立体、鲜活起来。

《"拆窝燕子"邢孔丰》是我给"共产党员"栏目第三次投稿，前两次为何失败呢？

一败：材料陈旧。

去年8月，该栏目准备开设。我与有关部门、市县联系，搜集采访线索。两天后，查看名单，几乎全是村支部书记，事迹多为带领农民增收，缺少新意。反复比较，澄迈县桥头镇沙土村党支部书记王文克是较有特色的一个。他是大学生村官，曾在城市打拼，后回乡种地瓜，带着4000多名村民，种了14000多亩地瓜，打出品牌。

8月18日，和王文克相约，在沙土村头见面。采访2小时后，到村委会，和3名村民座谈，并参观地瓜田、育苗基地、冷库、陶艺场。总的感觉，业绩不错，但故事性不强；又因不是种植季节，缺少现场，不够生动。然而，既然来了，功夫不能白费，我硬着头皮赶出一稿：《三个农民眼里的"地瓜村官"》。文章试图从三个村民的视角，用"自述"的方式，分别讲王文克的过去，并配上群众建议。第二天，稿件传回。地方部编辑回复领导要求，栏目强调教育实践活动开展以来的事，而文章从 2007 年写到 2013 年,素材多陈旧,不符合栏目定位。

二败:事例不典型。

一次失利,再寻采访对象。海南农信社小额信贷技术员申红光,大学毕业后,扎根农村,当了一名志愿者。2 年后,他来到农信社,累计放贷 687 笔,金额 1200 多万元,帮助近 300 户农民致富。开展教育实践活动以来,他走村入户,征求群众对小额贷款的意见,经常到专业合作社做知识培训。

我跟随申红光走进东方市大田镇月大村。从村民朱桂忠的甘蔗田到村委会会议室,申红光讲了怎么贷款、为什么组建专业合作社。据此,写成《"小鹅"架起致富金桥》。

比起第一篇,感觉此稿有进步。但总的说,沿用以往写法,描述申红光大半天的工作,叙事平淡。正像费伟伟副主任在《对象平常,采写不能平常》一文里所讲:见人见事,有对话,有细节,有现场感。但就是读来不生动。"抓典型"不是随便拾取人物的一件事,一个工作场景,而是要通过深入、扎实、细致的采访,捕捉其不平常的行为、不平常的话语,挖掘"以一当十"的事例。

对于文中的细节运用,费主任也进行了具体指导。"记者抓了这样一个细节:'申红光答完,转脸看了看台下的朱桂忠'。不错,这确实是个细节,但这样的细节与报道主题有多大关联呢?细节一定要服务于报道主题,如果不是,哪怕再生动,也必须'割爱'。"

三试:两天三次造访,遴选精彩故事。

吃肉容易,啃骨头难。两败之后,心有不甘,再度积极准备。

去年 11 月 10 日,台风"海燕"掠过琼南。三亚、乐东受灾最重,农作物几乎绝收。灾后第二天,我赶到乐东采访受灾情况。无意中听尖峰镇党委书记说,西环高铁 8 月征地拆迁,乐东 18 天完成任务,而最早拆房的是该镇红湖村支部委员邢孔丰。最感人的是,邢孔丰像燕子垒窝一样,花了 10 年,刚盖起新楼。在赔偿款没到位的情况下,率先拆自家的房。

我当即联系邢孔丰。走进老邢家,心里一惊。两间简易房,旁边搭个棚。不远处,新楼只剩一个地基。坐在板凳上,面对曾经的新家,邢孔丰打开话匣,说到动情时,硬汉子眼含热泪。

采访完,我要求和他一起到大广坝征地现场。老邢连连摆手,说路太难走,怕记者受不了。看我态度坚决,他才勉强同意。第二天,我们一起到山沟里定桩、划线。山路忽高忽低,太阳炙热烤人。一行人穿树林,过草丛,个个汗透衣衫。傍晚,回到村里,老邢又马不停蹄,看望受灾的拆迁户……

现调的馅,包饺子最好吃。有了丰富素材、感人场景,邢孔丰的形象立体、鲜活。我静下心来,遴选最打动人的素材,写成第三篇"共产党员"。

三写人物稿,两次失败。由此深刻领悟到:在新闻实践的路上,只有不断挑战自己,否定自己,才能不断进步。

(作者系人民日报社河南分社采访部主任,
时任人民日报社海南分社采访部主任)

附:

"拆窝燕子"邢孔丰

马跃峰

建高铁,先拆自家的楼

海南要建西环高铁,去年8月,工作队在乐东黎族自治县动迁,谁都捏一把汗。为啥?这次高铁建设,在乐东征地3000多亩,难度之大,可想而知。

果然，一进县北第一个乡镇尖峰镇就遇到了麻烦。红湖村支部书记李关荣挨家挨户，跑了四五趟，都是两个字："不拆。"

"我先拆！"村干部会上，支部委员邢孔丰站了出来。

李关荣大感意外：邢孔丰盖房，如燕垒窝。10年前，他一家5口住两间简易房。钱攒了3年，新房才打地基。又过4年，靠种菜、养猪，牙缝里挤出10多万元，垒了第一层。去年，邢孔丰请来兄弟、街坊，方接上第二层。大家称他邢"燕子"。邢"燕子"的"新窝"才垒7个月，现在就拆？

"我不同意。"回家妻子就瞪起眼，"赔偿款还没影，新房往哪儿盖？"

"咱是党员，关键时刻就要挺身而出。"邢孔丰说，"高铁开到家门口，儿子上大学，从海口回来不也方便？"

"回来也没地方住！"妻子扭过脸，哭了一夜。

邢孔丰再三劝慰。第二天，两口子请来挖掘机手，一边哭，一边瞅着新楼变成瓦砾。

红湖村27个拆迁户户户震动，9天开出一条铁路通道。整个乐东，仅18天就完成西环高铁征地拆迁。

修水渠，先砍自家的树

西环高铁、滨海公路、大广坝水利……2013年，乐东加快重点项目建设，征地拆迁量大。每次都是啃"硬骨头"，每次邢孔丰都冲在前。

去年11月14日，记者随邢孔丰上山，为大广坝二期项目定桩、划线。一路上，他跳溪涧、跃沟坎，手拿砍刀，拨开树丛，为大家开路。到达一处标点，他拿出竹签，抡锤揳入地下，又拉起红线。

"建大广坝水渠，虽说占了村里217亩地，但大广坝一修，红湖村再不会缺水。"说话间，来到一片树林。邢孔丰指着拳头粗细的小叶桉说，这是自家的两亩树，冲着渠，也要砍。

"心疼吗?"记者问。

"房都拆了,树算啥?"邢孔丰拿出红漆喷罐,摇了摇,对准一棵树,噗地喷过去,算是定下桩,"挖土机在后面追着哩。党员先砍树,群众没话说。"

台风来,先顾拆迁困难户

从山上下来,邢孔丰路经自家菜地,见妻子在扶被台风刮倒的豆角架。菜地边,羊圈、猪圈的顶棚被风扯得东一片、西一片。

"先去看困难户,一会儿回来帮你。"邢孔丰丢下话,没等妻子开口,径直朝周才丁家走去。

70岁的周才丁,为给西环高铁让道,拆掉了平房。这些天,老两口一直住在临时搭的石棉瓦棚。去年11月10日晚,台风"海燕"掠过乐东,最大风力14级。周才丁的棚子被掀开,锅碗瓢盆飞出老远。第二天一早,邢孔丰就和村干部登门看望,送来慰问金。

"新买的篷布挡不挡雨?"老周拿着盆准备做饭,听邢孔丰在喊。

"挡雨,挡风。"周才丁露出笑容,"当初,工作队来了6趟,不是你带头,这房子,我不拆。"

"国家的事,该支持。再说,政府不忘老百姓。你补偿了十几万元,可以盖新房嘛。"邢孔丰说。

"我已经开工了。你那两间简易房看着寒碜,也该动动。"周才丁指了指棚子后面。地上刚刨出新土,地基已见雏形。

邢孔丰围着地基转了几圈:"真够快!看来,我这个'燕子'也该重垒新'窝'了。"

(原载《人民日报》2014年1月23日)

写人物，在"走心"

叶 琦

提要：采访前做准备工作固然重要，但所有预设的主题，都不如到现场走上一趟。带着配好的眼镜去采访，只能看到你想看到的。带着心去聆听、去感受，才能真正走进他们的世界，产生精神的共鸣；只有"走心"，才能写出有血有肉的人物和故事。

"海伯前，张可怜，身上不穿一丝棉，没有钱，真可怜；海伯后，张可田，身上穿着衣和棉，有了钱，真可甜。"这是安徽省马鞍山市和县香泉镇徐桥村张小伍村民组给张可田和海伟峰"爷儿俩"故事编的一段歌谣，简单朴实。

4月马鞍山的一次采访经历，让我走进了和县农民张可田和林业局共产党员海涛的故事：从上世纪60年代蹲点结对，到一家三代接力帮扶，走基层走成亲戚。6月20日一版的"教育实践活动中的共产党员"栏目让这个故事落了地。

备：功课很重要，但别"戴上眼镜"

人物不好写，写长时段、大跨度的人物故事更难。如何避免千人一面不使人物"失血"？怎样发掘精神内涵使故事"有料"？为了跳出人物写作的一些窠臼，我花了很大力气做前期工作——和地方部编辑反复沟通写作思路，向和县宣传部充分了解人物及事迹，上网尽可能地搜集背景材料，设计想问的问题。

来到马鞍山，做好的功课还是被打了个"措手不及"。方言就是一道障碍，与张可田夫妇的对话，很多不得不由宣传部工作人员帮忙翻译；60年代结下"亲戚"的海伟峰已经过世，故事需要靠多个人的记忆去拼凑；张可田家虽然有海涛一家帮扶，但一贫如洗的简陋平房还是让人难以接受……

"真亲戚走不动，认的'假亲戚'反倒走了几十年"，随着慢慢走进采访对象的内心，我发现，采访前做的准备工作固然重要，但所有预设的主题，都不如到现场走上一趟。带着配好的眼镜去采访，只能看到你想看到的。带着心去聆听、去感受，才能真正走进他们的世界，产生精神的共鸣；只有"走心"，才能写出有血有肉的人物和故事。

采：提问很重要，但别"塞上耳机"

故事的核心是人，人物形象丰满了，性格立体了，故事才能真实生动。

与海涛、海玥、张可田谈心，在林业局、村民组里座谈……既有掺着笑声和泪水的"深度访谈"，也有轻松随意的七嘴八舌，几位主人公的人格力量和内心世界，在一次次恳谈中逐渐丰富饱满。

采访中，既是尊重，也为了不漏掉"活鱼"，我放下了手中飞快记录的笔，认真去聆听，仔细观察采访对象的表情，体会他们的喜悦、感动、悲伤。

"不是亲戚""没有血缘关系""30里的亲戚路""老病号"……虽未面面俱到，但关键词慢慢变得具象立体，一个个生动的片段让我对稿子充满信心。

鲜活的故事，无需矫揉造作；走心的采访，无需装腔作势。带上耳朵，摘下耳机，张可田和海家人的"讲述"就可以直击人心。

写：技巧很重要，但别"配上喇叭"

新人新事新特征，怎样才能不辜负精彩的故事？要通过短短的千字文，展现张可田和海家三代人的亲戚情，更需要改进文风、创新表达。

好故事自己会说话。其实，把采访素材整理出来，原汁原味地引用采访对象的话语，把人写活了，故事也就活了。如果还要配上喇叭，刻意唱高调，反而会失去生活味、泥土味。

不过，丰富的素材，更需要精当的剪裁。

3000字的初稿，让我煞费脑筋，其中很多精彩的故事和感人的话语，让人难以取舍。

"新闻要写得有思想、有温度、有味道"，刘杰社长平日谆谆教导，我把稿子从3000字删到2000字，再删到1200字，留下最有内涵、最能代表人物性格的画面片段，虽然全是不甘心和舍不得，但正是"做减法"，让稿件文字更干净、主题更鲜明。

（作者系人民日报社安徽分社记者）

附：

这门"亲戚"走了四十年

叶 琦

早上不到7点，安徽和县林业局干部海涛就将4棵果树送到了香泉镇徐桥村村民张可田家，交代过"栽种窍门"，不顾雨正大，匆匆赶回相距30里的县城上班。

从县城到香泉，张可田这个"亲戚"，海涛已走了几十年。

"比真亲戚还亲"

"海伯一家真是好人，我们不是亲戚，但比真亲戚还亲。"张可田说。

张可田今年67岁，他口中的"海伯"，是海涛的父亲海伟峰。上个世纪60年代末，海伟峰到村里蹲点，认识了22岁的孤儿张可怜。

张可怜的母亲、父亲分别在他5岁、12岁时离世，姐姐被人抱养，村里人给他起名张可怜。海伟峰抽空就到张可怜家看望。"我家几间草屋，又脏又乱，他来帮我洗啊抹啊，给我煮饭，还把我的名字改成了'张可田'。"晚上海伟峰常和张可田同睡在铺着稻草的土坑上。

蹲点到期，依依不舍的张可田挑着海伯的行李，送了30多里。"有时间勤到我家跑跑，我也会常来看你。"海伟峰一句话，承诺了几十年。

"一直当他是我老大哥"

海伟峰上了年纪，看望张可田的人变成了儿子海涛。

"村民都说他是我父亲的干儿子，我一直当他是我老大哥。"海涛说，"记得那时我管妈要钱，两块三块她都不肯给，但给可田大哥，五块十块毫不犹豫。"

张可田夫妻身体一直不好，每年光看病就要花掉三四万元。"我常帮他找活干，自力更生，也好治病。"在海涛一家帮助下，张可田在和县打起各种零工。

"走动这么多年，我们都觉得很平常、很普通。"在海涛看来，常到张可田家走动，力所能及为大哥解决一些困难，不仅是为了父亲的叮嘱，也是自己的责任。

"将这门亲戚一直走下去"

"他不就是我家亲戚吗？"海涛的女儿海玥在石杨镇团委工作，"从我记事起,我就把可田大伯当自己亲大伯,我和爸爸会将这门亲戚一直走下去。"海玥说。

说起现在马鞍山市正在开展的党员干部和贫困群众"走亲戚"活动,海涛觉得特亲切,"'走亲戚'不是单方面的干部帮群众什么,必须是相融的,这样相互之间都更容易接受,也才能长久走下去。"

2012年海伟峰去世,张可田正在外打工,心中一直抱憾。为了让子女记住这份情谊,给孙女取名时,他特地用了一个"海"字。

(原载《人民日报》2014年6月20日)

"从迈开双脚做起"

费伟伟

提要：讲故事讲得不好，是因为走得不多、走得不深、走得不实。不会表达的背后，是没去感觉，也就没有感觉。下基层不仅是捕捉那些鲜活的语言、场景，还要"在时代的景深中触摸到个体的温度"。真正走进、贴近、深入了，你就会自然生出那些独特、真实、深切的感受。

"早起一推门，推不动，沙给堵了。再开个门，没几天，又堵了。沙丘齐墙高，晚上顺着就上房顶了。全村四五十户人硬让风沙逼得搬的搬、走的走，四分五裂。"盐池县黎明村村民小组组长王新福带我们来到十几年前的旧村遗址前。

"绿杨著水草如茵，旧是盐州饮马泉。"这诗句赞的就是宁夏吴忠市的盐池县。然而，由于长期过度开垦放牧，到上世纪末，盐池土地大面积沙化。"土壤肥力越来越差，丢下种子就看天了，每次一刮风，赶紧下地，把沙子埋住的庄稼再一棵一棵刨出来。别说人吃不饱，羊都饿得乱栽跟头。"王新福说。

天寒地冻，记者走进黎明村。当年全村最后才搬的两户之一白学军的新家里，新安的暖气摸着烫手，记者一算，一冬煤钱要花4000多元。白学军只笑笑，他家现在种着30亩水浇地，养了150只滩羊，每年收入七八万元。去年，妻子李月萍到上海、苏州、杭州、南京玩了一圈。记者问王新福这样的户在村里算啥水平，"也就算个中等吧。这些年出去旅游的，全村有 20 多户。"王新福说。

黎明村的变迁，始于盐池县 2002 年 8 月开始实施的封山禁牧。

《宁夏全力逆转沙漠化》开篇就讲故事，总编室两位领导叶蓁蓁、胡果在当天《值班手记》写道："短短几百字消息，三处原汁原味的直接引语……这样的行文，充满故事和细节，充满对话和白描，充满血肉与温度，在时代的景深中触摸到个体的温度，用真切的见闻牵引出深沉的思考。"

杨振武总编辑在《值班手记》上以"多些坚实的足印"为题批示："好文风哪里来？关键一条，就是要从迈开双脚做起。脚板底下出新闻，脚板底下也出美文。当我们的足印遍布生活深处时，报道就有了底气、灵气和锐气，我们报纸就有了生机和活力。"

杨总称"迈开双脚"是"关键"，看似轻轻一笔，其实正中"命门"。

这组报道由我带队采访，对"迈开双脚是关键"感受真切。特别是去年下半年调回总社，编了不少分社的重点稿，感受尤深。有些重点稿梳理概括有余，生动表达不足。问题不用把脉，一看稿就知道是采访少，接地气不够。近一个时期一直强调"讲故事"，有的同志说，不是没故事，只是讲得不好。讲当然有技巧，但更主要一个原因，讲得不好是因为走得不多、走得不深、走得不实。不会表达的背后，首先是没去感受，所以也就没有感觉。

正值隆冬，天寒地冻。我们和宁夏自治区林业局座谈确定下这组报道的主题后，负责人说，这方面材料很多，都是现成的，宁夏从 2003 年 5 月起，率先在全国全面实施封山禁牧，2013 年 10 月刚作了这项活动的十年总结。但我们反复强调，一定要下去实地采访。

沙漠、沙地、戈壁，无遮无挡，寒风侵骨。每到一地，我们没有待在会议室座谈，而是下现场，实地看，亲眼捕捉各种场景、细节。

到中卫进腾格里沙漠采访，车陷进一堆沙子，同行的越野车劲儿不够，没拉出车，倒把绳拽断了，只好联系其他车辆。采访沙漠奶牛场的计划眼看要泡汤,"花开两朵,各表一枝",我和徐运平让他们把奶牛场场主请过来采访,那辆越野车带施娟、朱磊到奶牛场"现场采访"。文中有一个重要细节就是记者在场主办公室观察到的,墙上挂着"爽挹沙山"四个字,一打听,是从中卫城明代建的鼓楼上拓的,后来通讯的结尾就结在这四个字上,生动有力,意味深长。

宁夏治理沙漠化最大的一项举措,就是封山禁牧。10年间从"封山"区迁出35万人,其中同心县力度最大,迁出10万人,这里的生态恢复得怎样?

一边是县领导在县城等着给我们介绍情况,一边是进山车程要两个多小时,即使到了现场也采访不成,因为群众百分之百迁光了。但我们还是决定:进山,看现场。

"沿蜿蜒的公路进山,路旁迁出的村子有的连瓦砾都看不到了,过去村民耕作的地方,已被丛丛茂盛的柠条、沙蒿覆盖,还不时能看到山鸡跑过。深家滩4000多亩沙化地上全部覆盖柠条,而前些年这里的植被覆盖不足10%。"

半天多的奔波,就为稿子里这不到100个字。但是,值!

"路旁迁出的村子有的连瓦砾都看不到了,过去村民耕作的地方,已被丛丛茂盛的柠条、沙蒿覆盖,还不时能看到山鸡跑过。"这样鲜活的场景,材料里看不到,办公室里听不到,而且,通过实地考察,我们对报道主题也更添信心。

走进基层,下到现场,不仅是捕捉那些鲜活的语言、鲜活的场景,还有一点也很重要,就是"在时代的景深中触摸到个体的温度"。触摸到采访对象"个体的温度",记者才可能触发"个体的感受"。

到灵武采访全国治沙英雄、白芨滩自然保护区管理局局长王有德,自治区林业局长带点开玩笑的语气介绍:王劳模是个"老"劳模。确实,那面容看上去比实际年龄至少大10岁。这个念头一闪而过。

王劳模带我们去看他们新轧的3万亩麦草方格"天网",我们在保护区遇到了一群还在方格阵里栽种柠条、花棒等灌木的工人。那天的气温在零下七八度，寒风挟裹着沙子打得脸疼，七八个女工个个脸上都用围巾捂得严严实实的，只忽闪一双眼睛。

王劳模从工人手里抱过十几根柠条，伸出大粗手指指着一棵柠条上新冒的小芽感叹："在沙漠里种活一棵树，比养个娃还难呐！"那么沧桑的一条大汉，说话间脸上却现着一种柔情。20多年里，他带领300多名职工每年治沙造林3万亩，在毛乌素沙地西南边缘硬是生生筑出一道东西长50公里、南北宽15公里的绿色屏障，这意味着怎样的一种奉献啊。那曾经闪过的一念瞬间就落回心头。

"风沙在他脸上刻下的道道印痕，就是他防沙治沙的'勋章'。"我们的笔端自然流出这样饱含感情的话语。

另一位全国劳模白春兰，材料特别丰富，还有录像片，而时间又紧，但我们坚持要采访本人。驱车赶到毛乌素沙地南缘沙边子村那个叫"一棵树"的地方，天已黑下来。想了解的情况，材料里都有，时间关系，我们其实也不可能问出更多内容，但是，现场总是超出你的想象，只有现场才有的那种氛围常常会让人思绪连绵。在那大片大片白春兰亲手栽下的树林边，听她平静地讲述4万多亩的沙地如何从"一棵树"变成"千万棵树"，有一种东西撞击你的心头。于是，我们在稿子里写下这样一段：

"33年，爱人和儿子先后因病离她而去。有村民说，她爱人就是种树累死的。白春兰依然坚守，陪伴她的是她、她爱人、她儿子栽下的3000多亩郁郁葱葱的树林。"

平静的叙述里，有我们的激情涌动。

走基层，下现场，不是一种形式，当你真正走进、贴近、深入，你就会自然生出那些独特、真实、深切的感受。就像杨总说的那样："脚板底下出新闻，脚板底下也出美文。当我们的足印遍布生活深处时，报道就有了底气、灵气、锐气。"

没错，迈开双脚是关键。走到近处，走进深处，你会"在时代的景深中触摸到个体的温度",你会发现——"美"。

(作者系人民日报社地方部副主任)

附:

万里黄龙今已缚[①]

费伟伟　徐运平[②]　施　娟[③]　朱　磊[④]

腾格里沙漠、乌兰布和沙漠、毛乌素沙地,宁夏的西、北、东三面,被这三大沙漠、沙地包围,荒漠化土地、沙化土地面积,分别占全区面积57.2%和22.8%。

治不住沙,荒漠化加剧,沙化将更严重。

万里"黄龙"今如何?

近日,记者踏上宁夏几个荒漠化、沙化最严重的地区,欣喜地发现,"黄龙"已缚,沙害不再!

自治区林业局提供的最新卫星监测数据显示,2013年,宁夏沙化土地面积为1718.9万亩,比10年前减少61.1万亩,每年沙尘暴次数已从10多年前的20多次减至不到2次。宁夏沙漠化已基本逆转。

防与治
从"一棵树"到"千万棵树"

和谐宁静的小村庄,沙暴突至。遮天蔽日的滚滚沙尘"劫"后,断

---

① 这组报道包括头版头条消息《宁夏全力逆转沙漠化》和6版通讯《万里黄龙今已缚》。
② 徐运平系人民日报社河北分社社长,时任宁夏分社社长。
③ 施娟系人民日报地方部主编。
④ 朱磊系人民日报社宁夏分社采访部主任。

垣残壁，一片死寂。宁夏沙坡头沙漠博物馆里的一部短片，真实再现了上世纪这里沙暴肆虐的恶劣生态。

然而，就在这里，沙坡头中科院沙漠研究试验站的科研人员，创造了世界上第一条真正穿越沙漠的包兰铁路55年安全畅通的奇迹。

倘要"论功行赏"，在沙坡头人看来，第一功该授给"麦草方格"。

车行灵武市白芨滩自然保护区，目之所及，绵延不断的沙漠被一张"天网"覆盖。"这里是毛乌素沙地边缘，这些覆盖沙漠的网格就是'麦草方格'。把麦草呈方格状铺沙上，再用锹把麦草轧沙里，留1/3或一半自然竖在四边。方格不仅能固沙，腐烂后还能为植物提供养分。"全国治沙英雄、自然保护区管理局局长王有德带我们见识了今年新轧的3万亩麦草方格"天网"的壮观阵容。

寒风刺骨，保护区的工人仍在方格里忙碌，栽种柠条、花棒等灌木。一颗小小的芽头刚刚冒出，"这就是柠条，避过虫咬、鸟啄、鼠吃，明年就能成活。"王有德说，"在沙漠里种活一棵树，比养个娃还难呐！只有柠条、花棒、沙蒿这类灌木，耐旱抗寒，能扎下几米深的根，两年长成就能防沙固沙。要是9月份来，你们就能看到花棒盛开，粉嘟嘟的，可惹人了。"

1976年至今，王有德带领300多名职工，以"柠条"精神每年治沙造林3万亩，在浩瀚的毛乌素沙地西南边缘，筑起了一道东西长50公里、南北宽15公里的绿色屏障。风沙在他脸上刻下的道道印痕，就是他防沙治沙的"勋章"。

在盐池县毛乌素沙地南缘的沙边子村，我们见到了另一株"柠条"——白春兰。

1980年，白春兰和丈夫联合本村10户人家走进名为"一棵树"的沙地治沙种树垦地。曾经有过的一棵树，早被风沙折杀，这里寸草不生，一年中起沙扬沙300多次，不到一年，10户只剩下白春兰一家。沙丘下安家，手推车、小胶车推沙开路，平田整地。沙暴起时，看不见路就摸着种下的树苗找家,她和家人愣是摸索出了"以草固沙、以柳挡沙、种树防沙"的综合治沙法。

33年,爱人和儿子先后因病离她而去。有村民说,她爱人就是种树累死的。白春兰依然坚守,陪伴她的是她、她爱人、她儿子栽下的3000多亩郁郁葱葱的树林。

在白春兰带动下,先后有近百户农民在这里安家落户,治理沙漠。至今累计治沙4万多亩,"一棵树"变成"千万棵树"。

"正是王有德、白春兰这样一批治沙英雄不断创新探索,创造了沙坡头'五带一体'防风固沙工程,盐池、灵武毛乌素沙地生态综合治理模式等多种经验,才为宁夏基本逆转沙漠化打下了坚实的基础。"宁夏林业局局长王文宇斩钉截铁地说。

识与用
从"治沙害"到"沙生金"

"中卫市境内的腾格里沙漠,现在可是宝贝,全被'抢'光了。"一提防沙治沙,自治区副主席、中卫市委书记马廷礼对记者说。

早在明清时期,腾格里沙漠的滚滚黄沙就直抵中卫城下。数百年祸害,怎么一下就成宝了呢?

"你疯了?"4年前,杨飞决定在沙漠里办养牛场时,家人、朋友都觉得他脑子灌了水。的确,刚种的苗木,大风一起就吹个一干二净。但杨飞坚信,只要找对方法,定能"沙里淘金"。

"沙漠里特别适合养奶牛,因为奶牛喜欢干爽环境,一般奶牛场不是还专门铺层沙子嘛?这里是现成的,通风又好,奶牛不易得直蹄病、乳房炎等,用药少,养牛成本低。"杨飞的"沐沙奶牛场"如今已成远近闻名的品牌。走进他建在腾格里沙漠里的奶牛场,数百头荷斯坦奶牛或站或卧,一派安详。"我的牛场的奶不愁销,每公斤还比别人高两毛。"杨飞满脸自豪。他计划投资两个亿、3年养一万头奶牛,从目前的情况看,

3年后投资就可全部收回。

奶牛场只是杨飞"大漠生态农业有限公司"蓝图的一部分,还有沙漠大棚种菜、经果林、种酿酒葡萄,建酒庄和观光农业。

种菜大棚已经建起来了,相距不远,还有中卫沙漠农业科技示范区的日光温棚群,占地2万亩,已建温棚1200座,各种大拱棚120座,并配套水、电、路、林等基础设施,18家农林业开发公司在经营,一个棚年均收入过万元,每年可安排2000多个当地劳力。

看好腾格里沙漠的不只是宁夏人,银阳新能源有限公司经理王犇,2009年从江苏来中卫,"这里日照条件充足,用电成本低廉,我们坚定不移投资光伏发电,把原来在江苏的产业全转让了。事实证明,这是很正确的选择。"王犇告诉我们,公司从铺"麦草方格"开始,在这里固定资产投资已达17.8个亿,世界上最大的单体光伏电站规模初显,前景良好,预计5年左右便可收回投资。

"这里的6万亩沙漠已入驻11家新能源企业。"王犇带我们登高远眺,只见上千块太阳能光板在阳光下反射着深蓝的光。走到近处,但见光板下"麦草方格"里,全部种着经济作物和固沙灌木。

昔日的沙害,如今已"为我所用",聚财生金。2009年,自治区政府出台《关于大力发展沙产业推进宁夏防沙治沙综合示范区建设的意见》,决定未来10年投资113亿元,加速发展沙生中药材产业、沙区生态经济林产业、沙区瓜果产业等沙产业。

"沙生金"进一步推动"沙防治"。目前,宁夏全区治沙面积在100公顷以上的企业有80多家,投入资金16亿元,开发治理沙荒地3万多公顷。个体造林治沙户14.7万户,投入资金5.1亿元,造林4.82万公顷。王有德给记者算了笔账,仅去年,白芨滩保护区就治沙3万亩,投入费用5000万元,而国家补贴每亩只有数百元。他们通过发展苗木经济、经果林、设施养殖等相关沙产业,年收入上亿元,以沙生金,再反哺治沙。

斗与和

从"战天斗地"到"人沙和谐"

11年，战天斗地，治沙造林21万亩，率先在全国提出并实施林纸一体化的中冶美利林业公司，以此辉煌成果载入宁夏治沙史。

然而，风光的数字后是道不尽的酸辛。腾格里并不热情，降水量低，沙地土质差，林木生长慢。在与沙奋战中耗尽元气的这家公司2007年被一家央企重组，今年3月，再次资产重组。

"防沙治沙，就是和树、'誓将沙漠变绿洲'吗？"与沙斗争几十年，宁夏干部群众在实践中从未停止思考。

全县80%面积沙化荒漠化的吴忠市盐池县，沙害全区最烈，2002年8月，在宁夏率先全县实行封山禁牧、退耕育林试点，探索一条"人沙和谐共处"的新路。

这是一场改变传统生产方式的巨大变革。千百年来都自由放牧的羊群全部进舍入圈饲养，草原和林地等实行围封，培育林草，借助自然的力量恢复植被、保护生态。这个曾经的沙害最大县，如今林木覆盖率已逾30%，植被覆盖率近70%，在捧回"全国防沙治沙先进集体"荣誉后，又被评为"全国绿化先进县"，率先在宁夏实现沙漠化逆转。而且，禁牧前，全县羊只饲养量为68万只，现达300万只，农民真正"发羊财"，平均收入是禁牧前的3倍。

2003年5月，宁夏全区率先在全国全面实施封山禁牧。10年间最重大的一项举措，就是将35万群众从"封山"区迁出，通过飞播造林种草和人工造林种草，综合修复生态。

吴忠市同心县从山区迁出10万人。群众迁出后，山区生态恢复得怎样？沿蜿蜒的公路进山，路旁迁出的村子有的连瓦砾都看不到了，过去村民耕作的地方，已被丛丛茂盛的柠条、沙蒿覆盖，还不时能看到山鸡跑过。深家滩4000多亩沙化地上全部覆盖柠条，而前些年这里的植被覆盖不足 10%。"这都是封山禁牧的成果,过去这里 45 度以下的坡全部开垦成田。"县林业局长马吉芳介绍。

同心只是一角。古塞微茫紫翠连,犹有荒阡在目前。银川、中卫,以军事要塞著称于世,如今正在赢得"湖城""水城"的新荣耀。你一定很惊讶,这大西北哪来那么多水?宁夏专门成立湿地管理机构,这在全国都为数不多,近年来大力实施湿地保护恢复工程,湿地面积不仅不减,反而净增近 30 万亩。

中卫城,保留着一座始建于明崇祯年间的鼓楼,西面写"爽挹沙山"四字。面对当时逼抵城下的滚滚黄沙,这四个字表达了古人不仅希望抑制沙害,还希望沙造福人类的心愿。

从"人进沙退"到"人沙和谐",这一治沙理念的深刻变迁,给人启迪。宁夏正把古人"爽挹沙山"的心愿逐渐变为现实,同时,也赋予这四个字更加深刻的内涵。

(原载《人民日报》2014 年 1 月 14 日)

学会巧用发问的艺术

王 楚

提要：报道经济少不了采访管经济的领导，宜作闭合式提问，一、可以避免被采访者有意的"答非所问"；二、使记者自己长时间处于主动地位，弥补记者因外行给被采访者带来情绪波动；三、采访收获大。发问时，应多问"人""人的思想""人与人之间的关系"，共性问题最易引起读者共鸣。

发问，人人都会。巧用发问，并非人人都会。作为记者，巧用发问的艺术，对记者的采访（影响到写作）成功与否，将起关键性作用。拙作《走一步 看一步》《有胆略的决定》《胆识来自智力"集团军"》，1985年3月17日、5月11日、6月25日分别发在《人民日报》的一版、三版，在新闻界引起了反响。山东《青年记者》杂志编辑约我谈谈采写的经验和过程，以飨同行诸公。经验谈不上，过程又太长。自我总结：巧用发问的艺术，是我这三篇通讯能给人耳目一新的关键。

武汉市经济计划实行单列，并被国务院列为省会所在地的城市综合改革试点，效果如何，全国瞩目。武汉市被各界人士认可的成功的突破是三个：一、蔬菜市场的敞开；二、三镇大门的洞开；三、"智囊团"的运用。三篇通讯的各自主题是"计划与调节""开放市场与封闭市场""智力与权利"。主题一经确定，就进入了准备采访的过程。

"准备"二字易说，对上路却并非容易。对经济工作，我不是内行，经济数字的枯燥、干瘪、无味，一看就令人生畏。但是，报道经济改革，则是每个记者的天职。采访前，我应准备些什么呢？扬长避短。短，就是不懂经济；长，比较了解人（指主管经济工作的几位领导）。因此，重点采访"人"，采访"他"在改革过程中的思想斗争、变化、结果。采访"众多的人"对待改革的动态的思想。这是我采访计划上定的宗旨。

不懂经济，发问时，我常常避开经济的"狭窄"含意，要求被采访者谈"花絮"。在蔬菜产销办公室采访时，处长准备的全是蔬菜改革方案制定的过程（了解一下是必要的，但从头至尾听下来，效果不见得好），我见此状，就提出，"有文字的可以不讲。可否谈谈不能见诸文字、经传的'花花絮絮'呢？"这一问，没有主讲人了，在座的四个人，瞬间都成了主讲人。谈"花絮"，一个人不可能占几个小时，从头谈到尾。这样，避免了主讲人的对外统一口径的弊病，可以同时从多侧面获得真实情况。"花絮"也就是细节，"花絮"不是数字，而是人与人之间的微妙关系。细节掌握多了，写作起来，常常容易活。

不懂行，发问应多用闭合式。所谓闭合式发问，也就是限定被采访者回答的范围。这个问题的选择，也必须是大多数外行人都要关注的问题。像采访市政府咨询委员会办公室主任时，我是这样发问的："运用'智囊团'的科学咨询，市委、市政府、各委办局领导是不是自觉的？"一般回答大多是肯定或否定，因我提的问题，被采访者回答时周旋的余地极小。这位主任回答却巧妙："把'智囊团'的科学咨询，作为市政府决策的重要环节，从法律上还缺乏保证。"显然，各级领导运用智囊团的科学咨询，是缺乏自觉性的。带着这个闭合式问题，在向市长吴官正发问时，吴市长回答得很坦率："用专家的科学咨询去取代习惯的传统决策方式，还需要有一个过程。法律上还缺乏保证，有的是我们不识货。"

闭合式提问，一、可以避免被采访者有意的"答非所问"；二、使记者自己长时间处于主动地位，弥补记者因外行给被采访者带来情绪波动；三、采访收获大。

不懂经济，发问时，应多问"人""人的思想""人与人之间的关系"，因为，"人""人的思想""人与人之间的关系"，各条战线都存在，是个共性问题。有些经济报道为何枯燥、死板，关键是报道工艺流程太多，具体计算方法太多。新闻纸印出的消息报道，应被广大读者所理解，同行业的人读后不解渴，可以再到厂里学习和取经，但引起多数人的共鸣，则应是事实中"人""人的思想""人与人之间的关系"。像武汉的蔬菜问题，是多年的老问题，吴官正对蔬菜市场也不是内行，敞开蔬菜市场为何敢于拍板呢？在采访中，我是这样发问的："几任市长都很精明，为何不敢拍这个板？吴市长敢拍板，有什么超人的地方？"中心是在问"人"；我接着发问："蔬菜涉及千家万户，吴市长让价值规律来支配市场，你就不怕砸锅，不怕市民轰你？"问市长的思想、情绪变化，问市长与市民的关系。我又提问："如果失败了，吴市长准备怎么向市政府、市民交待？"改革是在探索中进行，如果此招行不通，市长想到退路没有？想问市长的招数，由于"人""人的思想""人与人之间的关系"纷繁复杂，千姿百态，各具特色，所以，易问、好懂，下笔自然不落俗套。

当然，有的内行人，对外行记者采访往往不乐意接待，认为是浪费时间。外行，这是记者的短处，但正因为外行，才不被复杂的内部情况所束缚，从这个角度讲，又是长处了。提问常常激而发之。像武汉市物价改革方案出台，副食补贴每人只有一元六角，而北京、上海分别为七元五角、九元，武汉市民攻击市长的言辞不堪入耳。我是这样发问的："市长，武汉市补贴只有一元六角，干部群众议论纷纷，说你勒紧市民裤腰带到上面报功。"话音刚落，市长紧握拳头，猛地站起来，激动不已，说："哪有父母官不爱百姓的。再说，我不是苦行僧，我属于第三世界，每人补贴八元，我全家副食收入可增加到二十四元。但是，武汉市副食品价格先出台,基础太差,全省看武汉,全国也在看武汉。武汉市一动,全省、全国攀比风就会一刮而起,这一点,国务院、省的领导看出来了并有指示。"显然,市民冤枉了市长,市长有苦难言,但是,稳住武汉市已出台的价格,对全省、全国举足轻重。通过这一点,对吴市长的胆略肃然起敬,感到他肩上的担子太重了。可是,如果记者是内行,问话肯定是从价格谈到指数,从价值谈到价值规律,一问一答,成了学术讨论。百姓对市长的误解,内行记者也是不屑一顾。但市长此时此刻的心情,就无法正确报道了。有人说,这是"激将式"提问。

在经济上是外行,但对待人情大家都是内行,通过人情,可以从中找到共同语言。因此,从人情入手提问,常常可以帮外行记者的大忙。像在市政府采访一位年轻人,我是这样发问的:"称你老弟,还是老兄?""我三十二岁,你呢?""而立之年,要称你老兄了。同辈人。"年龄的接近,加上都在部队服过兵役,关系就融洽多了。我是这样接着发问的:"放农民进城卖菜,吴市长有大将之才,一般人就不敢担这个风险。"青年人说:"定盘子时,市长抬起的手又放下了,开始,不敢叫蔬菜体制改革,叫因势利导。"市长是人不是神,这本身就是新闻。众多的报道,这一细节从未描述过。在蔬菜市场敞开问题上,大都把市长写成神,而不是一个食人间烟火的人。通过进一步采访,将了解到的细节写进报道时,给报道增色不少,又富有浓郁的人情味。市长吴官正后来见到我还问:"这个细节,你是怎么采访到的?"我微微一笑,心想,这秘密可不能告诉您。

最后,我要说的是,外行记者还是应力争当内行。以上点滴,也只能说是权宜之计,是完成突击报道任务时,可以借鉴的捷径罢了。

(原载《青年记者》1985年第10期,作者系人民日报高级记者,时任人民日报驻湖北记者站站长)

附：

有胆略的决定

——武汉三镇大门是怎样敞开的

王　楚

武汉三镇——这个"自守"了三十多年的城堡，终于敞开了大门。赵紫阳总理称赞："这是一个有胆略的决定。"

把城门打开，让外地商品冲击自己的市场，让自己的企业在市场上参加竞争，经风雨、见世面。制定这一决策，对"重镇历来讲守"的江城来说，的确是要有胆略的。

市委第一书记王群，59岁，打仗出身；市长吴官正，46岁，学自动化专业的。就是这二位和他们领导的新班子凭着他们的魄力和胆略，使这个城市改革方案、决策，顺利得到实施。

一

去年5月，武汉市被批准为省会城市经济体制综合改革试点。对此，王群、吴官正心里既喜又忧。喜的是，"从此放开了手脚"；忧的是，"下步从何入手"。他们考虑的是，决不能辜负中央对武汉的厚望。

偌大的武汉三镇，日趋"加固的城堡"，使货不能畅其流，路不能畅其通，经济效益差。但是，一提起工业，一些同志总是津津乐道，在全国44个工业门类中，武汉已有了40个；在156个工业细类中，武汉已占145个。可报表上清清楚楚写着：1983年，全市工业固定资产给国家提供的利税，竟为全国平均数的45%。

武汉有"九省通衢"之称，而现状是，"铁路吃不了，航运吃不饱"。人、物要么进不来，进来了又难以出去。吸引力、辐射力日益缩小。昔日唇齿相依的九省，如今逐渐与武汉脱钩，纷纷自找伙伴。有识之士曾多次上书，大声疾呼：如此下去，"九省通衢"将会落个"东西南北空"。

"天上九头鸟，地下湖北佬"，这种褒贬都含的俗语，也成了一些人炫耀的资本。全国第二次质量评比，一两重的"棉花糖"，被推上了银牌的高座，一扫武汉在金银牌榜上无名的愁容，于是，"么样唦，湖北佬还是厉害哟"，赞誉之声不绝于耳。殊不知，两把重的"棉花糖"怎能与大武汉共上天平称呢？！

王群和吴官正坐不住了。吴官正想到了自己的"智囊团""思想库"。

武汉市人民政府咨询委员会，是一个高水平的"智囊团"，32名委员和8个专业咨询组的86名成员，几乎囊括了社会学科和自然学科的各个门类。其中不少是享有盛名的经济专家。其下，则是由大学、科研、学会、民主党派等七路大军共262家咨询单位形成的智囊网络。就是这个"智囊团"，为市委、市政府的重大决策，提供了一系列的科学依据。

把武汉建设成一个网络型、高效益、多功能的中心城市，必须走开放之路，这是各家的共同见地。"智囊"集团军提供的大量科学论据和分析，使吴官正板上有眼了。

6月，市长吴官正举行新闻发布会，真诚地向国内外宣布：地不分南北，人不分公私，一律欢迎来武汉做生意；提供24万平方米的场地，供国内外客商开发、投资、做生意。

二

"枪一响就不怕了。"市委第一书记王群说："怕就怕在战斗未打响那一阵。"

的确，让三镇大门洞开，决策者有了勇气，还有一个怎么让全市各界通力合作去迎接挑战的问题。

当广州市要求来武汉展销他们的轻纺产品时，有关部门就向市委领导表态："坚决反对"。理由是，武汉市轻纺产品竞争不过广州。明知本地产品缺乏竞争能力，还让外地产品打进武汉市场，抢走本地生意，万一自己的企业被淘汰，成千上万人的工资、奖金，岂不……有的干部竭力给决策者吹风："保护措施这个传统不能丢。"

武汉自行车二厂采取跨地区，择优选取外地零部件，以提高产品竞争能力。武汉自行车零件一厂就向系统内十多个单位散发传单，声言："本是同根生，相煎何太急。"并发出最后通牒，将本厂内与二厂有亲属关系的职工，全部辞退，让他们去向二厂要工作。

真是水不急，鱼不跳。城门还未打开，城里已是风雨满巷。

"敞开三镇大门，岂不是引狼入室？"

"从来都是肥水不流外人田，问他们吃的还是不是武汉的粮，为何胳膊往外拐。"

"让外商来汉办厂、设店，岂不是拱手把武汉交给了洋人。辱国之举，辱国之举！"有的人还真的动了感情。

王群、吴官正心里很清楚，要使武汉腾飞，必须走敞开三镇之路，"引客入室"，是为了"放虎出城"。实行保护落后的措施，只能使本市产品永远落后。何况，落后产品，过了今天，过不了明天。武汉是华中的武汉，是全国的武汉。要站在北京看武汉。"他山之石，可以攻玉"。

"企业在家门口竞争，万一真垮了怎么办？"有人直接质问市领导。

"垮了活该。"王群和吴官正口径一致，回答得干脆利落。

说是这么说，要是企业真垮了，职工张着嘴，市委、市政府还能不管饭？王群多次给企业领导做工作，鼓励他们在竞争中振兴："看准了的事，该拿出勇气冲锋了。"

市政府做出决定，欢迎广州来汉展销，并要求热情接待；聘请联邦德国专家任武汉柴油机厂厂长；支持武汉自行车二厂从26个省市的277家企业中，择优选取外地零部件，使"黄鹤牌"自行车由B级车上升到A级车。

三

武汉三镇敞开城门，万商云集，千帆进江，百货竞流，各业争雄。真是放开一步天地宽。截至今年4月30日，外省市在汉办厂办店460多家，外地、本地合资、本地独资兴办的厂店11500多家，11个月来，平均每天有36家厂店开业。省外进武汉和经过武汉输往各地的日用消费品品种超过五万三千个，金额占武汉市总成交额的40%以上；同时，武汉市地方轻工产品一万多种，也源源不断流向28个省、市、自治区。

长期被无形绳索紧紧捆缚的武汉，一旦放开了"手脚"，大有不知所措之感。昔日封闭的城堡，变成眼花缭乱的大千世界。一些企业像鸭子走旱路，东张西望，但很快找到了水域和泉源。市场开放，打开了武汉本地企业狭隘的眼界，企业纷纷由生产型向生产经营型、开发经营型转化。武汉手表一度因外地手表涌进而被困，库存达15万只。全厂从厂长到工人，精诚团结，深入本省农村和大西南，建立了500多个销售点。同时，根据市场需要，研制出新式坤表和"武当"表，又夺回了市场。

面对激烈的竞争，除个别工厂被挤垮以外，有转向、有合并，更多的是跌倒了又就地爬起来，在竞争中提高了应变能力，为生存需要，走上了专业化协作的联合道路。去年以来，全市工交系统就有1565个企业，与28个省、市、自治区有关单位，组建了各种经济联合体和协作网253个。

武汉市改革走出了成功的一步，市委、市政府把权力同智力有机结合起来，以智力为依靠，实行科学决策，发挥"外脑""群脑""智囊"的作用，他们这种魄力和胆略的产生，不是令人十分可信和深思的吗！

（原载《人民日报》1985年5月11日）

编者点评：

这是一篇堪称经典的工作通讯，曾获1985年首次设立的全国好新闻特等奖，人民日报社社长杨振武当年曾热情撰文赞其为"引人入胜的经济报道"。如此，选在研究人物通讯采写的书里岂不是张冠李戴？

横看成岭侧看成峰，研究问题有时也需要转换角度。此文刊发后，人民日报就有多位记者发表热忱、中肯的评述。有记者即认为：通讯之所以成功，主要是因为作者在写事的同时，也写了人，写了许多人在事件中的思想、情绪。

要在此类工作通讯中把相关人物写得形象、生动、富有个性，难度非同一般，因为写的是地方的高层决策者，是所谓的"大人物"。

"王楚在人物采访中，最大的特点是解放思想，破除了对领导人、对权威的迷信。他对采访大人物深有体会：'写大人物要解放思想，我们不能仰视，如果仰视，必然把他当神来写。我们不能俯视，至少要平视，平起平座，如此，则展纸落墨，气势自然不凡。'他这种观点，是对传统的采访方法的新突破。照此采访、写作，领导人就容易写出个性，写出特色，使读者感到真实可信、可亲，可读性也很强。"（夏发《谈王楚在"立体"新闻中的探索》，1987年《新闻研究》）

王楚自己在总结三报道的成功经验时也认为，重点是采访"人"，采访"他"在改革过程中的思想斗争、变化、结果，采访"众多的人"对待改革的动态的思想。他曾在其专著《"立体"新闻》中谈到对当时武汉市长吴官正的一次采访：

"吴官正市长正式接受我的采访，并认真地回答了我提出的13个问题：

一、运用科学家、专家的特长和智慧，与'花架子'的区别？

二、用专家的科学咨询，取代习惯的决策方式，作为市政府这个环节，是否有'法律'或'规章'的保证？

三、武汉市提出拿'两通'起飞，省市很多干部持不同意见，尤其省委有关领导持不同意见，市长如何看？

四、有人提出市长'唱功（舆论）好，做功（实干）差'，市长本人怎么看？

……

整整两个小时，一问一答。有时，我问得很尖刻，市长也回答得很诙谐，但是，采访者和被采访者之间，都是坦诚相见的。市长的甘苦，市长的难言之隐，都不加掩饰地摆在我面前。"

他山之石，可以攻玉。这篇工作通讯的人物采访技巧，同样可以给我们不少启示。

倾听，也是很好的采访

朱 磊

提要： 当提问式采访不太合时宜时，花费多一些的时间与耐心去倾听与观察，也是一种很好的采访，有时候甚至收获更大。职业需要让记者习惯了去按"快进键"，但有时候，也要按按"慢进键"，去倾听，去体会，才能抓住最打动读者的细节。

接到采写赵峰的报道任务时，我有点头大。赵峰是宁夏吴忠市一名最基层的社区干部，他一心为民，最终累倒在工作岗位上，地方媒体已经有不少专题报道，如何采写出本报的风格，写出不同的角度和精彩，这是一个难题。

另一方面，刚刚忙完中阿博览会，中秋假期已到，稿子要求10月5日见报，几经协调，地方宣传部安排在中秋节的第二天，触景生情，真是于心不忍，这是又一个难题。

带着一盒月饼，一大早开车出发，路上思来想去，最好的采访方式，还是少说话，多观察，见机采访。

从9点30分开始，宣传部陆续安排了社区居民和赵峰同事接受采访，采访对象讲的故事其实别的媒体都有涉及。我当时想，也许只有更加用心，才能抓到别人没有触及的东西，因此除了仔细观察采访对象的表情、动作、神态以外，我竖起耳朵听故事，抓其中的细节，对于采访对象的絮语，我没有打断，因此抓住了不少好东西。比如居民白红艳说，"赵峰走后,掏出手机还是会习惯性地拨打赵峰的电话";居民李玉华回忆第一次见赵峰时,对方没有表明身份,而是陪她聊天,一起哭一起笑;同事回忆他,每次让大家加班,他总是陪到最后,直到把人送到家,才安心回去……这些新鲜的细节,都是"人无我有",但不是我问出来的,而是耐心倾听,他们慢慢倒出来的。跟他们的聊天,一直持续到下午2点钟,我除了埋头写笔记,偶尔抬头补充问两句。

逝者已矣,对于他的亲人和朋友,最痛苦的可能莫过于回忆。准备采访赵峰家人时,我才知道新华社也是安排在这个时间采访,对象就是赵峰爱人谢芳。此时的谢芳已经哭成了一个泪人,整个人沉浸在回忆中,而且没有吃饭,这时候再问任何东西,我都张不开口,这让我遗憾地以为,最重要的采访对象的讲述可能只能通过查阅材料来获取。

在吃饭时,我把月饼送给谢大姐,这个举动让她和陪同的宣传部工作人员很惊诧,我坦言:"过节原本就不该打扰,何况是对逝者的亲人,所以这次我们不一定要采访,您带我去家里走一走,看一看,了解一些细节就可以。"

没想到,在赵峰家里,一杯清茶,谢芳却打开了话匣子,从两人相识一直到赵峰去世,这里面可能有价值的信息并不多,但我一言未发,一直拿笔在记,采访持续了3个半小时,也正是因为如此,我获得了很多非常好的细节,其中谢芳给赵峰买鞋,但是他却舍不得穿的细节更是过去材料没有见过的。

没有想到,一天的倾听,竟能达到这样的效果,甚至比打破砂锅问到底的提问式采访收获更大。

回家后赶紧架起电脑写稿,那些倾听来的细节,让我好几次泪流不止。初稿5000余字几乎一气呵成,后来徐运平社长亲自动手改稿,将稿件压缩至3000余字。

稿件上版,得到了值班老总的好评,见报后,还接到了很多人的电话,其中谢芳大姐还给我发来一条短信:"谢谢你,我们会好好的。"让我感动不已。大家称赞这篇稿子，相比于其他媒体最大的长处就是细节洞察入微，打动人心。

这次采访，我的感受是，当提问式采访不太合时宜时，花费多一些的时间与耐心去倾听与观察，也是一种很好的采访，有时候甚至收获更大。作为记者，我们要当好信息的二传手，第一时间向受众传递新闻信息，这让我们习惯了去按"快进键"，但是，有时候，我们也要按按"慢进键"，去倾听，去体会，才能抓住最打动读者的细节。

（作者系人民日报社宁夏分社采访部主任）

附：

总觉得他会憨憨地笑下去

——追记宁夏吴忠市利通区金塔社区党支部书记赵峰

朱 磊

11年前，他毅然决然离开机关大院，放弃让人羡慕的待遇，走进社区工作；

11年后，他一米八二的魁梧身躯因心梗轰然倒下，生命的钟摆定格在仅41岁的壮年，留下焕然一新的金塔社区……

他，就是宁夏回族自治区吴忠市利通区金星镇金塔社区党支部书记、居委会主任赵峰。

百姓的娘家人

"他太累了，需要好好地睡一觉"

"我的娘家人走了！"112号大院居民白红艳喃喃自语："直到今天，我还会忍不住拿出手机来拨打赵书记的电话，总觉得他还会像过去一样，一脸憨憨地笑着来看我……"

10年前,白红艳从宁夏中南部山区搬来。赵峰第一次上门走访,发现她8岁的儿子因药物中毒又聋又哑,自卑的孩子把自己封闭起来。他马上为孩子联系了聋哑学校。上学那天,孩子激动得手舞足蹈。如今,他不仅能和家人用手语交流,还能读书看报,每逢赵峰来看他,总是拉着赵峰的手比划个不停。

2006年,白红艳爱人因肝癌去世,白红艳精神濒临崩溃。又是赵峰,又是那张熟悉的笑脸。"白姐,咱们都是你的娘家人,有事你就找我。"自此,赵峰每个月都要来家里一趟,送上米面油等生活必需品,并且为白红艳申请了公益岗位。

"他太累了,只想好好地睡一觉。"李玉华和丈夫杨国宁都是下岗职工。2009年11月,丈夫患上脑血栓,生活完全无法自理。一天,李玉华和往常一样,带着丈夫在小区散步做康复,远远看见一位身着迷彩服的大高个走了过来。

"大哥这是什么病啊?"温暖的话语让李玉华的眼泪流了下来。得知这个家庭唯一的收入是每月230元的低保,为给丈夫补充营养,李玉华一年没吃过时鲜蔬菜,大高个也忍不住落下眼泪。

"他当时就让我写好申请,第二天去社区找他,我还不知道他是赵书记。"赵峰帮着李玉华写材料、复印证件、跑劳动局……一个多月后,李玉华得到一份工作,带着丈夫在社区居家养老服务站上班。

今年4月,李玉华女儿出嫁,"咱社区的闺女,要嫁就风风光光地嫁。"那几天,操办宴席、买烟酒、请司仪,赵峰来回奔忙着。婚宴当天,赵峰作为证婚人,走上台说:"这是一个不容易的家庭,希望他们越过越好!"

"我没法相信,前些天还在帮我丫头证婚,出事当天还带着我们一起种树,咋说倒下就倒下了?"李玉华不想接受这个现实。泪光里,她似乎又看见那个陪她笑、陪她哭的赵峰。

同事的赵大哥

"他太忙了，顾不上自己"

"面对百姓的需求，他总是笑脸相迎。"在金塔社区，赵峰生前办公室的门敞开着，跟随赵峰工作10年的社区工作人员王玉红站在门口，久久凝视着那张熟悉的办公桌。

好多次，有社区居民反映问题，上来就骂骂咧咧。一旁的王玉红看不入眼，上去理论，却被赵峰一把拦住。"群众来反映问题，那是信任我们！"赵峰总是憨憨地笑着，送走来客，再催促着王玉红，跟他一起去解决问题。

社区居民背地里给他起了个有趣的外号"赵憨憨"。"他是赵憨憨，更是我们的赵大哥。"说起赵峰，金塔社区干部李溶琴泪水夺眶而出："无论安排哪位同事加班，他都会留下来陪着干完，然后再把同事送回家才放心离开。咱们社区6个干部，只有他一个男的，脏活累活他总是第一个。"

多少次，赵峰脖间围条毛巾，冒着高温或严寒搬砖平路；拿着扫帚爬上一间间小煤房整理杂物、清扫垃圾，下来时蓬头垢面没了人样；从货车上抱下一棵棵胳膊粗细、带着大土疙瘩、滴着泥水的树苗，再连夜栽上；三伏天手持长竿，带领社区干部疏通臭气熏天的化粪池；小区停电后给孤寡老人送去蜡烛，跑供电部门直至凌晨一两点又见万家灯火时，才最后一个回家……

这些年，赵峰在全市建立首个居家养老服务中心，开起"老饭桌"；成立首个爱心慈善超市；办起社区工会（职工）农民工维权站……曾经设施最老旧、人口最多、绿化最差的"三最"社区，如今环境优美，邻里和谐。

多年来，赵峰协调辖区单位累计帮扶下岗职工2000余名，帮扶贫困户、贫困生3800人（次），帮扶现金实物折合86040元。社区129栋楼里居民的分布和家庭情况，他了如指掌。社区活动室摆放的各种奖状、党员评星表上定格的六星评价、办公桌上摆放的厚厚的民情表……都在无声地诉说着一位社区书记的汗水和心血。

指着社区门口摆放着的赵峰的简介，李溶琴告诉记者："11 年了，他一头黑发几乎掉光，只有那脸上的笑容，仍然灿烂。"

事实上，赵峰不仅仅患有遗传的高血压，在 2012 年体检时，还发现了心脏早搏、电轴左偏等问题。

"他太忙了，顾不上自己。"王玉红哽咽着，泪水在眼眶里打转。

妻子的好丈夫

"他太抠了，舍不得穿皮鞋"

相伴十几年，妻子谢芳说："进社区工作后，赵峰变了。"

他放弃了钓鱼、游泳、集邮等业余爱好，却会为了同事的健康，去当社区羽毛球赛的裁判。

他放弃了自己烹饪美食的喜好，常常用盒饭、拉面充饥。

过去的他对家关心无微不至，如今却很少顾得上家，一门心思扑在社区里。

2006 年大年三十，赵峰仍在社区忙活。谢芳在家炸年糕，不小心，油溅了一脸，疼得眼泪直流。她打电话让赵峰买药，可等到夜里 12 点，他拿着烫伤膏匆匆忙忙跑回来时，谢芳脸上已经起了几个大水泡，气得她抓起烫伤膏就扔在地上。赵峰默默地捡起药，一边轻声陪着不是，一边为她敷药。直到现在，谢芳脸上还留着那次烫伤的疤痕。

但在谢芳的心里，他还是那个深爱着家人的"老赵"。去年中秋节，赵峰答应家人好好过个节。那天，他将亲戚全部找过来，破天荒地提前下班，下厨做了满满一桌菜，大家喝啊唱啊，醉得酣畅淋漓。今年中秋，赵峰最疼爱的妹妹抱着谢芳痛哭："说好要为我主持婚礼的，他咋说话不算话了呐？"

走进赵峰的书房,各种荣誉证书摆满了书柜,"每次带回来,他总要炫耀一番。看看,你没有吧。"

每每这时,谢芳总会开玩笑:"奖金呢?"

"你别管,我用了。"其实谢芳心里清楚,赵峰肯定又捐给了社区贫困户。

谢芳说,过去赵峰喜欢打扮得干净利索,可自从进了社区,对居民邻里越来越大方,对自己却越来越抠。他最喜欢穿几十块一双的布鞋。今年过年,谢芳拿出自己的奖金为他买了一双皮鞋,他爱不释手,只有开会时才穿,平时还是穿那双快脱线的布鞋。如今生死离别,谢芳将皮鞋擦得锃亮给赵峰穿上。"别再舍不得了,赵峰……"

4月28日清晨,追悼会现场,社区居民手捧鲜花从四面八方赶来,送他最后一程。留下多少真情,百姓就攒下多少不舍……

(原载《人民日报》2013年9月24日)

谢绝采访之后

邓建胜

提要： 不到现场不写稿，看似常识，实是标准。尽管只是"混进"采访对象家，旁听她和老同事谈话，仍会对主人公有更深理解和认识。熟悉人物工作、生活的环境不仅仅为了交代背景，更是提炼主题、写出特色的必要程序，写出典型环境中的典型人物，才可能有感染力。

79岁的章金媛是名人，也是大忙人，几次联系，她都说不在南昌，后来干脆说"我很忙，要说的话记者都写过了，有问题就在电话问吧"。

章老师在电话里委婉地拒绝了采访。后来，她退休前所在单位南昌市第一人民医院的办公室主任陈叔儒帮了大忙：买了一大篮水果和一捧鲜花，以医院探望退休职工的方式，把我"捎"进了章老师家。

她家在南昌市一栋旧民居的5楼。70多平方米的住房，显得很拥挤，进门的墙壁右边摆有被外孙女淘汰的钢琴，琴台上端端正正地摆放着南丁格尔奖章和胡锦涛主席为她颁奖的巨幅照片。对一个早就进入古稀之年的老人来说，每天要走上走下，显得吃力。每逢元旦春节，总有市领导登门拜访，有关部门也想方设法安排了条件更好的住处，但章老师总以房子条件非常好加以拒绝。

出乎意料的是章老师对赚钱津津乐道。到成都、昆明挣了多少讲课费，南昌第三医院给了多少课题费，都和老同事谈得眉飞色舞。原来，社区护理志愿者大都是退休护士，创收乏术，为了保证一千多人的志愿队伍能正常开展服务，作为队长的章老师，压力很大。"她们为社区提供志愿服务，连车费都自己掏，作为组织者，给大家买瓶水总是应该的吧。"章老师说。她四处奔走，目的是能维持志愿队的基本开支。

旁听她和老同事的谈话，我对章老师有了更深的理解和认识。几十年如一日的奔走呼号，有的得到了人们的理解，但更多的是身边人的冷嘲热讽。她要"用21年时间"全力以赴完成的两个梦，就显得更加的艰难。

在谈到奔走了好几年才开始有点眉目的社区护理班，章老师满含热泪。很难想象这是一个本该安享晚年的79岁老人所为，她的热情和执着，仿佛是一个必须为自己的生计和事业前程打拼的少年。是什么让她执着追求了大半生还要搭上自己未来的"21年"？

后来，她同意我参加她们在南湖社区的一次志愿服务。她们抛弃偏见，不计回报，日复一日的行动，没有记者的镜头，更没有高调的横幅，完全是根据社区实实在在的需求。有的志愿者在小区内摆摊接受咨询，有的走进结对的家庭拉家常做家务。在我看来，她们中的每个人都成了所服务社区的一份子，完全融入进了社区老弱病残者的日常生活，我也为她们的一举一动所感染和打动。

每次回想写作章金媛的过程，我都不由自主地想起报社常讲的一句话："不到现场不写稿。"看似常识，其实也是标准。到现场采写是苦差事，但对于人物通讯写作来说，熟悉人物工作、生活的环境不仅仅为了交代背景，更是提炼主题、写出特色的必要程序，因为只有生活在典型环境中的典型人物，才可能有持久的生命力和感染力。

（作者系人民日报社总编室主编，
时任人民日报驻江西记者站记者）

附：

章金媛：79岁的我还有两个梦

邓建胜

退休护士章金媛，是护理界德高望重的"运动健将"。她的人生，充满热忱，79岁，依然怀有梦想。章金媛说："我有两个梦，一是组建一支社区志愿护理队伍；二是创建一所面向社区、福利院的护理学校。"

"我的社区护理班准备招30个学生，我对他们的要求只有两条：一是有爱心，二是能吃苦。"她说。

57年：以护士为终生职业，以南丁格尔为精神榜样

章金媛1945年至1949年就读于江西省高级护士学校。此后，护士成为她的终生职业，南丁格尔成了她一生的榜样——2003年，已退休12年的章金媛获得了她一辈子梦寐以求的南丁格尔奖章。

她家在江西南昌小金台路一片旧民居的5楼。70多平方米的3室1厅，客厅显得很拥挤，进门的墙壁右边摆有被外孙女淘汰的钢琴，琴台上端端正正地摆放着南丁格尔奖章和胡锦涛主席为她颁奖的巨幅照片。

我想看她过去获得过的奖章和奖状。她搬出两个大抽屉，往床铺上一倒，各类证书、奖状把一张双人床铺得满满的，我第一次看到一个人竟能获得如此多的荣誉。更让我吃惊的是，一个73岁才开始摸键盘的老人，竟然走到哪里都随身携带手提电脑，每次讲课作报告，都是使用自己制作的PDF格式文件演示。

"活到老，学到老。希望我的两个梦，都能成真。"章金媛说。

让护理工作走向社区:"我把自己埋到这些孩子中间,不相信办不好"

让护理工作走向社区,章金媛说这个念头在她心里占据了近50年。1950年她在香港拿打赤医院生下第一个孩子。从医院回家才两天,就有妇保人员来到家里询问有什么困难需要帮助。章金媛这才知道这几位是医院延伸服务到社区的工作人员。"50年前人家就有的服务,现在内地也应该有这种条件让护理走向社区了。"章金媛说。

2000年春,江西省红十字志愿护理服务中心挂牌成立,目前这支志愿服务队伍已从7年前的17人发展到1146人,越来越多的退休护士、护士学校学生、在职护士加入其中,抛弃偏见、不计回报为社区内的老弱病残者提供志愿护理服务。更让章金媛自豪的是,由她倡议发起的"中国南丁格尔志愿护理服务总队",今年7月17日终于在北京挂牌成立了。

"我要用21年的时间,全力以赴完成第二个梦。"章金媛激动地说。

她的21年,是以百岁为终点的。她说,与民政学校合作办的社区护理班只是"梦的开始"。"名字就叫章金媛社区护理班,我把自己埋到这些孩子中间,不相信办不好。"说这话的时候,她的眼里闪着泪光。

"铁人"的眼泪:"我把心给了这片土地,把所有的爱都投在了这里"

在她工作了一辈子的南昌市第一医院,熟悉她的人都说"章老师是个'铁人'"。但章金媛说,她为两件事情大哭过。

1982年丈夫心肌梗塞再次突发,在第一医院紧急抢救。同事们到处找她,发现她在另一楼的外科病房里抢救另一位重病患者。"我很对不起他,结婚几十年来,我一点也没有尽到过做妻子的责任……"

再就是2001年,有关部门以退休多年为由不再给章金媛的护士证年审。为了这件事她四处找人申诉,直到卫生部下文解决了问题。"我做了一辈子的护士,现在身体健康,精力充沛,我可以工作。为这件事,我大哭过一场……我只会做护理工作,除此之外我还能做什么呢……"

章金媛说,她的社区护理班学制3年,已经与学校谈好,学生3年总的学杂费用不会超过8000元,教材编写和专业课教师全部是志愿。目前已选送了10位志愿者去日本"介护"学校进修。

"1992年我退休后,3个女儿都希望我去上海安度晚年,但我离不开护理事业,于是一个人留在南昌。"章金媛说,"如果我有一天离开了这个世界,我可以自豪地说'我做了一辈子的护士'。真的,我把心给了这片土地,把所有的爱都投在了这里。"

(原载《人民日报》2007年8月30日)

最鲜活的东西不在纸上

王汉超

提要：在汗牛充栋的材料基础上总结提炼，仍不免老生常谈，流于空泛。报道要深入人心，只有一条路，沉下去研究，挖深，采透。只有全身心采访、感受，得到的东西才有令人信服的力量。五轮采访，不断突破调整，量的积累最后促成质的飞跃。

《走进太行，解读"新乡现象"》《解读新乡先进群体"基因图谱"》两篇报道刊出后，不少人提起报道都说：入情入理，入脑入心，写先进，写英雄没有高高在上，而是可信可学，让大家关注了、记住了"新乡现象"，透过不平凡看到的都是朴朴实实的东西。

如果追根溯源，需要提到早先另一次采访。去年8月31日，刚履新的龚金星社长率队采访吴金印，"老先进"72岁了，还吃住在山上的工地。采访从乱石滚滚的山沟沟，采到在石头缝里填土栽苗的太行山崖。"老先进"随年月洗练，过滤掉常人难免的杂质，朴实而纯粹，所见所闻令人心生敬意。

不止于感佩，龚社长在采访中汇聚信息，像拼图一样抓到一个更恢弘全面，也更令人兴奋的主题。像吴金印一样，河南新乡英模辈出，一个个灿若星花，一代代生生不息，不断涌现，逐浪相推。不仅有5个中央肯定的全国典型，更有千余省市先进，历久弥新，长盛不衰！

这正是弘扬社会主义核心价值观需要关注的重大题材。"先进"这颗种子如何同人民结合，不断生根开花，是时代主题，更是时代课题，是需要记者深入研究、解答的大题目。接下来从采访到写作历时3个多月，龚金星、任胜利、王汉超，还有当时还在分社的曲昌荣，或集体或个人先后多次到新乡调研、座谈、采访、写作、修改。采写成了一项研究新乡先进群体现象的"工程"。

在我们感受到这个选题重要性之前，当地为培育、总结、壮大先进群体做了几乎半个世纪的工作。刊印书籍文章，组织高级别座谈会，请若干媒体报道等，资料汗牛充栋。可消化这些材料的时候，并不令人满意。

当地的素材总感觉有些套路化，外来的专家又是在此基础上阐释，而多家媒体报道有时为写人物而拔高，有时干脆就用当地材料改编。"材料"的通病往往是总结多，细节少；文件性强，故事性弱。对着二手素材，写不活，写不透，写不出个性。如果只在既有的基础上总结提炼，不免老生常谈，流于空泛，必须跳出窠臼，有自己的思考和认知。

龚社长要求全篇讲故事，避免大段说理，内容好看才引人入胜，引人入胜才深入人心，这既是报社要求，也是传播规律。何况，先进们一辈子摸爬滚打在基层，每个人身上都有不少鲜活的故事！

达到这个目的，只有一条路，沉下去研究，挖深，采透。为什么是这里不是别处？为什么半个世纪先进不仅没有中断，还从少到多，蔚然成为群体？一代代的人为群众干事如何成为气候，成为气场？拿着材料并不能给出令人完全信服的答案。即使有一个现成答案，如信仰，如榜样的力量，但"纸上得来终觉浅"，只有全身心采访、感受，得到的东西才有令人信服的力量。

龚社长总结这个过程是：带着问题下去带着答案回来，带着答案下去带着求证回来，带着典型下去带着故事回来。采与不采不一样，每一次都会有收获。他带队再到村里，到农户家里，到工地，到企业，到山上，到果园，正式采访至少去了5趟。动情处挂着泪讲，挂着泪听，挂着泪记。

聊出了大量过去没人写过，市里长期跟踪关注先进群体的同志都不知道的细节和故事。

比如全国道德模范、十大杰出青年裴春亮的标杆是吴金印，虽然在两地，却只隔一道山梁。吴金印的榜样是郑永和，退休后选择进山，带着一群老头义务挖渠、种树、治虫，直到去世，在群众中威望极高。最后，裴春亮为村里引水的北干渠，就是郑永和号召挖的！一个影响一个，一个带动一个，一个传续一个，这才是先进的真正意义。

再如，真实的先进，原来并非是那么"高大全"，都是经受了千锤百炼，反复考验，才逐步走向自身的完善。先进自身会骄傲，外界会捧杀，环境会孤立，说三道四。这就是人们常听说某某先进"倒了"，因其是真实的"人"，经受不住外力锤炼焉能不倒？可是新乡为什么能五十年保持蓬勃的生命力？

采访中我们听到，"先进原本都是农民，成为先进，十个里面十个会骄傲！"听到史来贺的故事，因威望太高，周围一片支持，他反问"我能是神仙，说的能都对？"还有先进面对环境孤立，周围排挤的坚守，都很真实。也正是在这些时候，党组织的严管或帮助的作用意义空前凸显，与先进群体的成长壮大密不可分。因此，新乡的先进是有血有肉，食人间烟火的，是可以模仿，可以学习的，是可以推而广之的。

采访首先是对记者的濯洗教育。先进不是谁点名点出来的，是群众里长出来的，在群众中享有崇高的威望，身上凝聚着超乎常人的信念和公道。追寻他们的心路，越来越让人感到意义非凡。

就这样，五轮采访，四易其稿，享受在痛苦的过程中，不断去突破和调整，叙述越来越洗练，脉络一次比一次清晰，每次重写及补充采访都是量的积累，最后促成质的飞跃。

（作者系人民日报社河南分社记者）

附：

解读新乡先进群体"基因图谱"

龚金星[①]　王汉超

一个看一个，一个比一个，一个学一个。

半个多世纪，河南新乡涌现出 10 多个全国先进，100 多个省级先进，1000 多个市县级先进。其中 5 位先进人物被党中央号召学习。

先进辈出，代代传续，汇成独特的新乡现象。

全国村党支部书记的榜样史来贺、全国乡镇党委书记的榜样吴金印、首届"中国十大女杰"刘志华、首届"感动中国人物"张荣锁、全国最美村官裴春亮、全国道德模范范海涛……先进群体代代接力，他们身上，传承着什么样的基因图谱？

土里生，土里长，跟百姓是真亲

裴春亮，辉县市裴寨村支书。10 年前，他放下企业回村"领头"，心里想的却是"宁管千军，不管一村"。如今，他说白天晚上，操心最多的，必定是这个村。

"看见群众要干的事，心就停不住。"满村土坯房，裴春亮咬咬牙，自筹 3000 万建了新村。裴寨缺水，甚至家谱起名，都用"清龙泉雨海"排辈，想沾个水气。他打了深井，不够应急，修了蓄水池，仍不够灌溉。最后，裴寨男女老少全员出动，修水库！

裴春亮从不敢说自己干得好。有史来贺、吴金印他们前头站着呢。

裴寨翻过山梁，就是卫辉市唐庄，吴金印在那儿任镇党委书记。多

[①] 作者系人民日报社河南分社社长。

年前，一场雨后，吴金印俯身在地头拨土。裴春亮问："你这是找啥？"老书记甩甩手上土："墒够了，能种麦了。"一个动作，看见了吴金印心里装的啥。

裴春亮说的事，吴金印早忘了，吴金印讲了件郑永和的事。

"拿起白面馍，想起郑永和。"他去世很久，群众还念着。当年郑永和从省里退下来，住进深山，带着退休干部，成立"老头队"，志愿给群众治虫、种树、修路、挖渠。

1987年，吴金印进山看郑永和，故意问："你有儿有孙的，退休咋不在省里享享福？"郑永和正凿石头，给村民砸门框，回答："老百姓对俺亲，俺就到他们这儿来。"

如今在太行山，"老头队"已修起了3600多公里灌渠，18座水库。

裴春亮说，你在群众堆里，才会有这股子劲头。土里生，土里长，咋可能对土没感情？这话不错。刘志华，放弃了进京，选择当农民。张荣锁，退伍回到山沟，成了带头人……

带头修水库，裴春亮一干就是好多年；有两条汉子，没等到引来水，走在了前头。村里孩子自发给他捐款，一毛钱、两毛钱……邻村也来了，只出工，不吃饭，帮着修水库。

苦的时候，难的时候，裴春亮也咬牙。是新乡市委经常把带头人们拢到一起互相鼓劲。

今夏，裴寨水库终于蓄水。裴寨人敲锣打鼓，一晚上没睡觉。他们说，人人拢水人人用，大河有水小河满，老先进，新先进，多少股水，多少人努力，才有裴寨今天！

要真干，要实干，按群众认的干

范海涛没有好口才，不会讲大道理。这没影响群众喜欢他。群众不听啥道理，群众只信实干。

6年前，受市委动员，他决心回辉县南李主任村支书。

可村里很难。长则一年，短则几月，就有一任村支书被轰下台。村里有些人家，房顶糊塑料布挡雨。你帮他改造房子，他都拿不出钱。

范海涛的父母，就是史来贺、吴金印的朋友，多年前，相继担任过南李庄的村支书。范海涛对乡亲有感情。

2009年底，范海涛从自己企业的建设资金中硬挤出1.6亿，为全村建房。标准不能低，要一步到位。20多支工程队，4000多人马，大半年会战，范海涛日夜守在工地。

范海涛记得小时候。冬天河水刺骨，他看着父亲带人，一冬天在水里疏泄洪道。村里事杂，父亲累得犯头疼，汗珠子顺发梢滴。母亲为村企打销路，姥姥生病管不上。

如今他懂了。有人劝过他，给村民盖房，裴寨干过了。人们只盯"状元"，你干不出"效果"。范海涛笑了，咱不图那"效果"。有人议论，范海涛肯定为了把门面房留给自己。还有人议论，腾出土地，范海涛想让企业搞开发。

他们都猜错了：门面房交给了村集体；土地，范海涛继续投入，为村里建建材市场、物流中心，还筹划农贸集散地……说怪话的人服气了，一声不吭跟着干。

在新乡，私人贴补集体的例子不在少数。张荣锁，捐出百万积蓄，为300多口崖上群众凿通太行天路。辉县北寨村，6名退伍军人当选村两委成员，全部放弃个人产业，搞集体经济。

争先进，出先进，党做主心骨

先进人物，也有怕的事儿。

史来贺晚年，开会讨论事，他一说话，下面一片支持。史来贺生气："我能是神仙，说的都对？"吴金印有次接受采访，看到稿子写"12点"，坚持让改成"12点多"。吴金印说，如果群众觉得我一个地方说假话，全篇都会怀疑是假话。

新乡市长舒庆说，先进最怕的是脱离群众，脱离党组织。他们面临别人说三道四、面临掌声捧杀、面临环境孤立、面临干事创业困境的时候，需要组织挺身而出，扶一把，当靠山。

裴春亮就是个例子。"单凭我一杆枪，干不成啥事。可事干成了，我被推到台上，党组织退到了后面。"

裴春亮建新村修水库，凭的是闯劲。可设施配套、管网设计、产业支撑他想不周全，党组织请来市政做规划。裴春亮领着村民种菜，眼瞅着要旱死，上面调来洒水车。修蓄水池、铺管道是大工程，他束手无策，市委协调来部队，几百战士无偿拿下这个硬仗。

多年来，对待先进，新乡市委、市政府给荣誉、给舞台、给项目帮扶、政策倾斜；在先进被孤立时，为他们说公道话；发现骄傲自满苗头时，悄悄提醒，让他们尽量少参加会议、报告和应酬。

近几年，新乡市委还形成了一套先进模范调研评价机制，25个部门对他们进行环保、安全生产、社会公益等50项指标的评判。受"综合差评"的取消评先评优提名资格。针对这个群体，建立了目标引导、规范约束、监督指导、考核奖惩等制度，实行市县领导定期联系、动态管理，开展民主评议。

30多年中，新乡不断夯实基层组织的地基。一代又一代先进典型脱颖而出，被推选为党代表、人大代表、政协委员。争先进，出先进，先进汇聚成一个群体，辐射出越来越大的影响力。

在南李庄，党组织派来了抓党建的书记，为未来"把脉"。裴寨周边，杨圪档村的赵永杰、王村铺的范乃旺，都像裴春亮那样，被动员从企业回到农村。他们说："一旦回来了，就欲罢不能，村里拿我们跟裴寨比着呐。"

新乡市委书记李庆贵说："新乡先进已形成一个场，谁为群众干事，党为谁撑腰！"

（原载《人民日报》2014年9月8日）

和郭明义交朋友[①]

孔祥武　李波

提要：采访重大典型不能停留在书面材料和泛泛的采访所得上，要与采访对象交朋友，获得信任，才能采到真话实情。随着与采访对象熟悉程度加深，有些提问过的问题再问时，也会有意想不到的效果。

接到采访郭明义的任务后，9月1日一早，我们几个就从沈阳赶到了鞍山，而中央各媒体组成的采访团3日晚上才到。整整三天的提前量，我们和郭明义谈了两天，亲属、领导、同学、工友、邻居——该谈的几乎都谈了，掌握了大量的素材，我们自认为采访很深入，已经有了稿件框架。

3日晚，地方部主任龚达发随中央采访团赶到，我们向他汇报稿件框架构想，他说："咱们先不忙说这个，你们回答我几个问题。首先，你们怎么看待郭明义？"大家有的说"苦行僧"，有的说是"不重物质重精神"……

"其次，他是怎样看待家人和身边人的？"我们说，在采访中，郭明义曾说"在我眼里，身边人和家人一样重要"。

"你们还没有真正走进郭明义的内心，还要深入挖掘，不能停留在书面材料和泛泛的采访所得上。不要急于写稿。"龚主任说。龚主任给我们讲述当年他采写吴天祥这一重大典型的体会，反复交代一定要与采访对

[①] 本文改编自两位作者的业务研讨文章《寻找郭明义，寻找闪耀人性光辉的细节》和《好稿是磨出来的》。

象交朋友,要让郭明义从众多的采访记者中一眼认出你,愿意给你"掏心窝"。只有获得采访对象的信任,他才能讲真话说实情,我们才能拿到真正的独家。

第二天,采访团集中听取情况介绍,我们兵分两路,几个年轻记者把郭明义请到齐大山铁矿的山顶公园。山顶上,绿树成荫,秋风送爽,摆上几把椅子,围成一个圈子,我们还按龚主任的提示,请郭明义关掉手机,无拘无束,开始了3个小时拉家常式的采访。

在闲聊的氛围中,郭明义谈了很多之前采访中没谈到过、或者谈得不深入的材料。他第一次主动向人求爱,他的学习、入伍、转业,恋爱、婚姻、家庭,工作、献血、助学,他做爱心活动时的"厚脸皮"。这让我们看到了一个更真实的郭明义——他不是"苦行僧",他有幸福的家庭生活,他深爱着自己的母亲、妻子、女儿。28元戒指那个故事,就是这次挖出来的,而关于他家庭生活的叙述,也成为本报通讯有别于其他媒体报道的亮点之一。

到中午了,我们没有放过请郭明义一起吃饭的机会。在矿上一家小饭店,很少饮酒的郭明义高兴地与我们连干数杯,不再拿我们当"记者",我们对他的称呼也由"郭师傅"变成了"郭大哥"。

一起吃过午饭后,我们和郭明义再次来到他的办公室,一部分人继续对他访谈,另一部分人经他允许,仔细翻看他的"宝贝":感谢信和献血证。虽然有些感谢信千篇一律,但是有些信却能提供一些感人的细节,有时能佐证一些别的事情。

最后,我们还跟他约好:过两天,还要再单独跟他"聊"一次,他也爽快地答应了。

随后,我们再次走进他的家里,同他的母亲、妻子进行了深入交流。见老人时还买了西瓜、哈蜜瓜和香蕉,让采访的气氛更加融洽。就是这次,老太太谈到了如何看待"孩子的傻"。

后来,"失去人身自由"的郭明义又被我们"抢"过来,再次采访了一小时，地点还是那个能让人敞开心扉的地方——静谧的山顶公园。

和郭明义一次次接触，他和我们采访组的每一个人都成了朋友，每次远远看见都热情地与我们打招呼。随着熟悉程度的加深，有些提问过的问题再问时，也会有意想不到的效果。比如，第一次问郭明义：怎样看待家人与受助者的关系？他脱口而出：他们在我心中同等重要。他的回答让我们惊愕不已。后来采访时再问同样的问题，显然熟悉后他放下了思想负担，脱口说出了这样"经典"的话："一个不爱家人的人，怎么会爱他人、爱社会？"

就这样，和郭明义交上朋友后，他不再是事迹材料上的那个郭明义，我们挖掘出不少事迹材料上没有的细节，还补充、修正了事迹材料上的一些故事，一个有血有肉、优点不少也不乏缺点的郭明义在我们心里完成了"重塑"，"新时期的道德模范"也取代了原先的"当代雷锋"和"和谐信使"。

交朋友，掏心窝，是我们这次采访最大的收获。

（孔祥武系人民日报地方部副主编；
李波系人民日报社办公厅副处长，时任地方部编辑）

附：

新时期的道德模范——郭明义

龚达发[1] 郑少忠[2] 何 勇[3] 李 波 孔祥武

"钢都"鞍山，向东 15 公里，群山环抱着亚洲最大的露天铁矿——

---

[1] 龚达发时任人民日报地方部主任。
[2] 郑少忠系人民日报社黑龙江分社社长，时任人民日报社辽宁分社社长。
[3] 何勇系人民日报社辽宁分社采访部主任。

齐大山铁矿。

这里林木稀疏，遍地都是红褐色岩石。这岩石历亿年风霜雨雪，电击雷轰，铸就铁的坚硬；一经开采，千凿万击，粉身碎骨；投入熔炉，化为铁水，百炼成钢。

郭明义就像这漫山遍野的矿石，朴实、坚毅、无私，在平凡的岗位上，书写着一篇篇感天动地的人间大爱。

每天提前2小时上班，15年风雨无阻；为失学儿童、受灾群众捐款12万元，16年从未间断；55次无偿献血，挽救数十人的生命，20年乐此不疲⋯⋯

他不是明星大腕，却成为鞍山市希望工程形象大使、鞍山市无偿献血形象代言人；以他名字命名的"郭明义爱心团队"，吸引了5800多名鞍钢干部职工和普通市民加入⋯⋯

走近郭明义，我们一次次被震撼。人格的魅力、道德的力量，像奔涌的岩浆，从他胸中喷薄而出。

30年坚持，140张汇款单，180名复学儿童，55次义务献血，彰显人间大爱

郭明义的抽屉里，有一张泛黄的汇款单。汇款人：郭明义；收款地址：山东省嘉祥县老僧堂乡西李楼村；收款人：五胞胎；时间：2002年6月26日。

从报纸上得知，嘉祥县一农家喜得五胞胎却无力抚养时，郭明义想都没想，赶到邮局把手头仅有的300元钱汇去。从此，给五胞胎汇款成了郭明义的"保留节目"，一直到现在。其间，"五胞胎"父母两次搬家，汇款也没间断，给"五胞胎"的汇款单，已积累19张。

郭明义出生在一个普通的矿工家庭，父亲是位矿工，胸怀坦荡、乐于助人，受到过周恩来总理的接见。母亲懂一点医术，常帮助街坊邻里义务治病。在这样的家庭里成长，郭明义从小就懂得做人要讲感恩、讲

诚信、讲仁义、讲奉献。

1977年1月，郭明义应征入伍。在部队，他最爱看的书是《雷锋的故事》。以雷锋为坐标，他校正了自己的人生航向；奉献，成为他的人生价值和目标。

1982年，郭明义告别军营，成了一名矿工，乐于助人已经成为他的终生习惯。不管是身边的工友，还是素昧平生的人，谁遇到困难，他都会尽全力去帮助。

1994年，鞍山市"希望工程"开始实施。电视短片中，孩子们渴望读书的眼神，深深灼痛了郭明义的心。第二天，他就找到"希望办"给岫岩山区的一名失学儿童捐助了200元钱，半个月后，他又给这个孩子直接寄去了200元。而当时，他们一家的月收入还不到600元。

从那时起，他一发不可收。16年来，他已捐款12万多元，先后资助180多名特困家庭学生，仅汇款单就有140多张，差不多花去了他全部收入的1/3。

2005年夏天，郭明义从"希望办"看到苦孩子杨斯雯的遭遇：出生不到3个月，父母离异，相继出走。小斯雯一直和体弱多病的奶奶，靠微薄的低保金相依为命。

郭明义立即承担起她的学费。学费有了着落，但小斯雯生活还是异常艰难。为省下每天二三元的午餐费，每天中午奶奶都要骑自行车走很远，把小斯雯接回家吃饭。冬天寒风呼啸，滴水成冰，路面像镜面一样滑，祖孙俩记不清摔过多少次。郭明义听说后，又解决了小斯雯的全部午餐费。

2007年春的一天，郭明义的女儿郭瑞雪兴冲冲回家准备看电视剧，却发现电视机没了，知道是爸爸又把电视机送人后，伤心地哭了。

原来，郭明义同工友闲聊时，得知有一个贫困家庭的孩子，整天哭着要看电视，但家庭拮据，无法满足孩子的愿望。郭明义立即把自家电视机送过去。之前，因为类似原因，郭明义已先后把两台电视机送了人。

郭明义"三送电视机"的事儿感动了鞍山团市委的同志。鞍山团市委专门买了一台电视机送来，告诉他："这是团市委的'固定资产'，你只有使用权，不许送人。"就这样，郭明义家才有了台不属于自己的电视机。

捐出钱物，助人渡过暂时的难关；捐献热血，却能挽救垂危的生命。至今，郭明义已经55次献血。

"55次献血，意味着几十条生命的新生。"鞍山市中心血站工作人员无限感慨。

1990年5月，齐大山铁矿号召职工参加义务献血，郭明义第一个报名。从此，他坚持每年献血，逐渐由每年一次，增加到义务献血每年最高限额的两次。

血小板是珍贵的血源，在临床抢救重症病人时，有着不可替代的作用。2005年，鞍山引进血小板提取技术，郭明义成了捐献血小板的积极分子。他说，"我快50岁了，离无偿献血最高年龄55岁差不了几年了，血小板可以每月都献，这样可以抓紧时间多献血。"

5年来，郭明义几乎每个月捐献一次血小板，每次1至2个单位，至今已捐献40多次。按照每捐献一个单位血小板相当于献全血800毫升计算，仅2008年至2009年，郭明义就献血3万多毫升。

2009年春节前的一天，大雪纷飞，郭明义正从采场下山准备吃午饭，突然接到血站电话：一名临产孕妇急需血小板。老郭顾不上吃饭，拦了一辆出租车，奔向血站。

血站工作人员让他只捐一个单位血小板。他不同意，"捐两个吧，还有孩子哩！宁愿浪费一点，也要保母子平安！"长达100分钟的血小板采集结束了，疲惫的郭明义在采血床上睡着了……

15载坚守，不分寒暑，没有节假，每天提前2小时上班，40公里盘"坑"路，见证"矿山铁汉"

修路车间工人高森山，至今还记得那一幕：

2006年7月,一个暴雨如注的夜晚。白天刚铺好的一段矿山坡道出现险情。

深夜1点,正在值班的高森山赶到现场,等待从家里赶来的郭明义。一道闪电,高森山看到郭明义正从100多米高、45度的山坡,连滚带爬往现场赶。每走一步,身后都会有成片的乱石哗哗往下滚,哪一块砸中,都可能造成人身伤亡。

"不要命了!"事后矿领导批评他抄近路,不注意安全。郭明义笑笑:慌不择路,急呀!

没在矿山工作、生活过的人,难以体会矿山环境的艰苦。

群山环抱的齐大山铁矿,经过近百年开采,原本突兀的山峰被掘成165米深的大矿坑,面积足有4平方公里。矿坑里,夏天温度比外边高5℃,冬天比外边低10℃;晴天尘土飞扬,迷得人睁不开眼;雨雪天,就成了大泥潭。

逶迤40多公里的盘"坑"公路,是设备的进出和铁矿石转运输出的"生命线"。

上世纪90年代,齐大山铁矿耗资数亿元从美国进口一批电动轮汽车和采矿设备,每台价值1000多万元,将大大提高矿山的生产效率。

然而,这舶来的洋机器,生性"娇贵",对采场路面要求很高。

齐大山铁矿决定配备一名专业技术干部,主管采场公路建设和管护。矿领导不约而同地选择了郭明义。

从1995年起,在这个艰苦的岗位上,郭明义一干就是15年。

修路作业每天8点开工。为提早掌握路面变化情况,一上班就能及时调度机械维修道路,郭明义每天凌晨4点多起床,徒步巡查采场公路,细心观测每一处路面的平整度、坡度和宽度,制订出当天上午的修路计划。在采场,他还要随时留神躲开呼啸而过的电动轮汽车。这些两层楼高、载重量超过两三节火车皮的"巨无霸",有15米的视野盲区。

穿行在一台台巨型机械之间,一米七五的郭明义显得如此矮小;常年风吹日晒，他的面孔早已变成铁矿石一样的褐红色，只有鼻梁上的近视眼镜还透出几分斯文。

2007年夏的一天，酷热的天气让连续鏖战多天、指挥采场公路改线施工的郭明义晕倒在作业现场。情急之下，工友们用洒水车水龙头把他浇醒。大家都劝他快回家休息，他却说："这条路不抓紧时间修好，将严重影响生产。不要管我，大家还是抓紧干吧。"

"真是一条硬汉！"在场的职工们眼含热泪，又紧张投入工作。

郭明义平时对工友关怀备至，但交情归交情，工作上的事，他从来一丝不苟。

1999年严冬的一天上午，郭明义在巡查各电铲铲位推土机的跟进情况时，对5号铲位平整度不满意。他当即要求5号铲的推土机司机刘师傅重新施工。刘师傅不高兴地说："太冷了，等午后暖和点再推吧。"郭明义说："不行，5号铲是高效铲，中午就要组织生产，不能因为铲位不平整而耽误生产。"情绪失控的刘师傅破口大骂，差点动手打人。在工友们的劝说下，郭明义很快调整好情绪，心平气和地说："刘师傅，首先我向您道歉。刚才我情绪冲动，请您原谅。如果您还不解气，可以骂我、打我，但工作还得按标准继续进行，不要因为咱们的矛盾影响生产。"

刘师傅被说服了，任务很快完成。经过这次冲突，郭明义和刘师傅的感情更深了。刘师傅退休时，郭明义把自己积攒下来的劳动服、雨靴等都送给了他，"你家在农村，今后用得着。"退休多年后，老刘只要碰到矿上的工友，总不忘让给郭明义"带个好"。

多年来，郭明义通过每天对现场进行观测、记录，借鉴国内外大型矿山公路管理的最新理念、技术工艺，大胆创新，先后制订出《公路、支线、铲窝维护技术标准与考核办法》《采场星级公路达标标准与工艺流程》等技术标准和工作制度，填补了采场公路建设上的多项空白，使采场公路维护质量逐年上升。现在，齐大山铁矿星级公路达10多公里，合格率98%以上；电铲效率、生产汽车效率一直名列全国同行业第一名。

在齐大山铁矿，郭明义还是响当当的英语翻译。

1992年，齐大山铁矿为迎接即将到来的"洋设备"安装、使用，选派郭明义等人到英语强化班进修一年。同去的大都是英语科班出身，只有郭明义是自学成才。学习结束时，郭明义以优异的成绩当上了电动轮汽车现场组装的英文翻译。他对汽车零部件等专业术语的翻译，比其他科班出身的英文翻译还译得准确。

进口备件质量检验不归担任翻译的郭明义管，但他极其负责，每次都认真检查，先后发现5台电动轮存在质量问题，使公司争取到外方10万美元的赔偿。

不收"小费"、酬金，拒绝手机、礼品，放弃到外企工作的机会，以行动诠释什么叫"权为民所用"

人生的苦恼，往往不在于拥有的太少，而在于期待得到的太多。

郭明义常说，接触不同的社会群体，就会有不同的人生思考。如果经常接触富翁大款，你就会觉得自己很穷，如果经常接触困难群众，你就会不由自主地帮助他们。

一套上世纪80年代的一居室，面积不到40平方米。水泥地，白灰墙，陈旧的家具，女儿的床支在4平方米的门厅里。

这就是郭明义的家。

入党30年来，郭明义始终保持着共产党人艰苦朴素的本色。一年四季穿工作服，一件棉衣穿了10年；就算出席各种隆重的公益活动，也一直穿着那身劳保服。

除了工资交给妻子用于生活以外，郭明义几乎所有的奖金、补贴、加班费等，连同各种奖品、慰问品全都捐了；甚至连妻子每月给他的零花钱，他也省下来都捐了……

在物质上，郭明义一家完全可以更宽裕——现在，夫妻两人的工资，加起来一月也有四五千元，在鞍山属于中上水平。

"为什么不给自己、孩子多存点钱？"

"有人觉得存款多、房子大是财富。可我觉得物质财富，只供个人享受，不算真正的幸福；如果用来帮助困难群众，大家分享，就会带给更多人幸福。对我来说，这55本献血证、200多封感谢信，就是对我最大的奖赏。"郭明义似乎"答非所问"。

在矿山工作28年，不管做翻译，还是当公路管理员，郭明义手中，其实都掌握着一定的权力，但他始终牢记手中的权力，是为国家和企业服务的，不能为个人谋私利。

1996年，郭明义做翻译时，还兼任外方人员的司机。他每天来得最早，走得最晚，用中国人特有的热情和不卑不亢，征服了外方专家。在外国人眼里，他是最可信赖的合作伙伴，"一眼就能看出他是共产党员"。

和外方工程技术人员在一起3年多，他多次婉言谢绝老外给他的"小费"。外国人不理解。他反复解释："我们中国人不兴这个。"

1996年下半年，鞍钢经营出现困难，几个月发不出工资。外方人员看在眼里，真心想帮帮他，就拿出厚厚的一沓钱，塞给郭明义，又被婉言谢绝。

采场公路管理员，有调动采场所有大型工程机械的权力。一些在采场承包小工程的私营老板，想让郭明义提供一些"帮助"，免费使用矿上机械。有人送来手机、现金，"郭师傅，您一句话的事，行个方便吧！""我指挥的机械是不少，但不是给哪个人服务的。"郭明义严词拒绝。

有人劝郭明义说："别那么固执！与人方便，自己方便，有什么不好？"

"拿他们一分钱，我的腰杆就再也挺不直了！"普通的一句话，却让人看到了一名共产党人身上的浩然正气。

当初和郭明义一起培训的3名英语翻译，如今都已远走高飞，收入远超郭明义。郭明义也曾有这样的机会。组装电动轮汽车期间，美国犹格里德公司技术服务部中国区总管，被郭明义的敬业精神打动，两次劝说他到美国公司工作,并承诺给他的报酬至少比鞍钢高六七倍。

老郭却一连说了三个"NO!"

他说:"我上党校、夜校、进修,都是企业掏的学费,鞍钢培养了我,我要回报鞍钢。"

面对社会上存在的不公平现象,郭明义深恶痛绝。

2008年3月,郭明义听说老同学乔广全要进京上访,马上找到他了解情况。

原来,几年前乔广全带着20多名下岗职工打工时,施工方拖欠了他们6万多元工资,多次讨要,就是不给,并扬言:"想告我?你爱去哪去哪!"

听了乔广全的介绍,郭明义拍案而起:"我一定为你们讨回公道!"

此后一连许多天,郭明义有空就往劳动、建设等部门跑,反映情况,据理力争。在郭明义积极奔走下,工人的工资全部讨还了,越级上访也避免了。

有人问:老郭,你这么做,图什么?

"图什么?在党旗下宣誓的那一刻起,我就选定了自己的人生道路,要实践对党的誓言,就像父母抚养子女、儿女孝敬老人一样,是天经地义的事。"这是郭明义的回答。

一条红纱巾,一枚28元的戒指,见证圣洁。共产党员就应是道德表率

2010年9月2日下午,郭明义到沈阳给一个病重的女孩捐献了血小板。返回鞍山的路上,手机响了。

"嗯,献完了,没啥事……晚上给我做啥好吃的?……红烧排骨?好!我一定回家吃饭。"

挂断电话,郭明义疲惫的脸上露出了幸福的微笑。

不用说,这是妻子打来的电话。

有人说郭明义不顾家、"败家子"。

其实，对亲人，郭明义有着深深的眷恋。当兵时，他梦到最多的是母亲做的玉米饼。

郭明义和妻子感情甚笃。

不少人认为，钻石、珠宝象征爱情；但郭明义认为，相互忠贞，始终不渝，比钻石、珠宝更圣洁。结婚24年，郭明义只给妻子孙秀英买过两件礼物：一条红纱巾和一枚价值28元的戒指。

去年，组织上安排郭明义外出疗养。以前多次机会他都放弃了，"我身体好，让身体不好的同志去疗养吧！"这一次，到革命圣地井冈山，他欣然前往。行前，孙秀英给他兜里塞了1000元钱。一路上，郭明义没舍得花一分，盘算着又可以接济几名学生。在一家纪念品商店，一枚样式别致的戒指吸引了他，一打听只要28元，咬牙买下了这唯一的礼品。

出人意料的是，孙秀英却很满足。这枚28元的"戒指"，孙秀英上班、干活都不舍得戴，等郭明义下班回家，才戴上"给他看"。

"他不着家，我们几乎没在一起休过一个完整的周末，家务活也指不上他。"说起郭明义，妻子好像很矛盾，"实际上，老郭很顾家，心里总惦记着我和女儿。"

孙秀英在鞍山第四医院工作。从家到医院，要坐半个多小时公交车。郭明义没有送过妻子上班，但每天孙秀英坐进办公室，总能接到郭明义打来的电话，"到了吗？""到了！"没有卿卿我我的缠绵，简单的问话，饱含着一个负责任的丈夫对妻子的款款深情。

这些年，妻子也始终默默地支持着郭明义。

已经年过半百，孙秀英还时常翻看恋爱时郭明义写的情书。每当此时，郭明义就故意逗她："过去的事，不要老去想啦！完了吧！""不，坚决不！爱，是不会被忘记的！"妻子眼里放射出幸福的光芒。

打开一个精致小盒，孙秀英取出珍藏许久的一张特殊"欠条"："郭明义欠孙秀英同志1200元，2008年7月之前还清。"郭明义的工资卡一直由妻子保管。每个月妻子都会给他一定的零花钱。这些零花钱，老郭几乎没有为自己花过一分,全都用到希望工程捐款、救助困难家庭上了;需要大的款项,就得临时向老婆"申请"借款。

孙秀英记不清郭明义"借"过多少回,但记得他一次也没有还过。

郭明义把家里的钱都"折腾"出去救助失学儿童,妻子一开始也不理解。郭明义就把一些失学孩子的资料带回家,孙秀英看着看着,眼泪在眼眶里打转转。从那以后,不管花多少钱捐助孩子,孙秀英再也没反对过。她坚信,丈夫做的都是好事,丈夫是天下最好的人。

郭明义的女儿瑞雪,聪明、漂亮、懂事。

从孩子上学起,每天晚上家里那张小书桌,父女俩一边坐一个。女儿做作业,爸爸看书,还不时交流体会,就像一对亲密的"学友"。对女儿的教育、鼓励,都在无声的示范中。

2006年,女儿到南京上大学。在给父亲的信中写道:"现在不开家长会了,我还是希望你来开我的家长会;我喜欢你给我写的纸条,虽然每次都是一样的内容:世上无难事,只怕有心人。"现在女儿已读大四,各方面都很出色,还是院学生会干部。像父亲那样做人、做事,已经成为女儿的追求。

世间百善,始于孝心。

郭明义说,一个不爱家人的人,就不会爱社会;一个不孝敬父母的人,就不会忠于国家。

郭明义的父亲已经去世6年,可父亲一句话,却让他记了一辈子。

那是童年时期的一个夜晚,郭明义坐在灯下温习已落下一周的课程。父亲静静地走到身旁,说:"儿啊,爸爸这辈子苦就苦在没有文化上。你要多掌握一些知识,为老爸争一口气。"

自此,"为父亲争口气"这句话伴随着郭明义走过了40多年,成为工作、学习最原始的动力。

只有初中毕业的郭明义,以常人难以想象的毅力,"啃"下了成人高考全部课程,获得了本科学历,还成为矿山的专业英语翻译;1984年4

月,参加全国统一录用干部考试,顺利通过;1991年2月,他又通过了国家统计员考试获得任职资格……

在郭明义的记忆里,从来没有过家庭的烦恼,有的只是理解、支持和甜蜜。

"德不孤,必有邻。"5800名矿山志愿者,高扬起"郭明义爱心团队"大旗

2006年12月,不幸先后降临到两个普通矿工的家庭:张国斌13岁的女儿患了白血病;刘孝强15岁的儿子,患了重度再生障碍性贫血症。

听说张国斌的女儿病了,郭明义立即赶到医院掏出身上仅有的100元钱。为帮助解决高昂的治疗费用,郭明义在全矿发起了爱心捐款活动。很快凑齐3万多元,郭明义又捐了700元。

为救助刘孝强的孩子,郭明义甚至"托人"违规把自己医疗账户上的3000多元钱取了出来。

为了救孩子,郭明义还走进鞍山广播电台直播间,呼吁社会各界献爱心。12月27日,在郭明义的倡导下,400多名工友和社会爱心人士,采集了血液样本,成为捐献造血干细胞志愿者。

张国斌的女儿从死神手上挣扎出来;而刘孝强的儿子因为找不到合适的配型,不幸离开了。

这深深地刺痛了郭明义。经常献血的郭明义深知,要根治白血病,最好的办法就是移植造血干细胞。他写了一封感人肺腑的倡议书,走遍齐大山矿机关科室和70多个班组,声情并茂地朗诵,呼吁大家捐献造血干细胞。

浴池是工友们每天都要去的地方。为动员更多人加入捐献造血干细胞行列,郭明义每天下班后都不顾疲劳来到浴池,为一个个工友搓澡,不厌其烦地介绍捐献造血干细胞的常识。

精诚所至,金石为开。有的工友不好意思了:"别搓了,我明天就去参加捐献造血干细胞。"郭明义的"计谋"得逞了!

郭明义透着一丝"狡黠"说,我的一个绝招就是"软磨硬泡",有的人不太愿意参加爱心活动,我就找机会帮助他,时间长了,他就会觉得欠我的人情,成为我爱心活动的积极分子了。

桃李不言,下自成蹊。"道德的感召力,永远胜于说教。郭师傅给了我们一个榜样、一个渠道。每个人心中都埋藏着一粒善良的种子,是郭师傅唤醒了我们心中的向善之心。"漂亮的"80后"高微说。

高微和郭明义在一层楼办公。每次看到郭明义献血、捐款,她都深受感动。终于有一天,她找到郭明义:"郭叔,我也想捐助一个孩子上学。"郭明义把她介绍给"希望办"。如今她不仅捐助了2个孩子读书,还和丈夫、公公一起成为郭明义爱心团队的骨干成员。如今,丈夫范世威已经献血5次。

艾伦是来自澳大利亚的专家。看到郭明义到市"希望办",艾伦好奇地问他去干什么。郭明义把捐资助学的道理讲给他听,艾伦被感动了,硬要郭明义带他去"希望办"为孩子捐款。

榜样的力量是无穷的。在郭明义的带动下,公司70%的"80后"都加入到爱心活动中来。包子铺老板、小吃店服务员、复印社打字员、工人、教徒,甚至还有"小偷"……都被郭明义吸收到义务献血、捐献造血干细胞的队伍里来。

2008年12月,受郭明义影响,加入造血干细胞捐献志愿者行列的矿山大型生产汽车司机许平鑫与武汉一名白血病患者配型成功,并顺利完成了捐献,成为全国第1066例、鞍山市第5例造血干细胞成功捐献者。

动员无偿献血,在很多单位都是一件难事。在齐大山铁矿,每到献血日,献血车开到单位楼下,一来就是上百人。很多人不明白其中的道理。一位前来参加献血的家庭妇女说:"这也就是郭明义呗,其他人用轿抬,我也不去。"工友李久红当场感慨:"这叫什么?这叫人格魅力!"

德不孤,必有邻。2009年7月29日,矿业公司召开"向郭明义同志学习"动员大会,会上打出了以郭明义名字命名的"郭明义爱心团队"旗帜。

时隔一年,"郭明义爱心团队"已发展成七支志愿者大队:希望工程郭明义爱心联队、郭明义无偿献血志愿者应急服务大队、郭明义慈善义工服务大队、鞍山捐献遗体(器官)志愿者俱乐部、鞍山捐献造血干细胞志愿者俱乐部、红十字志愿者急救队、红十字志愿者服务队,浩浩荡荡,共有5800多人。

今年6月25日,鞍山市红十字会遗体(器官)捐献志愿者俱乐部成立,190多名矿业公司的干部职工和24名鞍山市民踊跃参加。这是目前国内参与人数最多的遗体(器官)捐献志愿者俱乐部。加入俱乐部的首批200多名志愿者中,有8对夫妻、2对兄弟兄妹。郭明义和妻子孙秀英、妹妹郭素娟、妹夫高军都是俱乐部首批成员。

鞍山市副市长王忠晋,矿业公司党委书记杨靖波、经理邵安林也都在捐献遗体(器官)签名板上郑重地签下自己的名字。在现场礼仪服务的4名女青年和一名在现场拍照的女干部也被感染,会议一结束,立即找到郭明义要求加入俱乐部。

一连串数字展示了郭明义爱心之路的"转型升级":

2006年以来,郭明义8次发起捐献造血干细胞的倡议,有1700多名矿业职工参与;2007年以来,他7次发起无偿献血的倡议,共有600多名矿业职工参与,累计献血15万毫升;2008年以来,他发起的希望工程捐资助学活动,已有2800多名矿业职工参与,资助特困生1000多名,捐款近40万元;2009年以来,他发起成立的遗体(器官)捐献志愿者俱乐部,已有200多名矿业职工和社会人士参与。

从十里铁山,百里钢城出发,郭明义像爱的使者一路播撒阳光,传承雷锋精神,汇聚一切爱的力量,让鞍山,让辽宁,让全中国永远是和谐的春天!

(原载《人民日报》2010年9月19日)

俯下身才能心贴心

吴齐强

> 提要：即使以前相关采访做过功课，采写重大报道还是必须"做足功课"。记者一定要深入一线多跑、多听、多聊、多问、多观察。接地气才能有灵气，俯下身才能心贴心。你贴得紧，贴得近，采访对象和读者都会感觉到。

5月20日，接到采访龚全珍先进事迹的通知，江西分社没有按常规等省委宣传部统一安排，刘士安社长立即要求我于21日动身前往莲花县采访。这样，就比北京来的中央媒体记者早了约两天。

集中宣传龚全珍老人的事迹，是因为中央领导同志在本报内参上作了明确批示，这篇内参就是江西分社采写的。当时分社就形成共识：批示很具体，集中宣传只是时间问题，要提前做好充分准备。

新闻协调部曹焕荣主任曾在本报的建党90周年"追寻"活动中，带队与龚全珍老人座谈过，对老人的故事非常熟悉。提前准备中，就包括向曹主任请教，他毫无保留地把自己的感受、体会和采写建议讲出来，给我很大启发。

到莲花县后，一位县委的干部说，写内参时你来过，这次时间紧，有些地方就不用去了吧？我说写内参也算是做过功课了，但公开报道要求更高，一定要做足功课。我仍然尽可能多地到现场，尽可能多地去甘祖昌将军及夫人龚全珍生活、工作过的地方，多走访和他们接触过的干部、群众。老人家中，我至少去了4次，为了不打扰老人正常休息，我早上6点多就守在楼下，老人去哪儿，就跟着，一路走、一路谈。

买套莫言全集一直是老人的心愿，我参与了全过程，并帮着老人提书，和老人聊当今的社会现象，使我更深入走进了老人的内心世界。龚全珍对社会热点问题的看法，对生死问题的看法，对爱看小说的检讨等等，都是一路走聊出来的。龚全珍有信仰，也有人情味，她是如何过日子的？她是怎么想的？把这些故事讲出来，结合她特殊的将军夫人身份，在这些读者感兴趣的话题中让读者自己对人物作出判断。

一位前辈曾经教诲：你贴得紧，贴得近，采访对象和读者都会感觉到。这次采访中我对此也有了更深切的体会——正是因为尊重龚老、贴近龚老，在她儿女和县委干部帮助劝说下，龚老拿出了几十年的珍藏日记，这为了解龚老的内心世界提供了不可多得的原始材料，也只有人民日报记者看到了全部日记并拍了照。

后来，江西省委宣传部一位领导说："这次集中采访是人民日报点的火，用内参带动了公开报道。你们不按部就班，提前介入，为地方媒体提供了借鉴。"

杨振武总编辑强调：记者要学会讲故事。的确是这样，写文章就是讲故事，故事讲得好，读者才爱看。而这，就要求记者必须到一线多跑、多听、多聊、多问、多观察。接地气才能有灵气，俯下身才能心贴心。

（作者系人民日报社江西分社采访部主任）

附：

本　色
——甘祖昌将军夫人龚全珍的故事

刘士安[①]　吴齐强

56年前,她追随信仰,跟从丈夫,返乡务农从教,无悔建设家乡; 90余岁高龄,她情怀不变,本色不改,始终严于律己,心系群众——龚全珍,原新疆军区后勤部长甘祖昌夫人,用自己的行动,生动诠释着为民务实清廉的内涵。

信仰的力量

活着就要为国家做事情,做不了大事就做小事,干不了复杂重要的工作就做简单的工作,决不能无功受禄,决不能不劳而获。

——甘祖昌

"过九不过十,是莲花的风俗。去年已经热闹地办了90大寿,今年我91岁了。"5月22日,龚全珍指着手中一只双面相框,告诉记者,"算起来,跟着老甘到莲花县56个年头了。老甘最大的信念就是带领乡亲们一起建设家乡,让老百姓过上富裕幸福的日子。"

相框常对着龚全珍床头的那一面,是甘祖昌在田间研究水稻的照片。另一面的照片,甘祖昌穿着将军服,俊朗而帅气。

1957年8月,甘祖昌主动向组织上辞去新疆军区后勤部长职务,回家乡江西省莲花县坊楼乡沿背村务农,龚全珍相随而归。那一年,她

[①] 作者系人民日报社江西分社社长。

34岁。

将军当农民，甘祖昌是新中国第一人。龚全珍完全理解和支持丈夫的决定："老甘不是一个普通的农民，正像他说的那样：'活着就要为国家做事情，做不了大事就做小事，干不了复杂重要的工作就做简单的工作，决不能无功受禄，决不能不劳而获。'"

从新疆到江西，全家11口人的行装只有3个箱子，却带了8只笼子，里面装着新疆的家禽家畜良种。龚全珍说："当时走得急，生活用品老甘啥也不让多带。到了莲花，乡下蚊子多，买蚊帐、买被套的布票都是向亲戚朋友借的。"

沿背村党支部书记刘森林当年是龚全珍的学生，他向记者介绍，当时甘祖昌每月工资330元，生活上十分节俭，把2/3的工资用来修水利、建校舍、办企业、扶贫济困。他一共参加建起了3座水库、4座电站、3条公路、12座桥梁、25公里长的渠道。

龚全珍全力配合丈夫，也把自己工资的大部分花在支援农村建设上。回到莲花头几年，她没有做一件新衣服。

"当农民我不合格，但老甘艰苦奋斗、无私奉献、淡泊名利的精神我可以学。"龚全珍在家里待不住。"在新疆我是老师，到了莲花我还可以去教书。"她步行25公里到县文教局联系工作，被分配在九都中学任教。这所学校条件很差，只有3名老师，她却一点不嫌弃，第二天就搬铺盖去了学校，每逢周末才回家帮丈夫和孩子缝补衣服、料理家务。真切感受到甘将军对家乡眷恋之情的龚全珍，开始把自己赤忱的爱投入到这片红土地上。

1961年，县文教局安排龚全珍到同乡的南陂小学当校长。在那里一待就是13年。后来，她又被调到离家不远的甘家小学当校长，依然还是老作风，吃住在学校，全身心地扑在工作上。

1986年3月，甘将军因病逝世，一只铁盒子是他留给妻子和儿女唯一的遗产，里面用红布包着3枚闪亮的勋章，那是1955年他荣获的二级八一勋章、二级独立自由勋章、二级解放勋章。龚全珍明白，丈夫虽然没有留下任何物质财富，但这笔精神财富是拿多少钱也买不来的！

甘祖昌和龚全珍夫妇的点点滴滴，家乡老表看在眼里，记在心头。从江山水库下山，记者路遇坊楼镇江山村64岁的村民刘吉桂："当年龚老师教过我，她和甘将军都是造福乡里的好人。他们当年参加修造的江山水库，到现在还浇灌着近万亩农田呢。我们都习惯叫它'将军水库'。"

本色的分量

人民给了我们荣誉，我们没有理由不为群众谋幸福。只要还能动，还能讲，就要为社会做一点事，永不掉队。

——龚全珍

相濡以沫几十载，龚全珍的人生观和价值观，已经同甘将军融为一体、须臾不分了。

为了不给子女添麻烦，龚全珍住进县光荣幸福院。在幸福院度过的5年中，龚全珍没有把自己看作被照顾对象，而是当成院里的工作人员，拿出生活费帮大伙买营养品，自己动手擦地板、补衣服……

乐于伸出援手的龚全珍，自己却很少开口寻求帮助，唯恐麻烦别人。她在衣食住行、吃穿用度上始终保持着节俭朴素的作风。子女们心疼老人，给她买了几套质量好些的保暖内衣。得知一套要200来块钱，老人不停地念叨"买得太贵了"。

在萍乡琴亭镇小学，放学后，常能看到学校操场的树荫下，孩子们围坐在白发苍苍的龚奶奶身旁听她讲革命传统故事。在县老干部宣讲团，龚全珍年纪虽大，却最活跃，经常到机关、企业、学校、社区做爱国主义传统教育报告，很受大家的欢迎。

30年来，没有人记得龚全珍去了多少地方、做了多少报告，但大家都记得，她从不要一分钱报酬，还经常自带馒头或面包，就着白开水当午饭。"就在今年5月3日，龚老师还到我们乡讲了课。"三板桥乡组织委员李亚琴说，中午11点半下了课，龚全珍坚持不吃乡里提供的午餐，要坐公交车回家。那天很热，乡里不放心90岁的老人坐公交车，谎称下午有人回县城开会，饭后可以搭顺路车，老人这才留下，破例吃了一顿工作餐。

从14岁离开山东老家，到1949年入党，再到1957年离开城市回山乡扎根，龚全珍这辈子与甘将军一样充满传奇色彩。但她总认为自己就是一名普通的老党员，为党工作是本分，离休不等于离岗，自己做的事情哪怕再小，都是在延续甘祖昌建设美好家乡的梦想。

曾有人这样问龚全珍："您这么大年纪了，不在家安度晚年，整天忙这忙那，图个啥？"她回答："十几年来，每次从睡梦中醒来，我都会听见老甘临终前说的那句话：'下次领工资，再买化肥，送给贫困户。'我们图个啥？不图啥！人民用小车推出了新中国，给了我们崇高的荣誉，我们没有理由不为群众谋幸福。只要还能动，还能讲，我就要为社会做一点事。我是一名老兵，要永葆党员本色，永不掉队！"

榜样的能量

我们是甘家的后代，不能给父辈抹黑，要老老实实做人，勤勤恳恳干事，力所能及地多帮助人。

——龚全珍的女儿

"龚全珍"就是一块真金招牌，我们都服龚全珍、都认龚全珍。

——琴亭镇离退休干部党支书刘恩怀

龚全珍始终以甘将军为榜样要求自己，同时又为后人、为社会树立了一个可亲可敬的榜样。

"我母亲就是这样的人，钱用在自己身上总觉得是浪费，总想着怎么能帮到别人。"龚全珍的女儿甘公荣说,"现在母亲因为身体原因不怎么出门了,但她总是念叨还有没有困难的学生,得帮帮他们。"受母亲的影响,在当地工商银行上班的甘公荣也习惯艰苦朴素的生活,乐于扶困助学,先后捐款5万多元资助贫困学生。她经常这样提醒自己和子女:不管学什么做什么,都要先学会做人,最基本的就是做一名合格公民。我们是甘祖昌和龚全珍的后代,不能给父辈抹黑,要在自己的工作岗位上老老实实做人,勤勤恳恳干事,力所能及地多帮助人。

2008年5月,四川汶川特大地震发生后,在县老干部局组织的会议上,龚全珍带头向灾区捐出1200元。老干部局局长王慧敏回忆说:"在龚老的影响下,离退休老干部纷纷踊跃捐款,有些老同志还回家抱来干净的棉被衣服捐赠,让人非常感动。"

"'龚全珍'就是一块真金招牌,我们都服龚全珍,大家都认龚全珍。"琴亭镇离退休干部党支部书记刘恩怀说,"2008年龚全珍倡导成立奖学扶助基金,并带头捐助1000元,不少单位和个人积极响应,基金累计超过26万元,已经奖励优秀生139人,扶助贫困生175人。"

2011年,琴亭镇组建了"龚全珍工作室",聘请龚全珍做名誉辅导员,搭建起一个对党员干部和社区居民进行革命传统和理想信念教育的平台,吸引了很多年轻人加入。琴亭镇因势利导,又组建了红色革命传统教育社区志愿者服务队,定期组织开展活动,扩大龚全珍工作室的影响力和示范带动作用。而在整个莲花县,类似坊楼镇甘家村甘祖昌事迹陈列室这样的红色陈列室已经完工21处,未来将建成100处,树立具有莲花特色的党性教育品牌。

"甘祖昌将军体现了心系群众、革命到底的崇高境界,他的事迹和精神影响了一代又一代人。"4月1日,履新不久的江西省委书记强卫登门看望了龚全珍老人,深情地对她说,甘将军的精神对人们形成正确的世界观教育作用很大,青少年是祖国的未来,加强革命传统和理想信念教育有利于他们健康成长,"您做了一件非常有意义的事情。"

夕阳如火,沿背村那座龚全珍与将军一块生活了近30年的老宅,如今一部分成为沿背村的幼儿园,放学的孩子们蹦蹦跳跳地跟着家长回家。房前两棵当年植下的柏树挺拔青翠,侧面的两株李子树枝繁叶茂,硕果累累,似乎仍可嗅出花开的芬芳。

(原载《人民日报》2013年5月28日)

捕捉细节才能打动人心

郝迎灿

提要： 细节是写好人物的关键，没有亲身体验，没有实地采访，是很难得到打动人心的细节的。细节让人物不再停留在材料上，而还原为一个活生生的人，有七情六欲、喜怒哀乐。选择细节要紧贴文章主题，同时将个人感受融入其中。

王炳益是南方电网去年力推的典型人物，行前就已接触到他的大量事迹材料，贵州电网公司在组织采访时就计划一天，上午去，下午回。

同行的还有另外两家中央媒体记者，其中一位已在贵州工作多年，对王炳益也早已熟悉，在制定采访计划时，他劝我们手头资料已很丰富，就到供电所和他家里聊一聊，没必要进山走路。话不投机，分道扬镳。

王炳益朴实，问一句答一句，惜字如金。路上和同事老乡聊高兴了，不是方言就是苗语水音，语言是一道坎，求助于翻译却是家长里短、工作琐事，两边渐渐都没了耐心。

翻译虽"不称职"，却有兴致把他听说的王炳益的故事娓娓道来，初稿中部分内容即来源于此，譬如王炳益之前是修家电的、中午喝醉了酒工具落了一路被老乡捡回、媳妇也是抄表抄来的。

和采访对象不能速热，只好小火慢炖。捕捉细节，成为我能抓住的唯一稻草。山路崎岖，腰间的铃铛响不停；河水冰凉，蹚过一道又一道；进村了，他给谁家送去什么东西，谁又拉他到家吃饭……甚至"一条大黄狗不知从哪里窜出来，摇着尾巴绕着他的双腿转来转去"，这些场景一一记录。

慢慢熟悉了，王炳益对记者不再抗拒，山里苹果三星手机都没信号，他会得意地炫耀自己的国产机器功率大。休息时无聊，他给记者看手机里下载的《特种部队》，讲儿子喜欢看的《熊出没》，米酒上头了也会即兴来一荤段子。

夜宿深山小寨，酒后和王炳益几个人一同挤地铺，趁着酒意，他讲了两次想当逃兵的事情，讲他的父母兄弟。诸般细节，使得王炳益不再只是停留在一个书面上的人物典型，而是一个活生生的人，有他的七情六欲、喜怒哀乐。

初稿完成，万社长指出，应突出王炳益走路难而不是单纯强调自然条件险恶，细节的选择要紧贴文章主题。

再改时注重再现自己跟随王炳益跋山涉水的情景，同时将个人感受融入其中，而非单纯强调山如何险峻、水如何湍急。细节上面再三斟酌取舍，王炳益妻儿状况等一概舍去，笔墨集中人物本身。

细节是写好人物的关键，但没有亲身体验，没有实地采访，是很难得到打动人心的细节的。

（作者系人民日报社贵州分社记者）

附：

"货郎电工"王炳益

万秀斌[①] 郝迎灿

13年走了5个长征路

车到贵州省榕江县兴华供电所，一群人西装革履迎出门，人群后扎眼地立着个黄色工作服——脸色黝黑，身材敦实，脚穿一双解放鞋。"是王炳益大哥吗？"记者问。那人生涩地握住记者的手，咧开嘴来笑，半天只答了一个："哎！"

榕江是个"像凤凰羽毛一样"美丽的地方，但是，"上坡登上天，下坡到河边"，王炳益是兴华供电所抢修班班长，分管月亮山区摆乔、上下午等几个村寨线路的抄表和维护工作，地图上原本22公里的主线路，实际翻山涉水要走50多公里。工作13年，走了6万多公里，相当于5个长征。

"我走的这条路，要蹚过109道河水。"这个数字王炳益不知数了多少回。秋来水位回落，艳阳还高照着，记者挽起裤管探脚入水，凉意顿时沁入肌骨。

山里来了"货郎电工"

除了随身的电工包，王炳益还背一个土布袋袋，里面装着洗衣粉、食盐、感冒药等，拎一拎有20多斤重。"这都是给老乡带的，年轻人到外地打工，老人出来一趟不容易。"村民吴忠亮说。

---

① 作者系人民日报社贵州分社社长。

每月 3 日，摆乔村的苗族冷老各老人都会守在门口等王炳益。"老两口生活全靠低保，我自己节约一点帮他们交上电费，顺路砍些柴火，带些药啊、肉啊给他们。"王炳益说。

这次王炳益不期而至，70 多岁的冷老各格外高兴，见了他就喊："冬，木老冬！"翻译成汉语就是"儿子，你来啦。"

中午匆匆扒拉几口饭，王炳益提起袋子去给各户送托他买的东西，到最后一家的时候屋里没人，他将一袋味精放在门口。

"他们都叫我'货郎电工'，每次进寨都热情跟我打招呼，老乡们的尊重和需要让我很幸福。"王炳益说。

从想当逃兵到难舍乡情

傍晚落脚上下午村，村民石洪亮远远看到王炳益，提来一大串从山上采来的野菌子要送给他。"他到我们这里送电，还帮忙修电视。"石洪亮对记者说。王炳益做电工前干过家电维修，现在也没丢老本行。

"以前赶场摆摊修电器一天就可以赚几百块钱，干了电工后刚开始一个月工资才 60 块，现在也才 1300 多，又这么辛苦，不觉得亏吗？"晚上同宿一铺，记者给王炳益算账。

"说不辛苦是假的，才开始的时候也想过当逃兵。"王炳益略作思量，"对我来说，钱不是第一位的，我家也在山里，这里的老百姓需要我，我也离不开他们。"

（原载《人民日报》2013 年 10 月 28 日）

持平常之心　让细节生辉

安　洋

提要：记者是客观现实的记录者，是永远的"第三者"和旁观者。最该珍惜自己现场亲眼看到的事实，亲耳听到的议论，亲身经历的过程。用一颗平常之心、用一丝平静之气，把功夫和着力点用在现场客观细致地观察、感受和思索上。

真实是新闻的生命。作为记者，从采访、思索，到陈述、成文，推崇真实之外，别无选择。具体到人物的采访和写作更是如此，只有悉心关注并表现人物最真实的举动（包括下意识的行为、情不自禁的话语、正常状态下举手投足、自然而然的喜怒哀乐等细节），才能让读者信服，使读者感动。

说到底，记者首先是客观现实的记录者，是永远的"第三者"和旁观者。以一种平常和纯净的心态客观地观察、记录、陈述事实，这是记者（而非作家）的职业本分。

采写中，不管事先得到了多少现成材料，受到多少"先入为主"的引导，记者最该珍惜的是自己现场亲眼看到的事实，亲耳听到的议论，亲身经历的过程。在此之前，最好不急于定调子，不急于下结论，不急于激动与兴奋，不急于布局与谋篇。而是用一颗平常之心、用一丝平静之气，把功夫和着力点用在（现场）客观细致地观察、感受和思索上。

申纪兰可以说是家喻户晓的老劳模,是新闻媒体经常报道的老典型,又是两会期间少有的新闻人物(连续十届人大代表)。采写这样的人物,现成的材料一堆一堆地摆在那里,似乎"一挥可就"。然而,要写好这样的人物,却不容易。道理很简单:现成的东西越多,记者就越容易受材料束缚。这个时候,一颗平常心显得尤为重要:我是代表许多普通读者的普通访者,有责任将现场最生动的细节捕捉住并表现出来。

所以,当记者"大部队"还在宾馆待命的时候,我已直接进入西沟村,提前见到了申纪兰,先与她共享了刚搬入新家的喜悦,又"家长里短"式地聊了许多。我还去了村里的小卖部,买了两盒烟,聊了十几个人,还随意串了几家门。这样,我所了解的和读者可能关心的东西基本上已在"闲聊"中完成,第二天参加集体采访时,心中已经"轻松"了许多。

但凡能够上《人民日报》的正面人物,一定有许多过硬的事迹和闪光的思想,我比之为支撑人物的"硬件"。同时,我们往往又会发现,许多先进人物虽然事迹突出、个性鲜明,但在具体表述中,却很难入笔。原因之一,就是在采访中对一些鲜活的细节注意不够,对于人物的精气神捕捉不够。我把这样的鲜活细节比之为"软件"。

在《申》稿写作中,一开篇,我就回避了一些"定语式""概括式"句子,直接从当天所遇的细节入笔,如雨夹雪的天气,"下两道坡、拐两个弯"拐进申纪兰的新房子,房子里"一摞又一摞与党和国家几代领导合影的照片,还临时摆在一张长条桌上","说这话时,申纪兰那双粗糙的手缓缓地合在了一起"……通过这些细节,把申纪兰最新的生活情况和西沟村的变化,自然地传递给读者。

申纪兰的"成名"始于《人民日报》,她对《人民日报》有着特殊的情结。我把她的原话照搬在报道中:"是咱们的《人民日报》最先把我要求男女同工同酬的心愿表达出去的,那时候妇女干点事难呀!"由这一句感慨的话，带出她几十年的经历和事迹（"硬件"），文章的过渡就显得顺畅贴切。而没有了与人民日报有感情关系的这句话去"激活"，这个过渡就很难脱俗。

申纪兰的年龄一直是个问不清的事，以往的报道中有多个"版本"。我问她，她憨厚地笑笑："现在不是不时兴问女士的年龄吗？我不想说得那么大，我觉得我还年轻，腿脚好得很，还能上山、爬坡、干活哩！"她居然用了"女士"这个词。这个细节也向读者传达了她的幽默感和不服老的心态，我把她表述为"申纪兰有申纪兰的幽默"，人物就显得生动了许多，同时也容易得到读者的理解。

客观地讲，作为一个没有多少文化基础的农民劳模，从1973年担任山西省妇联主任到1983年辞职，可能因为诸多因素，许多报道都没有讲出真实的原因，而是作为她不图名利而赞扬的。应该说，这种赞扬并不能称之为失误。但是，不少关注申纪兰的干部群众总觉得这样的解释比较牵强。采写中，我没有回避这个问题，我在扶着她上坡的时候，她告诉我当时辞职的理由是"我文化水平差，怕误了工作，我一天不劳动心里就发慌，怕在城里待不住"。她还真诚地告诉我，那十年她最苦闷，干不了那个活，一回到村里劳动就高兴了。我把申纪兰这些真实的情况和思想基本上写在了报道中，如实传递给读者，既让事实合乎情理，也使人物更加丰满。这些"软件"的捕捉和运用，使人物的"硬件"事迹更加顺理成章，可信可亲。

没有想到的是，全国"两会"后，申纪兰在山西省的一个表彰会上见到我时说："你写的报道，在北京开会时他们给我念了，特别是辞掉妇联主任这件事讲了实情，我心里又了却一件事，真是感谢你了！"

（作者系山西省新闻出版局副局长，
时任人民日报驻山西记者站采访部主任）

附：

申纪兰的根与本

安 洋

2月28日，太行山区的山西省平顺县迎来了春节后的第一场雨夹雪。

春雨绵绵，春雪飘飘，一大早，记者就到了西沟村，下两道坡、拐两个弯，我们走进了申纪兰的新房子。宽敞的客厅还没来得及摆设，一摞又一摞与党和国家几代领导人合影的照片，还临时放在一张长条桌上，申纪兰高兴地把我们领到了二楼，一会儿推开卧室门，一会儿推开书房门，生怕记者看不清楚，"楼上楼下，电灯电话，在西沟能这样，不容易呀！"这位70多岁的老人满面春风。

申纪兰是去年腊月二十六搬进新房的。她是西沟村的功臣，是全国唯一的一届至十届全国人大代表，曾担任过山西省妇联主任，现任长治市人大常委会副主任、西沟村党总支副书记，50多年来，她一直没有离开过西沟村，一直住着那间低矮破旧的瓦房，20多平方米狭长的空间，既是卧室，又是厨房，还是客厅。曾有多少次，县、乡、村的干部和群众动员她住进条件较好的房子，她都婉言谢绝，理由很简单："等西沟村的村民生活条件都改善了，再说！"

她一路拉着记者的手，参观了村里一排一排的"将军楼"，楼上楼下230多平方米，比她现在住的新房子要大1/3，"村里一部分人住进了'将军楼'，一部分人住进了我那样的楼。这样，在新房里我才睡得踏实、吃得香呀！"说这话时，申纪兰那双粗糙的手缓缓地合在了一起。

"我的根在西沟村、在农民中，就应该在这里生根发芽"

听说是《人民日报》的记者，申纪兰显得格外地亲切，她说，"是咱们的《人民日报》最先把我要求男女同工同酬的心愿表达出去的，那时候妇女干点事难呀。"

"好女走到院，好男走到县"，这是当时西沟村沿袭多年的习俗。1952年，申纪兰带领村里姐妹们打破了这一传统观念，与村里的男人们一起下地劳动，并通过多次努力争得了同工同酬的权利。而当时，妇女不仅在家里地位低，在集体劳动时也得不到同等的机会和待遇。妇女们无论做了多少活、付出了多少劳动，在计算工作量时，习惯上两个女工顶一个男工，而且分数只记在男姓家长或丈夫的名下。申纪兰带领24位妇女与村里的"男劳力"泥里、水里一起干，完成的定额还常常超过"男劳力"，理所当然地争得了同工同酬的权利。

1953年1月25日，本报曾以《劳动就是解放，斗争才有地位——李顺达农林畜牧生产合作社妇女争取同工同酬的经过》为题报道了她们的事迹，申纪兰名扬全国，男女同工同酬被写入了新中国的《劳动法》。

当年的4月份，申纪兰当选为全国妇联第二届执委。6月5日，申纪兰出席了在丹麦召开的第三届世界妇女大会。1954年9月，申纪兰当选为全国人大代表，出席了第一届全国人民代表大会第一次会议。从此，用劳动和汗水铸成的申纪兰，荣誉接踵而来，职务不断变化。但有一点，申纪兰始终坚持不变，那就是：不离开西沟村，不离开劳动岗位。

1973年，申纪兰当选为山西省妇联主任，面对职务上的变化，申纪兰显得局促不安，"我文化不高水平差，怕误了工作，我一天不劳动心里就发慌，怕在城里待不住。"然而，面对群众和组织的信任，申纪兰实在无法拒绝，但郑重其事地向组织提出："我永远是一个普通农民，不领工资，不转户口，不定级别，不配专车。允许我经常回西沟参加劳动。"组织上答应了她的请求。

在担任省妇联主任的10年中，申纪兰基本上没有离开过西沟村。机关的事，她"托付给有文化的同志干，同志们干得都比我好。"1983年，申纪兰辞去了省妇联主任的职务，重新担任村里的党总支副书记。同年，她当选为长治市人大常委会副主任,连任至今。同样,她还是从村里赶到市里开会,散了会就又回到西沟村。

而恰恰就在这个期间,申纪兰带着乡亲们天不亮就上山,天黑了才回家,在332个干石山坡上植树造林,硬是在230多条荒沟中筑坝造地,种了20000亩松树,300亩果园,还有30000株核桃。如今,成材的林木已有1.5万亩,成为"建在山上的绿色银行",按市场价,相当于村里623户人家每人在山上存了2万多块钱。同时,她又带领大家先后建起硅铁厂、磁钢厂等10多个企业。

在村里,申纪兰感到很充实,她说:"我的根在西沟村、在农民中,就应该在这里生根发芽。"

"党员干部的本色是啥?是劳动,是奉献,是服务"

申纪兰有申纪兰的幽默,记者几次问她的年龄,她总是不正面回答,憨厚地笑笑:"现在不是不时兴问女士的年龄吗?我不想说的那么大,我觉着我还年轻,腿脚好得很,还能上山、爬坡、干活哩!"

干活、劳动,不仅是申纪兰多年的习惯,而且是她的爱好。

随着时代的发展,爱劳动的申纪兰又添了新心思,"要把村里人往富路上引,得满世界想办法。"于是,申纪兰又开始忙"富路上"的事。1984年冬,申纪兰带几名村干部到南方考察。所到之处,乡镇企业给农民带来的巨大变化让申纪兰一行眼热心跳。经过半个多月的考察,西沟村人理解了"无农不稳,无工不富"的道理。

1985年4月,他们决定利用本地丰富的硅矿资源建一座铁合金厂。申纪兰走出大山,去长治,上太原,赴北京,申请项目资金,寻找投资伙伴,为尽快建成厂子操碎了心。1987年10月,作为西沟村第一个企业的铁合金厂终于建成投产。剪彩那天,当第一炉滚烫的铁水奔腾而出的时候,申纪兰激动得喜泪满面。如今,这个厂已发展到年产硅铁5000吨的规模,产值达到3000万元。

继而,"纪兰饮料公司""纪兰绿色产业公司""西沟人家"等企业纷纷成立。申纪兰四处奔波,跑市场、找销路、做广告。从此,西沟的山野菜、大红袍花椒、旱地瓜果、核桃露饮料等,源源不断地运出山外。申纪兰说,"只要是规规矩矩经营,老老实实纳税,只要对群众的增产增收有利,我的名字、西沟的名字可以随便用。"

通过一年又一年的努力,西沟村逐步实现了综合发展。2006年,西沟村经济总收入达到了1.2亿元,实现利税1000多万元,农民人均纯收入3066元,是平顺县农民人均纯收入最高的村。村委会主任周建红认为,"这些实实在在的东西,凝结着申大姐的心血和汗水,每一步都与她的无私奉献分不开。"

对于自己的行为,申纪兰有一个朴素的解释:"党员干部的本色是啥?是劳动,是奉献,是服务。"

"群众的事,该帮的不帮,该说的不说,心里过不去"

3月2日,申纪兰就要启程参加第十届全国代表大会第五次会议。之前,她跑了50多户人家、7个村。她说,这次会上,要说的话很多,都是与农村、农民有直接关系的。"新农村建设要注意节约耕地的事要说,经济发展越快越要关心贫困户的事要说,干部的工作作风问题要说……"她一口气列了一串事。

多少年来,申纪兰爱讲一句话,"群众的事,该帮的不帮,该说的不说,心里过不去。"她是这样说的,更是这样做的。村民张章存深有体会,"在西沟,她忙的都是大家的事。"村民有的想外出搞劳务,她就出去揽活计;有的为产品积压发愁,她就上河北、到安徽找销路,有的需要化肥、种子、农药,她就外出联系采购。谁家里有困难,总有她的身影。村民郭军显患小儿麻痹致残,家中生活艰难,申纪兰多次登门开导,鼓励他搞家庭养殖,还帮助他购来种兔、种猪,并给他找好了场地。现在,郭军显养兔百余只,养猪50余头,他伸出一根指头说:"年收入上万元了!

在村里，申大姐最爱帮我这号人。"

西沟村长期缺水，人畜饮水有困难，申纪兰看在眼里，急在心上，四处张罗联系打井的事，还把自己获得全国"保护母亲河"奖的2万元奖金全部捐给了村里的打井工程。2001年6月，西沟村终于打出了自己的第一眼机井，全村人吃水有了保障。事后，村里要还她的钱，申纪兰说啥也不要。

其实，村里人都清楚，申纪兰的日子过得很拮据。每年除了国家给的那点补助和村里几百元的补贴，就是那1亩4分责任田的收入，其他的钱她一概不要。当村干部这么多年，无论是外出开会，还是给村里办事，她从未报销过1分钱的差旅费，也从未领取过1分钱的补助，都是自己掏腰包。村里打井时，她家里还没有电视机，几次想买，总是下不了决心，当时"快90岁的婆婆年老多病，吃药看病正需要花钱"。后来，市里要给她增加补助，她却坚决谢绝。

申纪兰是来自农村的全国人大代表，不免有许多群众找她反映情况，有本地的、有外地的，有本省的、有外省的，有写信的，有来访的，无论是什么情况，申纪兰总是认真地看、仔细地听。觉着有道理，她总要通过各种渠道、各种方式，把群众的反映传递给有关部门和领导。遇到外地上门来访者，她常常留人在家里吃饭、休息、拉家常，"打老远来不容易，起码让群众把话讲完，有碗热汤喝。"

而对于另一种人，申纪兰则是毫不留情。那年，无锡几个人想做煤生意，但没有车皮指标。听说申纪兰名气大，又认识许多大领导，便托人找到申纪兰，请她当董事长，还拿出给她印好的名片，说别的不用管，挂个名就行，每月酬金1万元。申纪兰越听越不对味，硬硬地给了一句，"这种事，给我座金山也不干！"

这就是申纪兰，一名本色厚重的共产党员，一名朴素的农村干部，一位心地善良的普通农民。

（原载《人民日报》2007年3月3日）

观察比询问还重要[①]

柏 生

提要： 学会观察，培养敏锐的观察力，比询问还重要。有经验的记者总是努力到第一线去，到现场去，即使报道的事件已经过去，也要力争到事件发生的现场去观察一番。有观察才可能在作品中写出独到见解，才能写得感动人。

采访和写作是记者最基本的实践活动，而写作的基础又是采访。学会观察，培养敏锐的观察力，是搞好采访的重要一环。

"采访"二字，安排得很有考究，"采"在"访"前，这就是说，"采"中包括观察，往往比询问还重要。一些有经验的记者，总是努力到第一线去，到现场去，即使不能做事件的参加者，也要做现场目击者。就是报道的事件已经过去，也要力争到事件发生的现场去观察一番。有时候，遇到一些比较特殊的采访对象，就更有赖于记者的观察了。

比如，我采访自然科学家、科普作家高士其，他已瘫痪多年，基本上丧失了语言能力，他说的话，只有他的秘书和亲人能够听懂。在这种情况下，记者如果企图通过与高士其的谈话来深入了解他的精神面貌和内心的想法，几乎是不可能的。这就需要观察。我到他家采访时，就仔细观察过，他和一个小女孩来回抛送一个彩色的塑料球，进行手、臂、腿、

[①] 本文选自《记者工作漫谈》，中国社会科学院研究生院新闻系讲课记录。

脚的锻炼。他每举动一次瘫痪的肢体，都要付出很大的力气，但是他知道，如果他一躺倒不动，那就会永远不能活动了。所以，这位老人总是以极大的毅力坚持做这种"儿童式"的运动。——这不正是说明高士其同志精神面貌的一个很好的细节吗？于是在通讯《韧性的战斗》里，我把这个细节写了进去。

在高士其同志的会客室里，我还仔细地观察了青少年们送给他的许多十分宝贵而有意义的礼品。比如，北京二十三中的女孩子们读了高士其的作品以后，给他送来一面锦旗，上面绣了九个大字："您的人生是最美好的"。这样一个有意义的细节，我也把它写进了通讯，并把这句话做为文章的一个小标题。

一篇新闻作品写得好不好，同记者的观察是密不可分的。一个记者在深入生活当中，在采访活动当中，有他自己比较深刻的感受，有他自己比较敏锐的观察，他才可能在自己的作品中写出独到的见解，才能写得感动人。即使他的文学语言不那么丰富，但是他抓到了感人的场面和细节，挖到了深刻的思想，也会是感人的。相反，如果记者没有身临其境的观察，没有通过这些观察而得来的独立见解，只是重复其他人讲过的一般道理和互无联系、没有经过作者有机地组织起来的"材料"，那么，就是语言再优美华丽，也是不会吸引读者的。

我采访科学家比较多，对科学家的一些共同点有所了解。比如，他们都有实事求是的唯物主义态度，都有严肃认真的治学精神，都有坚定不移的爱国热忱，等等。但是，光知道这些，还不能写好他们。共性寓于个性之中，还要注意他们每个人的不同的个性。比如采访竺可桢同志的时候，我就想，他有什么特点呢？根据我过去多次同他直接和间接的接触，觉得他的个性同李四光的个性有明显的不同。李四光有气魄和胆识，敢于独树自己的学派。而竺可桢则是兢兢业业，一丝不苟，虚怀若谷，慈祥可亲。脑子里有了这样的比较，我在采访时就比较注意了。我想，黄钢同志抓住了李四光每步的跨度总是零点八五米这个细节，刻画了李四光的性格,那么,刻画竺可桢性格的这类细节又在哪里呢?我在查看竺可桢过去使用过的物品的时候,发现了一只温度表。这是一只铜壳的温度表,它在竺可桢身边"工作"了四十年。在竺可桢数十年从不间断的日记上,每天前面都记着天气情况,温度,总是记得很仔细。他把温度计装在上衣兜,每天掏出装进好几次,以至盖磨损得比衣服别的地方快得多。他爱人总是为每件衣服准备两个上衣兜的兜盖儿。正是由于有了事先的思考,所以当我发现这个温度表的时候,我就立刻选中它作为一个重要的有象征性的物品写进了通讯。

当然,在实际采访当中,观察并不是孤立进行的。常常是观察、询问、思考、核对,几种方法同时进行或交替使用,它们之间也常常互为引导。结合实际灵活运用,才能取得好的效果。

(柏生,1926~2013年,人民日报高级记者)

附:

韧性的战斗

——访著名科学家高士其

柏 生

病毒的入侵

1928年,在美国芝加哥大学的实验室里,有一个气宇轩昂的中国青年,全神贯注,正在进行研究工作。他细心保管着几十种细菌和病毒,观察它们的活动和繁殖,做着详细的记录。

这个中国青年到美国去留学,并不是因为他的家庭富有,而是因为他1925年20岁时,从清华学堂毕业公费保送美国留学。这公费,原来是清朝败于八国联军的庚子赔款，美国又用来"恩赐"给中国的穷学生，让他们到美国去留学。这对每个有着热爱自己民族和祖国感情的中国留学生来说，都是一种屈辱。这个青年便是这些留学生中的一个。他发愤图强，决心钻研一门科学——细菌学，学会本领，来拯救被称为"东亚病夫"的祖国。他在学习中表现出来的刻苦钻研、自我牺牲的精神非常突出。他一次又一次吞食过含毒的食物毒菌，作自身传染试验。

这些毒菌侵入人体以后，是可以歼灭的。可是，有些细小的病毒，却不能随便让它们侵入到人体的某一个部位。然而，在一次试验中，一个装有培养脑炎过滤性病毒的玻璃瓶子意外地破裂了。病毒在他的左手上落了脚，接着便选择它的路线，经过左耳膜侵入他的小脑。一天晚上，他正坐在图书馆里看书，突然眼睛发花，天旋地转，眼球上翻。从此，每隔一个星期左右便要发作一次。从此，他的双手颤动了，脖子发硬了，两腿走路无力了，左耳开始聋了，面部失去表情了。他为了人民的健康，失去了自己的健康。然而，他以惊人的毅力，忍受病毒的折磨，学完了芝加哥大学细菌学的全部博士课程。

1930年的夏天，波涛翻滚的印度洋上，一艘巨型客轮正破浪前进。甲板上，一个面容苍白清瘦，但双目炯炯有神的年轻人，正支撑着病体，扶栏眺望。这个美国芝加哥大学研究院毕业的中国高材生，途经欧洲回国，当时名叫高仕錤。

改了名字

一个朋友在报纸上看到了高士其的名字，问他道："你为什么改了名字了呢？"

高士其爽朗地回答："去掉人旁不做官，去掉金旁不要钱。"

这是多么响亮的语言，又是多么铿锵的诗句啊！

高士其在归国途中，就思考着一件大事。在海外的科学救国的梦想，在国内能实现吗？严酷的现实在等待着他。南京中央医院提供给他检验科主任的位置。他成天同毒菌打交道，知道毒菌怎样危害人的生命。现在，他在生活中又遇到那些人形的毒菌。那些贪官污吏、土豪劣绅、地痞流氓、伪君子、假道学，一要官，二要钱。这些家伙像毒菌一样侵袭劳动人民的肌体，毒害人们的灵魂。就是在医院里也不乏这样的人形毒菌。他渐渐变得愤世嫉俗，落落寡合。他与黑暗势力进行了不妥协的斗争。最后，在与院长的一次尖锐冲突中，被迫离职，他失业了。

失业后，到哪里去呢？高士其的病越来越重了，写字都很困难。他在上海的一间狭小的亭子间里住了下来。他要进行细菌学的研究吗？没有条件，没有助手，没有实验室。然而，他要战斗。他在选择火力方向。他想，把自己知道的科学知识，细菌知识，告诉给广大的人民群众，宣传科学，不也是很重要的工作吗？就这样，他用颤抖而快要瘫痪的手紧握着笔，在旧中国这块荒芜的土地上开垦起来。1935年，他的第一篇科学小品在《读书生活》半月刊上诞生了。此后，每星期写两篇。这些作品生动活泼，引人入胜，不仅具有丰富的科学内容，而且充满鲜明的政治观点，很快使他在读者中赢得了声誉，在中国科普文坛上树起了一面鲜艳的旗帜！

日本侵略军在卢沟桥上响起了炮声。在这种形势下，他写作更努力了。他的文章既是科学小品，也是战斗檄文，他巧妙地把这两者结合在一起，向两条腿的法西斯毒菌进击。在《我们的抗敌英雄》这篇科学小品中，他写道：

"白血球，这就是我们可敬慕的英雄。这群小英雄是一向不知道什么叫无抵抗主义的。他们遇到敌人来侵，总是站到最前线。"

请看，这不是对抱着不抵抗主义的蒋介石之流的极大的讽刺吗？他的作品越出了科学的藩篱，成了政治的投枪了。

爬也爬到延安去

延安——革命的灯塔。它发出万丈光芒，吸引着千千万万的有志之士。高士其决心到延安去。他说:"我一天爬几丈路,也得爬到延安去!"

在地下党的帮助下,高士其拖着半瘫痪的身子,往延安进发。他历尽千辛万苦,终于到了延安。

毛主席来到他住的窑洞里看望他,亲切地勉励他"保持艰苦奋斗的作风和坚定正确的政治方向"。

周副主席来到窑洞里探望他,勉励他同疾病作斗争,加紧学习,努力工作。

高士其铭记着毛主席和周副主席的话,努力学习,积极工作。他说:"生活中如果只充满一个病字,精神便会空虚和烦恼;只有把自己的身心同壮丽的共产主义事业联系起来,生活才会变得充实而有意义。"崇高的理想,鼓舞他同疾病作不懈的斗争。每天起床后,他要做操,工作和学习的间隙也要做操。他自己站不住,就靠着窑洞的墙壁练,实在站不起来,就坐在椅子上练。他在工作上、治病上都进行韧性的战斗。

1939年1月,高士其在延安参加了中国共产党。毛主席又勉励他做一个名副其实的共产党员,为实现共产主义的伟大理想奋斗终生。

在延安,当时生活异常艰苦,缺乏医疗条件。他忍受着病痛,积极进行革命斗争,热心团结和教育周围的爱国青年,启发和坚定他们的革命决心。他在全国人民争取民主、反对内战的浪潮中,写下了《我的原子也在爆炸》。他唱道:

我虽然不能起来,

我虽然被损害人类健康的魔鬼囚禁在椅上,

但是哟,

魔鬼们禁止不住我们声浪的交响。

您的人生是最美好的

中华人民共和国成立了,高士其来到了北京。在沸腾的革命激流中,他生命的光芒放射出更加绚丽的异彩。在开国大典的那天,他坐着手推车到天安门前参加观礼。他说："我的病和我的一切痛苦，都被胜利的风吹走了。"

高士其的科学普及创作的春天真正开始了。他要为新中国而写作，为社会主义而写作。本来，他已经掌握了英语、法语和德语，那时他又在学俄语了。他说："知识犹如人体的血液一样宝贵。我的病不能降低学习的要求。"他的学习，是为了更好地创作。为了写一篇文章，他要看许多书，中外文都看。

高士其已经不能动笔，说话只能发出模糊不清的喉音，只有在他身边长期工作和生活的人才能听懂，才能翻译出来。高仰之同志就是他写作上的一位辛勤的助手。有时碰到他说一个生疏的名词，谁也听不懂。于是，他就用颤抖的手，吃力地写下一个或几个字来。有的字别人要好长时间才能辨认清楚。他风趣地说："我的字是天书。"

高士其是个多产的作家，创作态度又是严肃认真的。所以，他的作品受到了广大读者，特别是青少年的喜爱。人们都喜欢他的科学诗《我们的土壤妈妈》。这篇长诗曾经荣获儿童文学一等奖。

要进行艰巨的脑力劳动，对于高士其来说，不是容易的事。他身上的病毒在折磨他的小脑，也折磨他的全身。他看了一会儿书，眼皮忽然不由自主地闭上了，直到有人来按摩了一会儿，眼皮才又恢复了知觉，睁了开来。他就这样进行创作上的韧性战斗，写出许多美好的作品，感动了一代又一代的人。北京二十三中的女孩子们读了他的作品，曾经送给他一面锦旗，上面绣了九个大字：

"您的人生是最美好的！"

杀菌的战术

明朗的天空出现了乌云。"四人帮"的法西斯文化专制主义，又使瘫痪老人遭受到精神和生活上的种种迫害。然而，老人的思想没有瘫痪。他要战斗，他在战斗。一个共产主义战士毕生都在进行韧性的战斗啊！

1975年，巍峨壮丽的人民大会堂里，周总理紧紧握住了高士其的手，向他问候。高士其同志激动万分，他艰难地向总理问好！他有千言万语要向总理说，可是他知道，他的语言是周总理所听不懂的。他向助手把千言万语凝炼成这几句简短的话：

"敬爱的周总理：祝您健康！科学普及工作，现在无人过问。工农兵群众迫切要求科学知识的武装，请您对科学普及工作给予关心和支持。"

周总理看了，随即举起这张条子高声说：

"高士其同志的意见很好，很好！"

第三天，周总理在这张条子上作了亲笔批示，要开展科学普及工作。可是，批示到了中国科学院，仿佛石沉大海，原来给压下来了。"四人帮"的黑手伸到了中国科学院。

作为细菌学家的高士其，又看到了人类的毒菌在进行猖狂的活动了。他不能停止工作，不能停止写作。写作就是他的生命。他的生命之火不熄灭，他的写作也不能停止。"不发表我也写。总有一天会把这些毒菌消灭。"他写什么呢？早在林彪肆虐的时候，他就写了《杀菌的战术》。然而，没有出版的机会。

"不能躺下，要战斗！"高士其怀着对"四人帮"一伙毒菌的深仇大恨，继续写作《杀菌的战术》。他内心深处在微笑：

冬天到了，春天还会远吗？的确，春天不远了。

秋天里的春光

西山红叶正艳的时候，春天提早到来了。不是春光，胜似春光。

1976年的10月，北京的天空分外明朗。乌云散了，阳光洒遍长安街。高士其又坐上了手推车，在欢乐的海洋中驰过了天安门。这是人民的胜利，也是《杀菌的战术》的胜利。

《杀菌的战术》出版了。高士其又在歌唱了。他歌唱华主席，歌唱科学的春天。他恢复了青春。那些少先队员，亲昵地叫他高爷爷。他高兴地说,不要叫我高爷爷,叫我高伯伯吧!我年轻了。他发表文章,写诗,比过去更辛勤地写作。有人为他统计了一下,解放后他已经写了一百多万字的作品了。他今年已经74岁了,他还在战斗,他会写得更多。

(原载《人民日报》1978年7月15日)

如何采访专家学者

张玉来

提要： 要取得与专家学者对话的资格，必须肯下工夫。一是"自我扫盲"，尽可能多地阅读与他们专业方向相关的普及读物和资料。二是进一次"无形短训班"，即向专家的助手、弟子求教。三是提高自身科学素养。

十多年来，我先后采访了数十位涉及诸多学科的专家学者，其中有诺贝尔奖获得者、中国和外国科学院院士等大师级科学家、学者，也有近年来崭露头角的顶尖级中青年学者，发表了数十篇人物通讯、学者访谈录或学术性内参。

专家之所以成为专家有诸多因素，关键因素之一是肯下工夫。要取得与他们对话的资格，最为关键的也是要肯下工夫。那些大师级科学家、泰斗级学者如同一棵棵枝繁叶茂的大树，很难攀缘。不要说窥其全貌，即使要看清某个面，也需一步步走近，一点点攀登，没有捷径可走。

一是"自我扫盲"。这是走近专家，与专家对话的首要环节。每采访一位专家，特别是一位大师级专家前，我都尽可能多地阅读与他们专业方向相关的普及读物和资料。为采访我国量子化学之父、著名化学家唐敖庆院士，我阅读了不少与唐先生两次获自然科学一等奖项目——配位场理论、分子轨道图形有关的科普读物和资料。为采访我国原子弹之父、著名物理学家钱三强院士，我阅读了大量核物理科普读物和核物理学家传记。这种浅层次的"临阵磨枪"，使我对相关学科的发展进程，专家科研方向的学术背景有了一个大体了解。"自我扫盲"应是走近专家的第一步。

二是进一次"无形短训班"。即在前一层次的基础上,向专家的助手、弟子求教。采访唐敖庆先生前,我先采访了在5个城市工作的唐先生的"八大弟子"——后来其中的五位被评为中科院院士,还采访了唐先生十几位其他辈分的弟子。记得有一年春节是在当时还未评为院士的孙家钟教授家里度过的,与孙教授进行了为期一周的交谈。

2003年经多方联系,2000年诺贝尔化学奖获得者、美国著名科学家麦克德尔米德教授慨允接受我20分钟采访。为了这20分钟采访,我先采访了吉林大学麦克德尔米德实验室学术委员会执行秘书长、上个世纪90年代中期曾赴美在麦教授门下从事两年半博士后研究的张万金教授和他的夫人,采访了曾在麦教授门下工作半年的王策教授。他们详尽地介绍了麦教授的人生经历、科学生涯、科研方向,以及获得诺贝尔奖项目"导电聚合物的发现和发展"的内涵。向吉大材料科学研究院院长陈岗教授了解了麦教授与吉林大学合作,组建以麦教授的名字命名实验室的初衷,以及他三次来华工作的情况。应我请求,与麦教授同一科研方向、我国塑料导电方面的权威、原东北师大校长王荣顺教授给我上了一堂塑料导电科普课,使我对塑料导电的科学原理、科研进程、应用现状有了一个基本的了解。我又阅览了能够找来的有关麦教授的资料。

这样的"无形短训班",在某种意义上也是采访专家,尤其是大师级专家的演习;取得与专家弟子、助手对话的资格,无异于踏上了与专家对话的阶梯。专家助手、弟子们的讲述,也使我大体了解了专家科研方向、主要科研工作的情况,一般就无需专家本人讲述了。多数情况下,他们还会告诉我,哪些是必须要由专家讲述的,采访的重点应定位在哪里。这样与专家本人交谈时,就将不是令专家索然无味的无谓耗费,而将是使其兴趣盎然的较深层次的攻克科研难题的底蕴、诀窍和思维方法的探讨。

三是提高自身科学素养。如果仅是听专家的讲座，有上述两个层次的准备，可能就差不多了。可要与专家对话，与专家进行科研方法、思维方式层面的沟通、交流，尚须记者具有一定的科学素养。非此，是无法与专家进行真正意义的对话、交流的。我体会，阅读有关科学发展、科研基本规律方面的书籍，读中外科技史、有关学科史、科学家传记是一个重要方面；多与各学科专家接触，与他们聊天，参与他们的活动，也是十分有益的。近年来我结识了包括物理、化学、数学、计算机、机械学、社会学等多个学科的专家朋友，经常参加他们举办的国内、国际学术会议，还曾参加几位专家科研项目的申报、评审、验收等活动。长时间的耳濡目染、感悟、积淀，使我对专家的个性特征、思维方式、精神世界、生活习惯、业余爱好等方面都有了一定程度的了解，自感与专家对话和与其他人士对话几乎没有太大的差别，似乎与他们更易相处、沟通，达成默契。一位美籍华裔著名科学家来华访问，我多次应邀参与其部分活动。与多位外国科学家、海外归来学者的接触，使我对中西科学文化的一些细微差别也有了一定理解。

有了上述积累，对与专家对话就不会望而生畏了。实际上，当我迈进麦教授在吉林大学的办公室之前，已找到了向这位科学大师求教的感觉，对于即将进行的与科学大师科普层面的交谈有了相当的把握。那次采访定在下午的2时30分。我还有4个问题未及相问，时间便到了4时30分。原定的20分钟采访，进行了两个小时，可麦教授依然谈兴不减。麦教授对我提出的每一个问题都表现出浓厚的兴趣，兴致勃勃地娓娓道来，不时伴随着爽朗的笑声。当我提出"麦氏实验室的科研方向是基础研究，还是应用研究，抑或两者兼而有之？您如何看待基础研究和应用研究这两者之间的关系"时，麦教授兴奋之情溢于言表，说"想不到张先生对我和我们实验室的研究方向了解得这样深入！"兴之所致，75岁高龄的老人竟走到一块黑板前，以板书阐述起来。过后我在《人民日报》发表了一篇通讯《诺贝尔奖得主的中国情》、一篇访谈录《为中国科技发展献策》,在人民网发表了约 5000 字的长篇通讯《为中国科技加油》。

四是平和心态。采访专家,事前耗时费力,就够辛苦的了。采访中也不轻松,需不停地思索,捕捉专家谈话要点,确定还需专家进一步讲述之处,特别要想方设法激发专家解开攻克科学难题底蕴的谈兴,大脑始终处于亢奋状态。几个小时采访下来,丝毫不亚于马不停蹄地赶一篇待发的稿件,只觉精疲力竭。进入写作过程就更加劳神费力了,要啃下、消化、理解专家主要科学贡献的"内核",并尽可能用生动活泼、通俗易懂的语言准确地传递给读者,常搜索枯肠,冥思苦索。写自然科学家很费力,写人文社会科学家也并不省力。刊发在《人民日报》上的《提高国家经济质量》(1994 年 2 月 18 日,《新华文摘》1994 年第 5 期转载)、《市场经济需要现代经济精神》(《人民日报》1995 年 12 月 19 日),是我与孟宪忠教授一起,写了改,改了再写,断断续续写了十几遍,历时半年多才出炉的。

(张玉来,1945～2008 年,人民日报高级记者)

附:

诺贝尔奖得主的中国情

张玉来

"我将尽力帮助中国科学技术成为世界的领先者"

诺贝尔奖获得者艾伦·G·麦克德尔米德教授为何不顾年高、路远,频频来华,与中国科学家一道进行科学研究,培养年轻的中国科技人才?他何以如此钟情中国?

日前,记者来到位于吉林大学南区、那足可与世界一流实验室相媲美的麦克德尔米德实验室，造访了这位科学大师。爽朗之中透着机智，质朴之中蕴涵幽默的麦教授缓缓道来，那深邃精辟、充满哲理的阐述宛若一股清凉的风，沁人心脾，发人深省。而科学大师深深的中国情结则更令人为之动情。

"中国是一个'新型的古老国家'！"身躯颀长、精神矍铄的麦教授说，21世纪是科学技术的世纪，新的世纪将给中国带来难得的机遇，中国科学技术将成为世界的领先者。"我将在余生尽可能多地为吉林大学，为中国科学技术事业的发展贡献力量，尽力帮助中国科学技术成为世界的领先者！"麦教授深情地说。

麦教授的中国情结来自于对中国历史和近年来历史性巨变的深刻了解，也来自于他与中国学生的接触

麦教授出生在新西兰，现为美国宾夕法尼亚大学化学系终身教授。麦教授因与另两位科学家对"导电聚合物的发现和发展"，更新了人们对高分子不导电的观念，开拓了一个全新的研究领域，被授予2000年诺贝尔化学奖。2001年11月，在麦教授的热情支持、参与下，经国家有关部门批准，吉林大学成立了以麦教授名字命名的实验室，麦教授任实验室学术委员会主席。此次长春之行，是他第五次踏上华夏大地。

麦教授的中国情结来自于对中国绵延几千年的历史、深厚的文化底蕴和近年来历史性巨变的深刻了解，也来自于他与中国学生的接触。自上世纪90年代以来，大约有四五十名中国青年科学家到宾夕法尼亚大学麦教授门下攻读博士学位，或做博士后研究工作。中国青年科学家勤奋、孜孜以求的精神，给他留下十分深刻的印象。

麦氏实验室学术委员会执行秘书长张万金教授在上世纪90年代中期曾赴美，在麦教授门下从事了两年半博士后研究。麦教授对张万金赞赏有加，每逢有同行来实验室参观，总是把张万金介绍给客人，并自豪地说："我的研究小组有来自中国吉林大学的张万金先生！"

他将自己发明的、居国际领先地位的多项技术无保留地传授给了中国助手和学生……

麦氏实验室成立后,年届75岁高龄的麦教授亲自参与制定实验室的发展规划、研究方向,近期的研究课题和研究目标。为把实验室尽快推向国际前沿,麦教授将自己发明的、居国际领先地位的多项技术,无保留地传授给了中国助手和学生。这次来吉大,麦教授向实验室赠送了多种化学药品及一种高级电源。麦教授为使实验室尽快取得国际一流的研究成果,跃居领先地位,倾注了不少真情和心血。

"我们实验室是真正意义上的国际性、开放性实验室。"麦教授告诉记者,麦氏实验室不仅拥有一流的科研设备,从事一流的科研工作,而且在这里,中外科学家真正实现了融合。他们密切合作,学术上相互交流,共同培养科学人才。从2002年开始,麦教授与张万金、王策教授共同培养了两名中国硕士。他们还计划共同培养两名博士研究生。麦教授还将亲自指导一名博士后。

麦教授最近从美国国会获得600万美元的科研经费。这使得他更有信心为中国培养更多的科学研究人才。其拳拳之心,令人可敬可佩。

"这可不是为你特意安排的!"麦教授谈兴正浓,只见一位年轻的美国教授和同样年轻的中国教授及两位中国学生,彬彬有礼地走进他的办公室,在一个角落调试一台仪器。麦教授瞥了一眼那个角落,充满激情地说:"您看到了吧,这就是我们实验室的一个缩影!"

(原载《人民日报》2003年3月29日)

写作 02
写自己感受最深的

引言

当我们一提到某部文学作品，首先浮现在脑海里的是什么？是里面的人物。《水浒》是林冲、武松，《西游记》是悟空、八戒，《红楼梦》是宝玉、黛玉。写人物通讯最考验记者的，也是人物形象的塑造。记者笔下的人物是否具有感染力，是否能与读者产生精神共鸣，是判断报道成败的首要标尺。

打动人心的力量首先在于真实。人物报道不容虚构，真实的力量来自一个个细节、一个个场景的累积，来自细节展示的个人化的真情实感和血肉相连的体验。最有力的写作风格，就是善于抓具体细节。戴鹏认为，细节是描绘人物、事件和环境的最小组成单位，如同血肉的细胞。真实典型的细节是强音符，是"催泪弹"，可以生发出强大的艺术感染力和心灵震撼力。费伟伟说，真实典型的细节，在报道中具有画龙点睛意义、具有深化主题重要价值，这样的细节，应特别强调，重笔浓彩，突出处理。强调处理得越到位，情感冲击力就越强。

新闻不是从容不迫的文体，通常篇幅都比较短小，因此尤其要善于抓细节。但细节不是"边角料"，看似不起眼，却要能丰满主题、以小见大。细节中要见整体，细节中要见深意。新华社著名记者李耐因曾说过这样的话："细节，一曰细，二曰节。光细不行，还有个节——要节制、节约，只截取其中最能说明问题，最能表现人物精神境界的那么一小节。"

杨文明几番改稿悟出一个道理：写好人物得讲好故事，讲好故事得抓住细节，抓住细节还得把握内在逻辑、凸显人物精神。

人物精神从细节出，也从语言出，每一个词，每一句话，都是报道的针脚。真僧只说家常话，好诗不过近人情。有些人物其特殊而艰辛的生活经历本身就已经很打动人，只要冷静地描述典型性的情节与细节，报道的感染力便会不邀自至。贺广华、周立耘这样说道：无须煽情的文字，夸张的手法，所有有可能让读者反感的生硬做作的文字都去掉，以平实的语言写出平实的感觉，以人物自身的情感魅力打动读者。

而有些人物的魅力则在于其鲜明的个性。生活是复杂的，是丰富多彩的，即使报道对象是先锋模范，也是有脾气活生生的人。要让典型人物立起来，同样要把典型人物还原到现实生活中，在矛盾冲突中展现人物的思想，依靠细节和情节展现人物的内心世界。胡洪江、杨文明的体会是，能不能让你笔下的人物立起来，就看你能不能原汁原味、原模原样地把人物的个性突出出来。个性化的语言与细节、故事相互映衬，典型人物就可亲、可敬、可信了，倔老头就变成了可爱的倔老头。

"动人心者，莫先乎情。"讲故事的意义不在于讲述一个生动引人的故事，而在于挖掘故事中人物的内心世界，没有心灵的内面，文字就会流于平面，正如优秀的诗篇是人生情怀结出的花朵一样，好的人物报道也是记者和采访对象两颗心之间的对话，必然倾注记者的真情实感，有深爱大痛，文章才会元气淋漓。

新闻界有一种说法，认为报道应该客观、公正、冷静地呈现"事实"，不附带任何情感色彩和立场表达，主张中性"零介入"，一切交由读者裁处。这似乎是对以前人物报道中采写者动辄站出来，期之以直接抒情方式感染读者的矫枉过正，而事实上，这其实又走入了另一种极端。纯粹"客观、公正"的叙述要求是不可能实现的。即便作为记者的"我"在报道中完全退场，其意图、倾向、立场还是会不可避免地以各种各样的方式渗透到文本之中。

徐锦庚主张人物报道一定要融入主人公内心世界——"把自己摆进去"，触摸最感动自己的地方，在注重展示那些来源于现实的元气淋漓的情节与细节的同时，将事实与记者的思考、感受、比较等融为一体，并用真率的表达将其奉献给读者，强烈体现记者鲜明的个体意识。

记者该站出来说话时一定要站出来说，直抒胸臆，绝不避讳！戴鹏写公安局长任长霞，很多细节、情节都堪称经典，他也主张记者要适度介入。戴鹏认为，有时候恰到好处的"台前独白"，会收到推动情感高潮的强烈效果。因为记者对素材、对事情的了解和理解毕竟要比读者多，要比读者深，感受到的也要比写出来的多和深。

如果说形象的动人在于艺术的魅力，那么，形象的饱满便在于思想的深刻。一个有思想的形象更丰富，也更丰满，既宽广又复杂，既个别又典型。好的人物报道，必然既见性格风骨，又见家国情怀。

文章合为时而著。赵鹏认为，人物报道要写出个体行为背后包含的时代所赋予的责任和使命，让小人物与大时代共振，从"小"中探视时代发展规律。郝洪认为，报道的先进人物应该如同一面旗帜，可以回答当下社会的追问。要抓住人物的时代背景，去发现人物的时代意义。

言为心声。法官邹碧华事迹报道刊出之日，邹碧华去世才刚一周，报道引起社会强烈反响，不久，习总书记亲自批示。这么短时间，成功采写的奥秘何在？王一彪的评点一语中的：用人物语言为报道画龙点睛。邹碧华和同事的四句话在报道中分别用作小标题，"在这样的标题引领之下，记者将发自内心的感动和心灵深处的震撼润物无声地传递给读者"。

刘裕国则将此概括为"沙里澄金"——拎住思想的"钱串子"：把人物闪耀思想光辉的语言挖掘整理出来，让其变成一条条清晰而富个性和时代特色的"思想串"，将一件件小事拼接、整合、串起，从而在现象中看出本质、从零碎中看出整体、从陈旧往事中发现时代特征。

从陈旧往事中发现时代特征，也是把老典型写出新意的不二法门。卞民德的体会是，故事可旧，框架须新。一定要与当下的精神相结合，用新视角在旧材料中发现体现时代意义的新内容，写作上还要注意通过场景的变换和引入记者的新鲜感受，让读者从久远的现场读出新的信息、感受时代气息。

　　这样一个现象发人深思：人们读过的新闻远远超过文学作品，但是，人们记住的文学作品远远超过新闻。文学何以持久驻守人们的记忆？一个重要原因，就是它拥有很多新闻无法做到的叙述策略。

　　因此，新闻必须学习文学丰富多彩的表达手法，把故事讲得栩栩如生。费伟伟对"教育实践活动中的共产党员"专栏刊出的12篇稿进行分析，梳理出稿件中"悬念""冲突""对比""动感""人性"等多种吸引人的元素，颇能给人启示。

　　著名记者刘衡则对文学中常用的第一人称手法情有独钟，她偏爱用"自述体"写新闻。刘衡认为，人物的思想、感受等等由他自己说，可省掉许多不必要的过渡，使作品简洁流畅，并且缩短主人公和读者的感情距离。而且群众的口语丰富多彩，能使文章更加有声有色。

　　"宁伤精彩，不失真实。"崔佳认为，这是用第一人称作报道必须把握的一条原则。事必真，话必真。对采访要精心梳理，下工夫提炼，认真打磨。

　　那么，第二人称是不是也可以试试呢？刘裕国的一组报道别开生面，全文第二人称叙事，营造了报道者与主人公直面沟通和诉说的氛围。记者要勇于创新，刘裕国认为，典型人物写作尤其要善于用独特的视角去看典型，用比较新颖的笔法去写典型。

　　海纳百川，有容乃大。新闻文体是开放的，一切优秀表达手法都可为我所用，包括影视艺术等。电视镜头声光并茂，鲜活生动。颜珂认为文字报道虽与电视形态不同，操作方法上却是相通的，"镜头思维"也可融入文字叙述。可以通过特写镜头、全景镜头、镜头加同期声等手法，用"镜头"让故事活起来。

　　无论文体怎么变迁，最有魅力的报道永远属于敢于展现自己个性的人，读者对文体创新、对打上个性烙印的文风的喜爱永远不变。正如屠格涅夫所说，"重要的是自己的声音，重要的是生动的、特殊的自己个人所有的音调，这些音调在其他人的喉咙里是发不出来的。"在这一点上，新闻和文学是一致的，新闻的生命，来自记者深入生活的深切体验和独特发现；新闻的活力，来自永不重复的个体创造以及百花齐放的个性呈现。

写出你的个性！卢小飞认为，写文章就是说话，你平时怎么说话就怎么写，千万别装腔作势。新闻媒介都追求独家新闻，这"独家"对采写者而言，也包括写出个性。风格即人，当记者的主体意识在文章中醒来之时，也便是个人写作风格形成伊始。

"写自己感受最深的"，费伟伟的这一感悟虽是就文章如何写开头而言的，其实也点明了写作的个中三昧。好的写作，必定是在深入了解生活的基础上，让自己心灵的潮汐与时代大潮合拍，将自己对生活的理想、采访中独特的体验融入作品。

精品之所以精，不仅在于思想精深、艺术精湛，还在于制作精良。细细打磨，精益求精，是写作自始至终要遵循的法则。人民日报社社长杨振武亲自带队采写谷文昌报道，成稿后竟改14次，牛一兵感动之余喟叹：写精品就要"先对自己狠一点儿，再让自己笨一点儿"。要以先进人物的精神来写人物，情不切，气不足，必势不够。心中有责任，心中才会有标准。

歌德说过："如果想写出雄伟的风格，他首先要有雄伟的人格。"确实，新闻作品的境界，事实上也正是新闻记者的境界。

明散文家归有光说："文章，天地之元气，得之者，其气直与天地同流。"记者小史家，史家大记者。记者的史家气派和风格，是中国记者的光荣传统。宏大开放的时代，记者倘能深潜生活、深度体验，从国家发展进步的现实中获取更多自信和更强大气魄，作品定能彰显时代风采和民族气派。从这个意义上说，人物写作的至上境界，其实还在于记者不断涵养自身的底蕴，充盈自身的元气，从人品，到文品。

泪飞最是感人处

戴 鹏

提要：写作的关键是怎样感动读者。要把记者的激情传导给读者，有几条必须做好。一是讲究结构和叙述的技巧，二是讲究组织高潮的技巧，三是必须借助于真实的细节。真实典型的细节是强音符，是"催泪弹"，可以生发出强大的艺术感染力和心灵震撼力。

在新闻实践中，不动真情，难以写出不朽的人物；没有激情，绝难写出具有生命力的佳作。《县委书记的榜样——焦裕禄》发表30多年，激励了一代又一代党员干部。今天看来，无论从文章的字里行间，还是从穆青老前辈自己的回忆片断，都明白地印证了一点：没有当年穆青他们采写时的真情涌动，激情磅礴，就没有通讯的感人至深，催人泪下。

回顾《百姓心中的丰碑》的采写过程，体会也非常深刻。任长霞热情对工作，真情对群众，破积案、打团伙、救人质、抚孤儿、解危难，替百姓撑腰，为弱者申冤，把无数好事善举办到了群众的心上。而群众对她则是更为纯真的感情回报，"把泪洒给她，把心掏给她，用口为她铸碑"。由于无法与主人公进行面对面的采访，我们只能通过群众的叙述来了解任长霞。可以说，每一个受访者都是流着泪向我们讲述长霞的故事，我们也是流着泪听他们讲述。于是，热情激发真情，真情点燃激情，眼前很快凸现出一根沉甸甸、泪闪闪的感情线：长霞真情对群众——群众真情对长霞——记者真情对长霞、对读者；也显现出一个清晰的"互动"

格局：长霞感动群众——群众感动记者——记者感动读者。

写作的关键是怎样感动读者。在这次实践中，我深深地体会到，要把记者的激情传导给读者，进而感动读者，至少有几条必须做好。

讲究结构和叙述的技巧

不讲技巧的作品难有读者，更难成为佳作。在谋篇结构上，我们力求通过"三泪成珠，一线相串"的构思，巧妙地搭建起一个便于叙事抒情的结构平台：我们把最有助于塑造人物形象、最易于撞击读者心灵的"百姓泪""英雄泪""亲友泪"分成3个"板块"，把零乱无序的素材分成3类，分别归入各个"板块"，形成看似独立却又互相关联的3个小标题，然后用群众对长霞的"真情实感"这根"感情线"进行串联"组装"。形成的这个平台，挥洒由己，收放自如，所有搭载的素材"存放"合理，"发射"有序，把读者引入一个完整的、真实的、特定的情感世界，用一个接一个感人的事实撼动读者的心灵，以取得最佳的效果。

运用电影的镜头语言和叙述手段铺排，要紧之处反复强化，突出效果。由于我们是在雨、泪交织的氛围中采访，在泪、雨融汇的情势下写稿，写的又是催人泪下的故事，为了让读者与我们产生共同感受，特意提炼出既有画面、又有诗意的句子在每一小段的开头和文章的结尾时重复使用："嵩岳无言，颍水低徊。雨像泪一样飘洒，泪如雨一般倾诉。面对每一位受访者的泪眼，记者视线模糊，无法拍照，无法笔记。"这样写，意在通过重复的强化，收到由记者的"视线模糊"引发和催化读者"视线模糊"的效果，使人读着回肠荡气，形成持续、递进的感情冲击力。同时，淡出淡入、进空切换、远景近景、特写旁白等一系列电影艺术表现手法的运用，使读者很容易随着我们的笔触一步步走进任长霞崇高的内心世界。

讲究组织高潮的技巧

有时候，恰到好处的"台前独白"会收到推动情感高潮的强烈效果。所以，记者该站出来说话时一定要站出来说，直抒胸臆，绝不避讳！因为记者对素材、对事情的了解和理解毕竟要比读者多，要比读者深，感受到的也要比写出来的多和深。

比如，写到英雄也流泪时，记者在重要的小标题位置直接点题："她的泪淌着女人的天性，天性的慈悲，慈悲的纯真，闪耀着彩霞般的丽晖，映照出一位公安局长执法为民、关爱百姓的深切情怀。"

再比如，为了承转有力和强化长霞这个人物的另一面，写到杀人疑犯为感念长霞的人道关怀而流泪时，记者直抒胸臆："女性的慈悲是博大的。因为博大才显得伟大。"接着叙述长霞收养弱小孤儿小春雨的段落，烘托出长霞慈悲、博大、伟大的人格境界，使其具有更大的震撼力。

还比如在写到英雄的"欠缺"时，借着长霞儿子卯卯给妈妈用百分比打分的"势"，记者走到前台："又一个80分！面对同样的问题，长霞的丈夫给了她同样的分数！记者的泪水夺眶而出……是的，只有完美的神，没有完美的人！作为一个普通的人，一个普通的女人，如果说任长霞也有她的不足和缺陷，那无疑是一种英雄的残缺，残缺的美丽，美丽的崇高！"意在冲决读者泪水的堤坝，在泪水中升华英雄的精神，用泪水荡涤读者的灵魂。

用细节再现典型

震撼人心、能够流传的作品必须借助于真实的细节。因为细节决定成败，细节决定深度、高度。没有真实、典型的细节描写，就没有优秀、经典的文学艺术作品，当然也不可能有优秀的通讯和报告文学。

细节是描绘人物、事件和环境的最小组成单位，如同血肉的细胞。具体在《百姓心中的丰碑》里，是强音符，是"催泪弹"，可以生发出强大的艺术感染力和心灵震撼力。

细节可以是一个自然而然的动作。任长霞在农村上访妇女陈秀英头上那深情"一摸"的细节可谓非常难得。由于自己被伤害一案迟迟未破，陈秀英踏上了上访之路。2001年5月的一个局长接待日，"她看了材料后，轻轻地摸了一遍我头上那块去掉颅骨仅剩头皮包着的软坑，她惊讶地说了声'咦！咋打成这样！'她的泪水一下流了下来，双手扶住我的肩问：'人呢？'我说'跑了'。任局长说：'你放心，跑到天涯海角我们也要把他抓回来！'当时在场的100多个告状乡亲中许多人都哭出了声。""她也不嫌弃俺农村妇女蓬头垢面身上脏，在我头上摸了一遍又一遍。你知道，就这一摸，把俺的心都摸暖啦！"在这里，任长霞"摸暖"的何止是陈秀英一个人的心？她"摸暖"的是党和群众的血肉联系，是百姓对政府的依恋情结，是我们正在努力找回、极力维护的那种朴实无华、弥足珍贵的干群关系！

细节可以是一个物件。与上述例子相比，"一包药"的细节具有同样效果，只是着力点不同。

"在回放4月17日任长霞葬礼的录像资料中，一幅写有'痛悼亲人任长霞'，落款为'上访老户'的巨幅挽幛格外引人注意，一头挂着的那包药来回晃动，尤为显眼。'来路短，去路长啊！长霞闺女为我们落下了一身毛病，带上点儿药也好御个风寒，免灾祛病。'老上访户张生林老汉未语泪流，泣不成声。"

其实，"这包药"是任长霞得知张生林连小病都没钱看时，自己给老汉拿的常用药。结果张老汉药没吃完，任长霞已经牺牲，他反过来为她"送药"，为她送行。"一包药"的作用岂在"送人""医人"？

读者自可体味深思。

还有那个根本无法"捎走"的手机。任长霞的妹妹任丽娟说："去殡仪馆为姐姐送行那天,妈妈把我拉到一边,让我给姐姐'捎'去个手机,说我姐离不开手机,为那工作上的事,一天到晚不停地打电话,不能临走连个手机都没有!""姐姐,带好你的手机,可别丢了!"这个小小的细节,蕴含了太多的亲情,太多的意味。

细节可以是一段小的情节。当杀人疑犯王某3岁的儿子哭喊着"爸爸"追赶囚车时,任长霞命令停车,"打开手铐,让他们父子再见上一面。"

"犯罪嫌疑人看到还不懂事的儿子时,露出了人性的一面,抱着儿子嚎啕大哭。这时,任长霞蹲了下来,用双手轻抚着孩子的脸,从衣兜里摸出100元钱,递给一位邻居说:'给孩子买点吃的,以后孩子有啥困难就去公安局找我,我叫任长霞。'说完扭头就走了。"当一位记者"过一会儿再见到任局长时,发现她在悄悄抹泪。'任姐,你哭了?'她对我说:'唉,孩子真可怜!女人泪窝浅啊!'"一句"女人泪窝浅!"揭示出了任长霞天性中母爱的慈悲善良和一位公安局长的人道主义境界,令人肃然起敬。

细节可以是一幅画面、一个小的场景。小春雨的父母相继去世后,幼小的她成了孤儿,是忙得连自己的儿子都无法照料的任长霞收养了她,给了她精神的支撑和生活的保障。当记者一提及"任长霞"三个字,"刘春雨还没开口就失声痛哭,泪滴像断了线的珠子洒落在她手中的作文簿上——《我心中一盏不灭的灯》。窗外,风摇月季,雨打花蕾。"我们通过这些小细节带出了让小春雨、叫读者唏嘘的"穿袜子"的细节。2002年她生日那天,"任妈妈到我家来看我,给我带来一双运动鞋和一件粉红色棉袄。她蹲在地上给我穿鞋,见到我的袜子破了一个窟窿,就说:'这咋穿哪,给你点儿钱去买双新的。'我的眼泪刷一下掉了下来,要不是当时旁边站着别人,我真想搂住她亲她一口,叫一声'妈妈'。"此时,读者并没有见到任长霞,而她的形象却已跃然纸上。

细节还可以是一颗小小的泪珠,一个细微的眼神。"老上访户张生林老汉未语泪流,泣不成声""陈秀英将任长霞的遗像双手捧在怀里,泪流满面""第一次听到任局长遇难的消息,王小伟抱头痛哭""任长霞的妹妹任丽娟翻看着姐姐的照片,眼里闪着酸楚的泪光""任丽娟镜片里的两窝泪水在盈盈晃动""政委刘丛德把头埋入双手,声音哽咽""满头白发的韩素珍说起任局长老泪纵横"、杨玉章"这位剽悍的铁血汉子硬是半分钟没说话,生生把将要流出的泪水憋了回去"……这些"百姓的眼泪",其实都"很金贵,也很慷慨",然而,它们只为长霞而流。

  我们深入挖掘出的这些细节,为文章增色不少,为重现任长霞这个典型形象起到了以一当十的作用。

(作者系人民日报高级记者)

用细节写出情感的力度

费伟伟

提要： 抓住了好的细节，还要善于写细，尤其对那种在报道中具有画龙点睛意义、具有深化主题重要价值的细节，应特别强调，重笔浓彩，突出处理。写得越细，就越感人，情感冲击力也就越强。

有人认为，最有力的写作风格，就是善于抓具体细节。

确实，无论何种写作体裁，抓细节都是十分重要的方法。如果说主题是灵魂，情节是骨骼，那么，细节就是血肉。尤其在人物通讯中，细节是展示人物风采、凸现人物内心、使人物性格高度典型化、增强文章艺术感染力的基本要素。细节使报道生动、真切，细节最能触动读者的感官，使读者如身临其境，亲历其事。

《百姓心中的丰碑》一文之所以成功，就在于记者紧紧抓住了那些让自己"视线模糊"的具体生动的细节，并把它化入笔底，写出了那种情感的力度。

"记者在任长霞局长办公室的洗面台上发现，她的玉照下也有不少女人化妆用的必需品，一瓶忘记拧盖的化妆品仍散发着淡淡的芳香。"

这是文中记者亲眼捕捉到的一个细节，让"爱武装又爱红装"的女公安局长的形象鲜活了不少。

"说到舍小家为大家的任长霞，她曾经的搭档、郑州市公安局副局长、全国优秀刑警队长杨玉章说：'干公安局长这一角儿，别说是女同志，就是大老爷们儿也得咬牙硬挺,恨不得一天当作两天过,一个身子分成仨。长霞就是再优秀,登封治安状况那么复杂,她既要破案、扫黑、带队伍,还要接访、调研、顾群众,她能有多少时间来顾及家人?!'这位剽悍的铁血汉子硬是半分钟没说话,生生把将要流出的泪水憋了回去。"

"半分钟没说话,生生把将要流出的泪水憋了回去。"这样的细节,无疑有助于读者深化对任长霞的舍小家为大家,那种"英雄的残缺"的认识。

这篇通讯是"追记",许多记者在采写这类报道时,都会碰到这样的问题,就是你无法直接跟踪主人公,作悉心观察。但是,只要具备强烈的抓细节的意识,我们仍能从第二手、甚至第三手的材料中获得细节,让人物形象生动起来、鲜明起来。

"当时在现场采访的任俊杰回忆说:'当我过一会儿再见到任局长时,发现她在悄悄抹泪。''任姐,你哭了?'她对我说:'唉,孩子真可怜!女人泪窝浅啊!'"

"……煤矿发生瓦斯爆炸事故,刘春雨的父亲不幸遇难。两年前失去母亲的刘春雨成了一名孤儿。任长霞在处理这起事故中得知这一情况后,眼含热泪拉过小春雨的手:'孩子,从今往后你就是我的亲闺女!'"

两个流泪的细节,一个"泪窝浅"、关爱百姓的优秀女公安局长的形象在我们眼前便越来越鲜活具体。

这样的细节来自别人的转述,虽然是第二手的,但记者却写得一点也不笼统模糊,有细致的动作,有丰富的表情,有个性化的语言。

特别应该强调的是,抓具体细节,在用笔上要有所区分,重点突出,详略得当。有的细节,可以一笔带过,有的细节,具有深化主题的重要价值,则应特别强调,重笔浓彩,突出处理。

这篇报道第二部分小标题是"一位公安局长执法为民、关爱百姓的深切情怀",文中任长霞接待一上访户"轻轻地摸了一遍我头上"这样的细节,对表现这部分主题极具价值,只有作进一步强调,才能够给读者留下更为深刻的印象，才能把情感推向高潮。记者在通讯中写下这个细节后，紧接着又写了这样一段：

"'任局长的心咋与咱老百姓的心贴得这么近，对咱这么亲！她也不嫌弃俺农村妇女蓬头垢面身上脏，在我头上摸了一遍又一遍。你知道，就这一摸，把俺的心都摸暖啦！'从公安局出来，陈秀英抑制不住情绪失声痛哭。"

这就是细节强调。记者加重笔墨，把"轻轻地摸了一遍我头上"这样一个感人的细节写深写透。"就这一摸，把俺的心都摸暖啦！"记者在此处巧妙地用采访者自己的话，进一步强调出这个细节的价值。

人物通讯必须抓细节，是大家的共识。而对一些具有重要价值的细节，该用什么方式展开，该如何进一步强调，有的同志不是很明了。所谓"细节强调"，如上述的通过其他人的议论，通过作者自己的议论发掘其价值意义，是一种重要手法。

优秀文学作品中有许多十分传神的细节描写，也可以丰富我们的报道手法。比如上中学时课本里选的方纪的《挥手之间》，其中写毛主席离开延安机场赴重庆谈判时，在机舱口向送行的人们挥手告别，那细节描写便堪称经典。挥手只是刹那，然而作者对刹那间的细节捕捉之细，令人叹止：

"主席也举起手来，举起他那顶深灰色的盔式帽，但是举得很慢很慢，像是在举起一件十分沉重的东西。一点一点地，举起来，举起来；等到举过了头顶，忽然用力一挥，便停止在空中，一动不动了。"

一个"很慢很慢"，两个"一点一点"，再加上两个"举起来"，突出强调了这个动作的缓慢、庄严。举过头顶后，"突然用力一挥"，只是六个字，与前面的缓慢形成对照，表达出毛主席在伟大历史关头坚定的决心。而作者的笔到此并未止，又加一句"停止在空中"，意犹未尽，再加一句"一动不动"。

这个场景，这一细节，是这篇文章的高潮，作者对这一细节不惜笔墨突出强调,使叙事、抒情和谐统一,从而产生了强烈的艺术感染力。

总之,要写出成功的报道,记者一定要成为善于抓细节的高手,但抓住了好的细节,还要善于写细,巧妙强化,尤其对那种在报道中具有画龙点睛意义的细节,如任长霞轻轻地、一遍一遍抚摸上访者头部的细节。这样的细节写得越细,就越感人,情感冲击力也就越强。

附:

百姓心中的丰碑[①]

——追记公安局长的楷模任长霞

戴 鹏 徐运平[②]

细雨绵绵,如泣如诉,灵堂已撤,诗墙依旧。

尽管当初万人恸哭、挽幛如云的场景已经隐去,宽敞的嵩岳大街、少林大道恢复了往日的平静,可隐约中,那悲痛凝重的氛围依然笼罩着这座著名的山城。

5月22日,在登封市公安局长任长霞不幸因公殉职一个多月后,我们来到登封追寻英雄的足迹,听百姓们含泪讲述长霞的故事,真情似颍水清澈,朴实如嵩岳无华,像追忆逝去的亲人。从那悲痛凝重的氛围里,我们真切地感悟到,一个人们心目中的"好官"、"好公安局长"与百姓的血肉联系,感悟到"天地之间有杆秤,秤砣就是老百姓"的朴素哲理。

[①] 本篇报道获中国新闻奖一等奖。
[②] 徐运平系人民日报社河北分社社长。

写作 写自己感受最深的

一

其实，百姓的眼泪很金贵，也很慷慨，就看是对谁。她抹亮了嵩岳一片蓝天，还给了登封一方平安，百姓就把泪洒给她，把心掏给她，用口为她铸碑

嵩岳无言，颍水低徊。雨像泪一样飘洒，泪如雨一般倾诉。面对每一位受访者的泪眼，记者视线模糊，无法拍照，无法笔记。

4月14日20时40分，当任长霞为侦破"1·30"案件从郑州返回登封途中突遇车祸因公殉职后，登封"黑幛白花漫嵩山"，"城巷尽闻嚎啕声"，仿佛一夜之间出了无数诗人，使整个山城涌动着诗的潮水，哀的旋律。4月17日，14万群众自发为她送行，其哀其痛，其悲其壮，撼天动地，千年历史的古城登封前所未有。

一个眉清目秀的柔弱女子，一个到任仅3年的公安局长，何以能在这么短时间内赢得60多万百姓的如此爱戴、如此尊崇？！

"她才40岁，叫这么好的人走恁早，苍天它真的没长眼呐！"发出这声哀怨的是当地"王松涉黑团伙"的受害者、告成镇农民冯长庚。伴着窗外的细雨，他含泪向记者讲述任长霞如何除掉这个社会毒瘤，为民伸张正义的故事。

登封位于郑州、洛阳、平顶山的结合部，多年来，治安形势严峻，大案积案较多，群众对公安工作意见很大。以登封避暑山庄老板王松为首的涉黑团伙，就是一个没人敢碰的毒瘤恶疮。他纠集家族成员、两劳释放人员组成黑恶势力团伙，私买枪械，私设刑堂，在白沙湖一带为非作歹，伤人过百，命案累累。冯长庚就因为在水库边洗脚，被王松手下诬为偷鱼而被刺一刀、打断5根肋骨。

在一个局长接待日里，冯长庚试探着向任长霞诉说了自己的冤情，倾吐了不敢明告状，却又不甘心的苦衷，引起了任长霞的高度重视。在派人密访暗查掌握基本案情后，任长霞决心打掉这个背景复杂、组织严

密、危害极大的犯罪团伙。经过专案组几个月的艰苦侦查,"王松涉黑团伙"所有成员全部被捉拿归案。作为全国十大打黑案件之一的典型案例,登封市公安局受到了有关部门的表彰。消息传开,老百姓奔走相告,称颂任长霞敢于打黑碰硬,为民除害。

"像这样棘手的案件,她可以找一千个借口搪塞,找一万个理由推脱,可她没有,她情愿为咱百姓当靠山!"冯长庚的话也说出了君召乡海渚村村民陈振章的心声。2002年4月16日,陈振章被涉黑团伙"砍刀帮"的成员砍了两刀,一直上访告状,是任长霞组织干警,端掉了这个以李新建为首的犯罪团伙,为百姓除了害,也为他讨回了公道。

"任局长是真心为咱百姓办事的官儿。老天爷啊,咋不让我这个老婆子替她去死哩?"满头白发的韩素珍说起任局长老泪纵横。

1990年9月8日晚,君召乡韩素珍的女儿和另一名女孩儿被犯罪分子强奸杀害,由于种种原因,案件长期未破。2001年5月,任长霞在"局长接待日"上了解这一情况后,决心拿下这一陈年积案。2002年8月26日,犯罪嫌疑人赵占义被抓获归案,11年的悬案有了结果。

"要是嵩山搬得动,我就用它为任局长立碑!"韩素珍为表达对任长霞这位"女神警"的崇敬之情,筹措1000元钱,为她铭刻了一块正面镌刻着"有为而威邪恶畏,为民得民万民颂"14个大字的"功德碑"。2003年4月10日,她带领君召乡郭岭村的村民们敲锣打鼓,来公安局给任长霞立碑。任长霞坚辞不让,村民们说啥也非立不可。任长霞最终没有拗过,同意让大家把碑立在公安局后院一个不显眼的地方。等乡亲们离去后,任长霞立即让民警把碑拆了。村民们事后感叹:"任局长能拆掉石碑,可她拆不掉俺老百姓的心碑!"

在回放4月17日任长霞葬礼的录像资料中,一幅写有"痛悼亲人任长霞",落款为"上访老户"的巨幅挽幛格外引人注意,一头挂着的那包药来回晃动,尤为显眼。"来路短,去路长啊!长霞闺女为我们落下了一身毛病,带上点儿药也好御个风寒,免灾祛病。"老上访户张生林老汉未语泪流，泣不成声。

　　作为村民代表，张生林向上级反映村里财务混乱问题，受到报复，被打成重伤，颅骨至今塌陷。由于案子长期得不到公正处理，无奈之下，他常年上访，历尽艰辛。对他的申诉，任长霞极为重视，很快使案情获得重大突破。每次见他，总是问寒问暖，逢年过节，多有体恤。就在任局长牺牲前的4月12日晚，他应约来到任长霞的办公室，向她汇报一名打人凶手潜逃回村的重要线索。当任长霞得知张生林连小病都没钱看时，抓起电话就向市民政局长"说情"求援，为他申请救济。接着，她又把自己的常用药给张生林老汉挑了一大包，并约定15日她从郑州开会回来再说案情，弄准了立即抓人。

　　"可在4月14日她就走了，走时啥也没带……"送行那天，张生林约了另外6位"上访老户"凑钱为任长霞做了挽幛，早早来到了她的灵前。

　　登封街头卖冰糕的老汉王青山，与长霞非亲非故，素昧平生。"每逢星期六控申接待日，总能见到任局长耐心接待上访群众，倾听他们陈情，为他们主持公道。有一次碰面，她主动与我拉家常，问我生意咋样，收入够不够生活用，叫人心里热乎乎的。为了给任长霞送行，王青山老汉主动去帮助搭了3天灵棚。"就是沾亲带故，白发人送黑发人，也没有叩首跪拜行大礼的，可我是身不由己，腿不由心呐！"

二

　　莫道尽铁血，英雄也流泪。她的泪流淌着女人的天性，天性的慈悲，慈悲的纯真，闪耀着彩霞般的丽晖，映照出一位公安局长执法为民、关爱百姓的深切情怀

　　嵩岳无言，颍水低回。雨像泪一样飘洒，泪如雨一般倾诉。

　　面对每一位受访者的泪眼，记者视线模糊，无法拍照，无法笔记。

　　"我娘死我都没有这么伤心，没磕这么多头，没跪这么久。"5月24日上午，在陈秀英家的堂屋门前，陈秀英将任长霞的遗像双手捧在怀里，泪流满面:"我每天都要看看任局长,咋也看不够啊。在灵堂送行那天,我排了两次队,转了两圈,只为多看任局长一眼。"

2000年9月16日,中岳区任村村民陈秀英在一起纠纷中被打成重伤,事发后犯罪嫌疑人潜逃外地。陈秀英在医院做了两次手术,头上留下小碗口大的塌陷伤痕。由于案件迟迟未破,陈秀英踏上了上访告状之路。

"2001年5月的一个局长接待日,我到市公安局去申诉。那天的情景我到死都忘不了。任局长拉着我的手,问我啥事儿?我把告状材料递给她,她看了材料后,轻轻地摸了一遍我头上那块去掉颅骨仅剩头皮包着的软坑,她惊讶地说了声'咦!咋打成这样!'她的泪水一下流了下来,双手扶住我的肩问:'人呢?'我说'跑了'。任局长说:'你放心,跑到天涯海角我们也要把他抓回来!'当时在场的100多个告状乡亲中许多人都哭出了声。""任局长的心咋与咱老百姓的心贴得这么近,对咱这么亲!她也不嫌弃俺农村妇女蓬头垢面身上脏,在我头上摸了一遍又一遍。你知道,就这一摸,把俺的心都摸暖啦!"从公安局出来,陈秀英抑制不住情绪失声痛哭。经过两年多的艰苦侦查,今年2月,任长霞指挥民警终于将犯罪嫌疑人抓获归案。从那以后,陈秀英每次进城看病买药办事情,都要到公安局门口转转,总想看看任局长。

"任姐走了这么多天,这个画面还老是在我眼前晃动。"登封市电视台记者任俊杰眼含泪水,为我们讲述了又一段任长霞流泪的感人故事。

2003年12月18日,是一起重大案件告破的日子。在石坡爻村召开的公捕大会现场,囚车缓缓开动。一个小姑娘抱着一个小孩死命地追赶着囚车。小孩一声声哭喊着"爸爸"、"爸爸"!撕人心肺。小姑娘是犯罪嫌疑人王小伟的侄女,孩子就是他刚满3岁的儿子。因为家里穷,前两年他老婆跟他离婚了,家里还有一个年近古稀的老母亲。听到孩子的叫声,犯罪嫌疑人眼睛紧闭,牙关紧咬,痛苦地将头埋在怀里。见到这个情景,任长霞走过去让民警把犯罪嫌疑人从囚车上押下来,说:"打开手铐,让他们父子再见上一面。"犯罪嫌疑人看到还不懂事的儿子时,露出了人性的一面,抱着儿子嚎啕大哭。这时,任长霞蹲了下来,用双手轻抚着孩子的脸,从衣兜里摸出100元钱,递给一位邻居说:"给孩子买点吃的,以后孩子有啥困难就去公安局找我,我叫任长霞。"说完扭头就走了。

当时在现场采访的任俊杰回忆说:"当我过一会儿再见到任局长时,发现她在悄悄抹泪。""任姐,你哭了?"她对我说:"唉,孩子真可怜!女人泪窝浅啊!"

高墙电网,厚门铁窗。5月25日下午,记者在登封市看守所见到了犯罪嫌疑人王小伟。第一次听到任局长遇难的消息,王小伟抱头痛哭:"她可是个好人啊,不该走这么早!"好大一会儿,他抬起头来说:"我对不起母亲,对不起孩子。如果有机会出去,我第一件事就是去坟上看看任局长,给她烧香磕头。"临了,王小伟哽咽着小声问记者:"任局长埋到哪儿啦?"

女性的慈悲是博大的。因为博大才显得伟大。

"任妈妈这一走,我又成了没妈的孩子!"登封市直二中初一女生刘春雨还没开口就失声痛哭,泪滴像断了线的珠子洒落在她手中的作文簿上——《我心中一盏不灭的灯》。窗外,风摇月季,雨打花蕾。小春雨断断续续讲述着她被"任妈妈"收养的一段情缘。

2001年5月,大冶镇西施村煤矿发生瓦斯爆炸事故,刘春雨的父亲不幸遇难。两年前失去母亲的刘春雨成了一名孤儿。任长霞在处理这起事故中得知这一情况后,眼含热泪拉过小春雨的手:"孩子,从今往后你就是我的亲闺女!"自此,任长霞独自承担了小春雨生活和学习的全部费用。

"任妈妈要是活着,她一定会给我送来生日礼物!"5月24日,记者采访小春雨时,这天正巧是她14岁的生日。她说,前年她过生日,任妈妈给她穿鞋的那一幕总是出现在眼前。

"2002年深秋的一天,任妈妈到我家来看我,给我带来一双运动鞋和一件粉红色棉袄。她蹲在地上给我穿鞋，见到我的袜子破了一个窟窿，就说：'这咋穿哪，给你点儿钱去买双新的。'我的眼泪刷一下掉了下来，要不是当时旁边站着别人，我真想搂住她亲她一口，叫一声'妈妈'。"

按当地习俗，披麻带孝摔老盆，是亲生长子为父母送葬时才能行的最重的大孝礼仪，可在5月17日送别任妈妈那天，小春雨披麻带孝，在任长霞的遗体旁久跪不起，哭成泪人。她告诉记者："当时我真想把躺在那里的任妈妈拉出来。要不，她就会被灵车拉走，再也见不到了。""以前任妈妈工作忙得总顾不上回家，我宁愿她的骨灰放回家中，好让她再享受多一点家的温馨。要是放在陵园里，她太孤独了，连个说话的伴儿都没有……"

怀有这种感情的又何止一个小春雨？2002年1月，任长霞为了使更多的孩子得到救助，向民警发出倡议，在全局开展了"百名民警救助百名贫困学生"的活动。全市有126名贫困学生得到了干警们的救助，重返校园。在为任长霞送行的那天，孩子们哪一个不是手扶灵柩，声声哭喊着他们敬爱的任妈妈！

三

她是个优秀的公安局长，却不是一个优秀的女儿、妻子和母亲。她把有限的生命时光几乎全都用到了事业上，留给家人亲友的唯有痛惜的泪水

嵩岳无言，颍水低徊。雨像泪一样飘洒，泪如雨一般倾诉。

面对每一位受访者的泪眼，记者视线模糊，无法拍照，无法笔记。

"说不生她的气是假的！几个月见不了她一面，好不容易回来一次，几句话，一顿饭就走了。我就是再想她，也不敢给患有脑溢血的老伴说，只有独自落泪，一哭半夜。我给邻居说，我算是给公安局生了个闺女。说实话，她心里很少有家的概念、父母的位置。"任长霞的母亲抹了一把泪："再想，她也对，家人再亲就这几口儿，那登封可有60多万人呐，不这样真的不中啊！"

"她的时间就像桶里的豆子，抓给事业上的多了，剩给家人的就少了。在这方面她固执得很，必须按她的原则办。说白了，工作上的事，群众的事不能挤，唯一能挤的就是给家人的时间。"任长霞的丈夫卫春晓律师说。"当初，我下班早了，给她倒杯水；她下班早了，给我倒杯水。多少回，她小鸟依人般偎在我怀里。随着她肩上的担子逐步加重，这些慢慢都没有了。她偶尔回家一次，也是不停地打电话说工作，或者倒头就睡，叫都叫不醒。'春晓，咱老夫老妻了，我真的太累，顾不了家，你多担待点儿'。"看似刚烈的卫春晓泪花闪闪……

"其实，妈妈很爱我，就是因为她太忙，很少有时间回家陪我。今年3月16日，我患病在医院动手术，痛得全身流汗，特别想妈妈，忍不住就给她拨通了电话。妈妈说，工作忙完了就来陪我。我听到妈妈在电话那头哭：'卯卯，好孩子，妈妈腾开手，一定去看你，一定！'为了让妈妈到医院来看我，也好让她借机休息一下，我故意在医院里多待了几天，可直到我出院，妈妈也没顾上来看我一回。妈妈从来说话算数，可这次却永远地失信了……"任长霞的儿子卫辰尧一边讲述一边痛哭。

"要用百分比打分，你给妈妈多少分？"卯卯沉思了片刻："顶多80分，因为她陪我的时间太少了！"

又一个80分！面对同样的问题，长霞的丈夫给了她同样的分数！

记者的泪水夺眶而出……是的，只有完美的神，没有完美的人！

作为一个普通的人，一个普通的女人，如果说任长霞也有她的不足和缺陷，那无疑是一种英雄的残缺，残缺的美丽，美丽的崇高！

"说实话，姐姐人长得很美，也很爱美。除了警服，还特别喜爱红衣服——红夹克、红毛衣、红衬衫、红围巾。她自己就说，'爱红装又爱武装'。说真的，不管啥衣服，姐姐咋穿都好看。"任长霞的妹妹任丽娟翻看着姐姐的照片，眼里闪着酸楚的泪光。

她的话印证了长霞的美与爱美。记者在任长霞局长办公室的洗面台上发现，她的玉照下也有不少女人化妆用的必需品，一瓶忘记拧盖的化妆品仍散发着淡淡的芳香。

"这是唯一的一张全家福。"任长霞穿着红色的夹克衫格外醒目，格外妩媚。丽娟说，2002年春节，妈妈提议让姐姐回来，团圆一次，顺便照张全家福。可她说要值班，没空。我们全家就不期而至，"突袭"登封，硬是"逮"住她照了这张相。"她终究还是走了，撇下我们大家，留下一个残缺的家！"任丽娟镜片里的两窝泪水在盈盈晃动。

还有一张长霞身着警服，手持手机正在通话的照片。她一脸坚毅，显得特别飒爽。"其实，全家都习惯了，都理解她，支持她，包括至今仍被蒙在鼓里的瘫痪的父亲，从来都不给姐姐添麻烦。"

指着这张照片，丽娟说："去殡仪馆为姐姐送行那天，妈妈把我拉到一边，让我给姐姐'捎'去个手机，说我姐离不开手机，为那工作上的事，一天到晚不停地打电话，不能临走连个手机都没有！"

姐姐，带好你的手机，可别丢了！

说到舍小家为大家的任长霞，她曾经的搭档、郑州市公安局副局长、全国优秀刑警队长杨玉章说："干公安局长这一角儿，别说是女同志，就是大老爷们儿也得咬牙硬挺，恨不得一天当作两天过，一个身子分成仨。长霞就是再优秀，登封治安状况那么复杂，她既要破案、扫黑、带队伍，还要接访、调研、顾群众，她能有多少时间来顾及家人？！"这位剽悍的铁血汉子硬是半分钟没说话，生生把将要流出的泪水憋了回去。

"闻讣沈阳已吞声，泪水随机过百城。此后无计可问谁，九躬难尽战友情。"闻知噩耗时，任长霞的战友、登封市公安局政委刘丛德正在沈阳出差，在火速赶往登封的途中挥泪写下了这首小诗。

3年来的并肩战斗，他们结下了深厚的战友情谊。"长霞逢事总是想别人的多，想自己的少。她到登封后的3个春节，都因为事情多，是在局里过的。2004年大年三十，长霞又坚持让我回家过年，她值班。我知道，她爹因脑溢血半瘫痪，娘的身体也不好。让我回家，老婆孩子围着，我怎么安心吃得下饺子？那天晚上，我带着爱人一起去看望了她的父母。"

刘丛德把头埋入双手，声音哽咽："今年的春节她真的回不去了！长霞，你是顾不上了，就让我们替你尽孝吧，你放心走好！"

嵩岳无言，颍水徘徊。雨像泪一样飘洒，泪如雨一般倾诉。

面对每一位受访者的泪眼，面对照片上英雄的微笑，记者视线模糊。

大德无碑，大道无形。谁心里装着百姓，百姓就把你刻上心碑！历史就这么公道！

（原载《人民日报》2004年6月3日）

寻找凸显人物精神的细节

杨文明

提要：写好人物得讲好故事，讲好故事得抓住细节，抓住细节还得把握内在逻辑、凸显人物精神。每一次改稿，都是一次学习写稿的机会。

"文明，陈友凤这稿子就不在'教育实践活动中的共产党员'发了，要不你再试试别的栏目。"地方部编辑打来电话，委婉地告诉我已修改了五稿的《闲不住的陈友凤》被"枪毙"了。

"我再改，就当是努力学习！"我表示再试试，看能不能"抢救"过来。

从去现场到讲故事

3月31日下午，我到曲靖市会泽县县城时，想采访的索桥社区主任陈友凤正好在县城，宣传部的同志说可以不用到社区去。我婉言谢绝，坚持到离县城两个小时的陈友凤工作地现场体验和采访。我觉得只有去现场，才能更好地了解陈友凤，了解社区干部这个群体的状态。

4月1日全天，我全程跟随陈友凤，对话不多，主要观察。自认为人在现场，加上前期搜集整理的素材，采访应该足够了。回到分社，将当日见闻记录下来，又改了两稿，有现场感，语言也鲜活。谁知等来的却是费伟伟副主任的大改意见："稿件生动的前提是要有好故事，如果选的故事不精彩，怎么都出不了彩。不要拘泥于'现在时'，如果'过去时'有好故事，可以揉进稿子里讲。起码要有一个精彩的故事作为主体架构。"

根据意见，我再次采访陈友凤，决定将娘家拆迁和帮扶"失足"老人作为主体故事，揉入现场中重点写。修改两遍后再次传回，觉得两个故事都还算不错，应该可以过关了。

结果，这次等来的却是"要不你再试试别的栏目"。

从讲故事到挖细节

说是"就当是努力学习"，但当时正好感冒，多少有点意兴阑珊，想把稿件再放放。费主任却于5月13日发来书面修改建议，强调要讲故事、讲好故事，注意故事间的内在联系，同时指出："有亮点的就要具体化，不能一笔带过，一具体就生动，精彩的东西就出来了，故事就有看头了。把几件事讲生动了，还要考虑故事之间的联系。"

我把"教育实践活动中的共产党员"栏目发表过的稿件一篇篇找出来，学习讲故事的技巧。为把故事讲得再充分些，我再次修改稿件。原本一句"就连房子都是陈友凤帮着跑下的"，改成了"跑民政、找上级，陪着有关领导考察张顺富情况，去建材市场挑砖选瓦，陈友凤整整忙了一周，又在社区号召捐款、投工投劳，陈友凤和社区全体党员，终于帮张顺富把房子盖了起来"。怎么"跑"有了细节，自然也就有了可读性。

稿件修改过后，忐忑等待。5月26日终于收到编辑意见："修改后确实进步不少，只是第三部分还是弱了些。"让我再沉淀一下，好好打磨打磨。

第三部分主要讲述在社区的现场见闻，有细节，也还算生动，为何还让我改？又尝试改了两遍，却始终不是很满意；勉强传回，编辑老师也说结尾还是有点弱。再怎么改呢？又卡住了。

从挖细节到见思想

6月底，恰逢报社举办丝绸之路论坛，我回到部里当面请教费主任，一席话豁然开朗：一来第三部分和前两部分缺少内在联系，二来第三部分和主标题也比较疏远，最重要的是没写出陈友凤身上体现的精神。

我又一次翻出采访笔记，采访中她随口说的"今天干不完就会影响明天，是歇不得的哟！"让我眼前一亮，正是因为对亲属讲原则、对群众讲亲情，才让陈友凤一直忙碌；这份忙碌也折射出这位基层共产党员的精神境界，呼应着标题的"闲不住"。而"歇不得"也恰是基层党员干部的日常状态，给读者留下想象空间。

对比审定后的见报稿件，发现经过部里领导的修改，审定稿字数更少，故事更突出，逻辑也更清晰。给我提过修改意见的朋友曾说："你们报社啥时候稿子要求这么多。"等我把见报稿传给她，她表示："确实比以前好很多，要求严格有道理。"

写好人物得讲好故事，讲好故事得抓住细节，抓住细节还得把握内在逻辑、凸显人物精神，这是此次几易其稿的最大收获。其实，每一次改稿，都是一次学习写稿的机会。

（作者系人民日报社云南分社记者）

附：

闲不住的陈友凤

杨文明

地处乌蒙山腹地的云南省会泽县索桥社区有上万人，54岁的社区主任陈友凤每天翻山走街，越岭串巷，早出衣服干净净，晚归裤脚满是泥，群众找她的事都管，甚至和农户一起找丢失的鸡……她笑称自己每天"节目不断"。

拆迁先拆娘家人的

做群众工作，最大最难的是征地拆迁。但即使屡屡卡壳，陈友凤脸上仍挂着笑。

索桥社区修公路，卡在陈家村17户群众拆迁上，其中11家是陈友凤娘家人。为避嫌，陈友凤先让社区干部去说。"做通工作自然好，做不通也知道亲戚顾虑啥。"

不出所料，工作没做通，娘家人还找上了门。陈友凤已知根知底，对症下药："房子拆了无住处，我去买帐篷；房子量得不合理，我去找拆迁办；房子拆了安不下，你们就把房盖到我家5亩地里。"娘家人没啥说了，同意进场开工。后面的拆迁一路畅通。

帮扶就得帮最弱的

张顺富曾3次入狱，年轻时游手好闲，荒唐事干过不少，村民都躲着他。年过半百的张顺富找到陈友凤，说在外打工没人要，想叶落归根好好做人，希望社区帮忙盖间房。

陈友凤开会一说，招来强烈反对。"那么多困难群众还住旧房呢，凭啥给他盖？"

陈友凤耐心开导："找咱是信得过咱们。他主动找，咱们就该诚心帮。帮扶了他这个最弱的，其他困难群众不对我们更有信心了吗？他要是不改过自新，你们找我陈友凤。"

跑民政、找上级，陪有关领导考察张顺富情况，去建材市场挑砖选瓦，陈友凤整整忙了一周，又在社区号召捐款、投工投劳，陈友凤和社区全体党员，终于帮张顺富把房子盖了起来。

为让张顺富不再走歪，陈友凤又协调帮他办低保，安排了看管水沟的工作。张顺富说:"这活是苦了点,但是给村上干事,值!"

排忧解难歇不得的

记者一早8点多赶到索桥社区,陈友凤已帮村里一户群众协调好了紧急救助。紧接着到三户拟占地群众家了解情况。"我家地块本来就小,不信你上山看。"不想给修国道让田的村民李茂荣将了陈友凤一军。陈友凤一点不含糊,上山找李茂荣家责任田看了个真切。

顺路看望社区一位困难户,又接了一路群众的来电。陈友凤上午"节目"无缝对接。

下午两点,陈友凤在社区服务中心,协调好七八户村民的补偿款。4点,陈友凤马不停蹄奔赴下个"节目"。

"你天天这样'节目不断'的啥时歇歇呀?"陈友凤笑笑:"为群众排忧解难,今天干不完就会影响明天,是歇不得的哟!"

(原载《人民日报》2014年8月31日)

以平实的语言写出平实的感觉

贺广华　周立耘

提要： 洪战辉事迹的特点是其特殊而艰辛的生活经历本身就有打动人的力量，其中最打动人的是亲情。好诗不过近人情。写人情亲情不在于煽情的文字，夸张的手法，必须把所有有可能让读者反感的生硬做作的文字去掉，以平实的语言写出平实的感觉，以自身的情感魅力打动读者。

接到采访任务，我们即坐火车赶往湖南怀化。在火车上，打开电脑调看了各大媒体此前有关洪战辉事迹的报道，即被深深打动。在随后的采写过程中，我们也一直难以抑制激动的心情，这是往日采访中少有的。

打动自己才能打动别人。洪战辉的事迹打动了我们，但我们如何去打动读者？这是我们当时最感焦虑和不安的。

在琢磨报道的时候，我们觉得洪战辉事迹的第一个特点是其特殊而艰辛的生活经历。只要把他所做的写出来，就有了真正打动人的力量。长达3000余字的报道，我们只在结尾引述了他的一句话，仅有12个字。事后看，效果很好，人们所关注的正是他做了什么，而不是他说了什么。

洪战辉事迹的第二个特点是其经历虽然坎坷但却平凡。他不像许多先进典型那样为社会做出过重大贡献或为他人付出过重大牺牲，他所打动人的东西是亲情。这就意味着我们必须用最平实的语言去讲故事，必须挖掘其生活中的诸多细节，必须把所有有可能让读者反感的生硬做作的文字去掉，以平实的语言写出平实的感觉。事实上，我们以没有一丝张扬的文字，通篇白描的手法叙述其12年的往事，效果同样不错。

洪战辉事迹的第三个特点是其平凡的经历中蕴含着诸多感人的元素。真实是新闻的本质要求，但坚持新闻真实性之余，如果记者不能够投入真情，报道就会苍白无力，就会失却感动人的力量。我们深知，要写出触人心动的报道，不在于煽情的文字，夸张的手法，而在于字里行间流露出的作者的真情实感，以自身的情感魅力打动读者。

令人欣慰的是，报道刊出后引发了很大的反响。众多读者在看完报道后流下了感动的泪水；众多网友在网上留言抒怀。14日，该报道成为人民网网友点击及留言最多的新闻报道之一。

（贺广华系人民日报社江苏分社社长，时任人民日报驻湖南记者站站长；
周立耘系人民日报社湖南分社采访部主任）

附：

男儿当自强

——洪战辉带着妹妹求学记（上）

贺广华 周立耘

12月12日下午，长沙爱尔眼科医院院长林丁与他的同事，特意赶到湖南怀化学院，执意将洪战辉带往长沙继续免费治疗。他们觉得，不尽最大努力为这个曾因屈辱而致使左眼几乎失明的倔强小伙子做点什么，实在心有不安。

这些天，许多素不相识的人以电话、信件、网络留言甚至捐款等方式，争相表达对在校大学生洪战辉的敬意，因为他们从洪战辉平凡艰辛的人生经历中，感受到一种奋发向上的力量。

13 岁，母亲离家出走。伺候患有间歇性精神病的父亲，抚养不足周岁捡来的小妹，照顾年幼的弟弟，令洪战辉过早地感受了生活的艰辛

洪战辉的家乡位于河南省西华县偏远的洪庄村。若不是一场揪心的家庭变故改变了他的人生轨迹，他可能仍然在故土平静地生活。

那是 1994 年 8 月底，一向慈祥的父亲因患间歇性精神病，在一天中午砸碎了家里所有的东西，踹倒了妻子，摔死了小女儿……

妈妈伤了，妹妹死了，弟弟懵了，父亲疯了。时年 12 岁的洪战辉用稚嫩的肩膀挑起了家庭的重担。父母就医，让家里背上了沉重的债务。

那年春节前夕，父亲的病又犯了。洪战辉与母亲在距洪庄村约 5 公里的一棵树下好不容易找到父亲。此时的父亲，怀里却抱着一个婴儿，眼光里透出一种久违的慈祥。

母亲小心翼翼走上前，发现在孩子的贴身衣服上有一张纸条，上面写着：哪位好心人如拾着，请收为养女。

天快黑的时候，一家人回了家，临时照看小女孩的任务落到了洪战辉的身上。

家里一贫如洗，根本没钱买奶粉，母亲犹豫再三，决定让洪战辉把孩子送回去。他无奈地打开门，面对刺骨的寒风，不忍心的他哭着又拐了回去。他对母亲说："不管怎样，我不送走这个小妹妹了……你们不养，我来养着！"

小女孩留下了，洪战辉给她起名为洪趁趁。

小妹妹的到来，给这个家庭带来了久违的欢乐。父亲对死去女儿的内疚让他把父爱都倾注到了趁趁的身上。他的病情也因这个女儿的到来稳定了一段时间。

因经济拮据，父亲的药费没有保障，一旦没有药物维持，他就不可抑制地狂躁。除了不打小妹妹，家里任何东西都成了他发泄的对象，包括妻子、儿子。

1995年8月20日，吃过午饭以后，母亲蒸了足可以让一家人吃一个星期的馒头。第二天，母亲不见了，是这个家让母亲不堪重负，她选择了逃离。

娘走了，洪战辉的心在抽搐。他别无选择。每天上学的时候，他把趁趁交给伯母照看，放学回家，立刻忙着为全家人做饭。最难办的是趁趁，每到夜深，她就要哭闹一场。洪战辉不知道怎样哄她，只好抱起她来，拍打着她，在屋里来回走动……

一晃两年，母亲杳无音讯，父亲的病情也不断反复。令洪战辉欣慰的是快3岁的趁趁，她学会了走路、说话。他自己顺利考上了重点高中西华一中。

录取过后，洪战辉犯难了：学费从哪来？趁趁怎么带？

16岁，洪战辉开始带着小妹妹外出断断续续求学打工，备尝辛酸和屈辱，这使他更为执著，也更为坚韧

人，无法自己选择命运。但是，人可以改变命运。

为筹措学费，洪战辉独自外出打工。依靠一个素不相识的中年人的帮助，洪战辉在一处工地找到工作，挣了700多元。

1998年秋，洪战辉如愿上了高中，还当上了班长。他在校园里利用课余时间卖起了圆珠笔、书籍、英语磁带，用微薄的收入来负担整个家庭的生活。洪战辉的举动曾让很多不了解内情的人反感。有一次，有位老师对他小小年纪一心赚钱的行为非常恼火，将他毫不留情地赶出教室："你家庭再困难，这些赚钱的事情也该让父母去做，你现在的任务就是学习！"洪战辉没有辩解，强忍住眼中的泪水，收拾东西走了出去。

洪战辉放心不下的还是趁趁。他在学校附近租下房子，把趁趁接到了身边。趁趁似乎知道哥哥的艰辛和不易。交待她不外出，她就待在小屋里，等着哥哥放学。上晚自习时，洪战辉把她带到学校放在教室门边玩耍。有几次，等他下了自习走出教室，趁趁已在楼道里睡着了。

1999年秋，父亲因精神病又要住院治疗。为了借钱，洪战辉跑了周围的几个村子，两天下来才借来了47元钱，他只好含泪辍学。

2000年，父亲的病情稳定下来，洪战辉又渴望回到校园。在一个教过他的老师帮助下，洪战辉成为西华二中的高一新生。这时候趁趁也该上小学了，他在二中附近为趁趁找了所小学。2002年10月，父亲的病又犯了。他把父亲送到一家精神病医院，可是不交住院费人家不愿意接收病人。弟弟可能厌倦了这个家，不辞而别，出去打工了。

洪战辉没有气馁，扶沟县一所乡镇精神病院负责人被洪战辉的孝心感动，答应收下他父亲并免去住院费只收治疗费。

为读书，为父亲，为趁趁，洪战辉在学校附近的一家餐馆做杂工，每月挣30元工钱，还可以免费吃一顿早餐。中午他一般不吃饭，晚上喝一点稀饭。周末时，他还要赶回家中浇灌全家人赖以生存的8亩麦地。

后来，他看到学生对复习资料的需求量很大，就利用星期天坐车到郑州批发图书回学校来卖。为了省钱，从汽车站到郑州西郊的图书城，他宁愿步行两个多小时。

同学们的同情使洪战辉的生意很是红火，却惹得几个也在经营图书的人不满了。一天晚上，洪战辉晚自习后回租住的小屋，突然从黑暗里窜出来几个年轻人，对他一顿猛打，致使他落下严重的眼疾。到上个月动手术前，他的左眼已几乎失明。

21岁，洪战辉考取湖南怀化学院，最艰难的日子渐渐远去，希望在前面招手。他说："我的心中，只有感恩和爱"

2003年7月，洪战辉以490分的高考成绩被湖南怀化学院经济管理系录取。为筹措5000元的学费,他利用假期,在一家弹簧厂打工挣了1500元。钱还不够,在前往学校报到时,洪战辉扛着装有100多公斤弹簧的袋子上了火车,在同学们的帮助下,他将这些弹簧卖给了一家制造捕鼠器的制造商,将所得的2000多元钱交到学校。

为了生活,他在学校卖起了电话卡、圆珠笔芯,为地方电视台拉过广告。他拼命挣钱,却从来舍不得从食堂打一份荤菜。

次年春季开学后,洪战辉一边读书一边支撑家庭的故事逐渐传遍校园,同学们自发地帮助他,系领导得知情况后,发起了捐款活动。当系领导将3190元捐款交给洪战辉时,他却无论如何不肯收下。最后学校将这笔捐款直接代交了他的学费。系领导问他还有什么困难?他提出了唯一的要求:想带妹妹一起来上学!

洪战辉感动了怀化学院的领导,他们破例同意洪战辉将趁趁接来,并单独给他安排了一间寝室。洪战辉在学院附近的石门小学落实了趁趁读书这件大事。

2004年的暑假,洪战辉忙着打工没有回家,让同学帮忙把趁趁带到怀化。新的生活开始了,10岁的趁趁已很懂事了,她听哥哥的话,尽力帮哥哥做事。哥哥卖电话卡,去女生宿舍推销不便,她会拿着卡去一个个宿舍叫卖。路上看到空瓶子,她会捡回来。遇到哥哥从市里进学生用品回来,她也会去帮着搬运。同时,她还学会了做饭,无论多晚,她都会一个人做饭,等哥哥回来。

清贫而幸福的日子悄然而至。今年农历五月二十五,是洪战辉23岁生日。这一天,他手机上响起了祝贺生日的歌曲。他吃了一惊:这么多年来,从没向人说起过自己的生日啊!一打听才知道,是他心手相牵10多年的妹妹为他点的。晚上,趁趁放学回来,还送给他一只纸鹤,并说:"哥哥,我没钱,不能买什么东西送给你,就送这个了……"

暑期,洪战辉回到家乡,久病的父亲也许是因为儿子考上了大学,病情竟大有好转。虽然看上去苍老而痴呆,但再没有过狂躁的举动。母亲也回到了久别的家中,几年杳无音讯的弟弟也有了消息。

"现在,我的心中只有感恩和爱。"洪战辉面对记者,绽开的是自信的笑容。

（原载《人民日报》2005 年 12 月 14 日）

"把倔老头变成可爱的倔老头"

胡洪江　杨文明

提要：先锋模范也是有脾气的。要让人物立起来，就必须突出他的个性，原汁原味、原模原样。个性化的语言与细节、故事相互映衬，人物就真正鲜活地立了起来。而以记者带入的方式，把叙述变成讲述，用现场展现人物，可以增强人物感染力。

11月11日，"以先锋模范为镜"专栏以1+1的形式报道了原云南省怒江州贡山县县长高德荣。这个老县长脾气古怪，与通常人们认为的典型人物形象截然不同：他爱喝酒，对媒体"极不友善"，说话、做事我行我素……是突出他的个性，还是按传统写成"高大全"？分社进行了反复讨论。最后一致认为，"先锋模范也是有脾气的"。要让人物立起来，就必须原汁原味、原模原样。

事实证明，这样的决定是正确的。稿件见报后，怒江州委宣传部部长杨中华专门致电分社说，哭着读完了文章，还将派专人把报纸送进独龙江，请老县长阅读。

敬一杯，再敬一杯

进到高德荣在贡山县独龙江乡的家里，是10月11日晚8点。刚落座，每人面前就端上一杯茶、一杯酒。对话是这样开始的：

"老县长,您给我们讲讲10年前独龙江是个啥样?""你还当记者,不会自己查资料吗?""您那草果怎么育苗呢?""这都不知道,还当记者?今天就聊到这儿,你们走吧。"

不到5分钟,逐客令就下了。无奈,赶紧端起酒杯敬一下,一口粗糙清洌的苞谷酒下肚,尴尬的气氛才稍有和缓。

对媒体"极不友善",高德荣可是出了名的。不少记者从千里之外来到独龙江,他却躲起来面也不见。好不容易逮到,问什么都不配合。镜头一对准,就把脸侧过去了。接触过他的记者都说,"这是一个很有个性的倔老头"。为了确保采访顺利进行,分社提早就通过怒江州的主要领导请老县长配合,结果还是老样子。

采访没法进行下去,只能再次举杯,碰一下,高德荣先开口了。"有一个记者给我打电话说,'我是××社的记者,你知道我吗?我要来采访你。'我说,'我不知道,我在北京开会见总理的时候,你在哪里?'你们这些记者整天跟着我,占用我的劳动时间,还打扰我休息……"

不知怎么接话,第三次举杯。我们发现,高德荣其实享受的是有人陪他喝酒、说话的过程。每次,他都喝一大口,脸渐渐红了,话也多起来:当年怎么在人民代表大会上问总理要钱修路,为何督促乡里出台禁售瓶装啤酒的乡规,尤其今后独龙江应该如何发展,他说得最多。趁他不注意,我们赶紧掏出本子记下来。

知道当晚的采访难以深入,我们试着约第二天跟他去草果基地,他摇摇头,拒绝了。推杯换盏几个来回,他松口了:"明早7点走。""7点!没问题!""那6点。""6点也行!"

高德荣喝了不少,开始自顾自地说话,晚上10点多,我们有些疲惫了。那个白天,我们花了整整12个小时,才从怒江州府六库进到独龙江。当地干部说,"老县长谈兴正浓,这会儿要走了,他明天肯定不理你们了。再等等,让老县长再说说……"

一个村，又一个村

当晚，我们住在山下的边防派出所，高德荣的家在半山腰上。6点50分赶到高德荣家时，他已经在打扫门前的马路了。

看到我们来，他也没有过多的言语。老伴儿做好早餐，他竟主动招呼我们一起吃。我们拿碗替他盛粥，被他一把夺走，"今天你帮我盛，明天你走了谁来帮我？"

吃完早餐，回到堂屋的火塘边，高德荣愿意跟我们聊几句了。他翻出一台小DV，煞有介事地对着窗外拍起来。他说，独龙江这些年的变化都被他摄入镜头，做成了一张专辑。虽然还是常常碰到问而不答的情况，但接下来的采访突然顺了好多。

当天，我们做了一个分工：杨文明跟着高德荣全程体验式采访；胡洪江则去采访高德荣身边的干部、群众。等到下午，综合两人的采访情况，再找人补充采访、反复核实相关细节。司机肖建生、《怒江报》记者王靖生、高德荣女儿高迎春等讲出的独家精彩故事，就是我们从自选的采访对象口中挖出来的。

由于独龙江十分偏远，从昆明前往，路不堵车，也得两天。为提高投入产出比，出发前，分社就商定了好几个事先储备的题目。在独龙江3天，我们白天以采访高德荣为主，同时穿插采访独龙文面女；晚上与边防官兵交流；还插空多次下到村里。在巴坡村，我们深入到高德荣的草果基地；在迪政当村，我们见到了3位独龙文面女；在普卡旺村，我们看到了一幢幢别墅式的农家小院……

出差8天，总共成稿近10篇。离开独龙江前一晚，我们再次跟高德荣敬酒，他举起酒杯说，"独龙江乡有6个村，你们跑了4个，我觉得《人民日报》可以叫'独龙江人民日报'了。"说完，一饮而尽。

这种被认同和被接受的感觉，令我们感动。更为欣喜的是，我们的采访能力也在这个过程中得到了提升。"一次成功的采访，是否就是把一个倔老头变成一个可爱的倔老头的过程？"

立体些，更立体些

高德荣的稿子不难写，他的故事太丰富，而且拿到不少独家素材。可真写起来，心里却越来越没底。初稿出来后，张帆社长并不满意，"故事都放进去了，鲜活的语言也有，可总感觉太平淡。能不能把叙述变成讲述，用现场展现人物形象？"

张帆社长带领我们一起改稿，从一进门就因为说了外行话而被下逐客令开头。省委常委、宣传部长赵金后来看到报纸，在与张帆社长通电话时，复述了这段对话，说："你们这个厉害，几句话让人一下就记住了。"

大清早去家里堵他、给他盛粥却把碗夺走、拿DV拍视频等细节，也以记者带入的方式，写进了稿子里。甚至，连他喜欢喝酒这点爱好，也没有刻意回避。而他个性化的语言，比如"官当得再大，如果自己的同胞还穷得衣服都穿不起，别人照样会笑话你"，"干部的概念就是带领群众一起干活，干出活路来"，"当干部不务实，指挥棒就成了'搅屎棍'"等，与细节、故事相互映衬，让整个人物真正鲜活地立了起来。

最后，我们选了一首诗结尾，"如果你到过独龙江，可能一转弯就能碰上他；如果在山道上遇见，谁也不会多看他一眼。但我并不失望，因为他让我重新审视了人生：一个人的高大，真不在身材或者着装。"既让文章更柔一些，又能注入更多感情。

由于注重了立体呈现人物个性，云南省委常委、组织部长刘维佳在报纸上批示："一个很有个性及人格魅力的模范人物，被写出了境界、品位和鲜活。用这样的笔触写出来的先进典型，真实可信——这是生命力所在；生动感人——这是感染力所在；令人敬佩并影响社会——这是价值力所在。"高德荣内参稿件也得到中组部部长赵乐际批示肯定。

  高德荣一稿的成功推出，也得益于总社领导的鼎力支持。在适逢十八届三中全会召开，一版版面空间十分宝贵的情况下，高德荣一稿最终在头版刊发消息、六版头条推出长篇通讯。

（胡洪江系人民日报社新媒体中心主编，时任人民日报社云南分社记者；
杨文明系人民日报社云南分社记者）

附：

"生活在群众中让人充实"

——记原云南省贡山独龙族怒族自治县县长高德荣

张　帆[①]　胡洪江　杨文明

  独龙江在哪里？横断山脉的高山峡谷地带，云南的西北角，遮天蔽日的原始森林，清澈透亮的独龙江水，"中国西南最后的秘境"令人神往。

  独龙江险吗？曲折小道盘旋在崇山峻岭间，汽车颠簸了3个半小时，才从90多公里外的贡山县城开进来，沿途塌方、滑坡、滚石不断，头次进山的记者吐了个一塌糊涂。

  有人愿意扎根在此吗？有！副厅级干部、原贡山独龙族怒族自治县县长高德荣。

  近日，中共云南省委作出决定，把开展向高德荣同志学习活动作为深入开展党的群众路线教育实践活动的一项重要内容。听说这个消息，高德荣却困惑了，几分自嘲地说："发达地方的人向我学习，那不在学'落后'吗？"

---

① 张帆系人民日报社云南分社社长。

"独龙族同胞还没有脱贫，我的办公室应该设在独龙江"

"老县长，您给我们讲讲10年前独龙江是个啥样？"

"你还当记者，不会自己查资料吗？"

"您那草果怎么育苗呢？"

"这都不知道，还当记者？今天就聊到这儿，你们走吧。"

晚上8点进了老县长家，斜坡上，竹篾墙，旧沙发，热火塘。落座不到5分钟，说了没有10句话，"逐客令"就下了。赶紧端起斟满的酒杯敬上，一口粗糙清冽的苞谷酒下肚，尴尬的气氛才稍有和缓。

对媒体"极不友善"，高德荣可是出了名的。高德荣却说，"你们整天跟着我，占用我的劳动时间，还打扰我休息……"

59岁的高德荣，身高不到1米6，黑黑瘦瘦……2006年，他当选怒江傈僳族自治州人大常委会副主任，却向组织申请把办公室搬回距离州府六库300多公里外的独龙江乡——他出生的地方。

高山大川的阻隔，每年长达半年的大雪封山期，让独龙江显得遥不可及。独龙江乡乡长李永祥介绍，独龙江乡至今仍是云南乃至全国最贫困的地区之一。

放着城里的舒坦日子不过，何苦偏要钻进这穷山沟？微醉的高德荣面颊通红，话匣子也打开了："官当得再大，如果自己的同胞还穷得衣服都穿不起，别人照样会笑话你。"

其实，早在1979年，在怒江州师范学校留校任教的高德荣就曾放弃城市生活，主动返回独龙江乡巴坡完小教书。此后，他历任独龙江乡乡长、贡山县人大常委会主任、县长等职，带领独龙族同胞修路架桥、发展产业。

"与其花时间打扮自己，不如多留点精力打扮家乡"

初冬，清晨7点不到，独龙江乡寒气逼人，狗叫声一起一和。前一晚，高德荣没有答应带记者去他的草果基地；今天天刚亮，记者就到家门口来堵他。门已经打开，被当作床铺的沙发上却没了人影。

"刚刚还在嘛，应该没走远。"正在准备早餐的高德荣的老伴儿宽慰记者。

果然，门前马路上，有个矮小的身影在晃。凑近一看，高德荣正拿着扫帚扫地。那件老旧的藏青色西装敞开着，里面是皱巴巴的衬衣，套着彩虹条纹的独龙褂。

"这哪是厅官，分明就是老农。"听到司机肖建生这么说，高德荣却不气恼，"与其花时间打扮自己，还不如多留点精力打扮家乡。"

其实大家心里都明白，老县长整天在村里跑，干净衣服哪穿得住？有一次碰上雪灾，他二话不说就跳入泥中疏通道路。现场群众责怪政府工作人员，怎么能让一位老人家去干这活？

一位副厅级干部，当真没有官气？

与高德荣共进早餐时，记者拿碗替他盛粥，被他一把夺了过去。"今天你帮我盛，明天你走了谁来帮我？"高德荣边说边盛粥，还不忘叮嘱一句："小伙子还在长身体，要多吃点。"

可他自己，吃得却很简单。独龙江土地上长成的一根苞谷，他吃得津津有味。要说高德荣家里，不缺好吃的。肖建生说，经常有人到独龙江来看望老县长，送来的东西他这么处理：慰问金，通知乡上财务拿走，用于帮扶困难群众；慰问品，喊来乡村干部群众当场分掉。

可这些"甜头"，高德荣却从来不让家里人尝：儿子高黎明到昆明拍婚纱照，连搭顺风车的请求都不敢提；女儿高迎春告诉记者，她结婚那年，老县长早早就下了"命令"，不许以他的名义邀请县上干部。

"干部是用身影指挥人，不是用声音指挥人"

一通软磨硬泡，老县长终于让记者跟在他屁股后头去草果基地。独龙江乡过去并不种草果，刚引种时群众不敢种。"苦劝不听，那就干出样来！"2007年，高德荣摸索着在独龙江边建起示范基地，年过五旬的他像年轻人一样，背起三四十公斤重的草果苗，把自个儿系在溜索上滑过江。

来到草果地里，高德荣从腰间抽出砍刀，麻利地砍断老枝叶，平铺在地上，"这个枝要摆正，烂了以后可以做肥料。"

"瞧这把式，您不像干部，像农民。"记者说。

"干部也是老百姓。干部的概念就是带领群众一起干活，干出活路来。"高德荣答道。

巴坡村党支部书记木卫清回忆，第一批草果收获时，高德荣曾发动群众围观销售过程，眼看着草果换成了钱，当地群众纷纷主动要种苗、学技术。"抽象事情具体化，群众工作就好做了。"高德荣说，如今，全乡草果种植面积已达3万多亩，"绿色银行"正在见效。

"老爷子是用身影指挥人，不是用声音指挥人。他做出表率，就希望大伙都跟他一样脚踏实地地干。"在大雪封山期间留守独龙江乡采访近5个月的《怒江报》记者王靖生说。

当地有这么一个故事：一次贡山县里开大会，一名干部大谈独龙江的发展，高德荣直接打断他："你没到过独龙江，没有资格指导独龙江。"因为这倔脾气，高德荣没少惹人嫌。可他说，"我不怕得罪人，就怕成罪人。当干部不务实，指挥棒就成了'搅屎棍'。"

"虽然老高有时性子急、脾气大，可他骂得有道理，不少挨过他骂的人也不记恨，还心服口服。"与高德荣共事30多年的原贡山县政协主席赵学煌说。提拔干部时，高德荣从不问远近，只要有能力、踏实肯干，他就推荐、提名。他身边的工作人员既有独龙族，也有藏族、汉族。

"漂浮在官场上使人浮躁，生活在群众中让人充实"

从迪政当村返回的路上，高德荣又突然喊"停车"——原来，有个村民正在地里摘西瓜，高德荣下车去问问今年收成如何。村民抱起两个西瓜，硬往老县长怀里塞。"老县长不拿群众当外人，群众自然跟他亲。"肖建生说。

"漂浮在官场上使人浮躁，生活在群众中让人充实。"这是高德荣的为官之道。

记者随意走进几户人家，提起高德荣，上至七八十岁的老人，下至十来岁的孩童，都说他来过自己家。残疾村民王丽萍还记得，高德荣第一次到她家时，"问我能不能种洋芋，我说可以。他就说我送你洋芋种，你多种点洋芋好不好？我说好！好！"在高德荣的帮扶下，王丽萍夫妻俩通过发展种植，建起了新房，还买了摩托车。

2010年，云南省启动"独龙江乡整乡推进独龙族整族帮扶项目"，高德荣欣然接受了怒江州委独龙江扶贫开发领导小组副组长的任命，"名正言顺"地在独龙江办公室办公了。

可记者在独龙江乡找了一圈，也没找到高德荣的办公室。当地干部说：独龙江畔的每个村庄、每条山路，每家每户的火塘边，都是老县长的办公室。

走村入户时，高德荣习惯带上他的小DV。近年来，独龙江畔草果飘香、蜜香四溢，一幢幢别墅式的农家小院拔地而起，平整的柏油路通向各村各寨……这些都被他摄入镜头，做成了一张专辑。临别前，记者请他在专辑上签个名，他在摄像"高德荣"三个字上画了个圈，说"太阳照进独龙江，也照到了我高德荣的身上"。

高德荣的故事在独龙江、怒江沿岸已经流传了30多年。有人为他写了首诗："如果你到过独龙江，可能一转弯就能碰上他；如果在山道上遇见，谁也不会多看他一眼。但我并不失望，因为他让我重新审视了人生：一个人的高大，真不在身材或者着装。"

（原载《人民日报》2013年11月11日）

把自己摆进去

徐锦庚

提要：人物报道，要融入主人公的内心世界，触摸最感动自己的地方，运用最合适的表现手法；选择表现手法时，不要墨守成规、机械套用模式，要有创新意识，勇于突破窠臼，做到千人千面。

写人物报道，必须写出自己的感动。能够打动作者的，未必能打动读者；如果连作者也打动不了，肯定不能打动读者。

采访中，我多次流泪。主人公有的事迹，在别人看来或许平淡，却让我产生强烈共鸣。比如听人讲述马新明痛风发作爬楼时，我这痛风之人顿生痛感。在常规通讯中，这些"顾影自怜"式的共鸣难以入文。还有，西藏充满神秘感，读者希望了解更多信息，这正是我的优势。我可以借助自己感受，让报道增加纵深感。

我们从初学新闻时就被告知，新闻要客观陈述，忌讳把自己摆进去。常规的通讯，大多以第三人称行文。这种写法，犹如隔岸观景，虽然能看到它的气势恢弘，却看不到它的九曲回廊。气势恢弘能使人血脉贲张，却无法让人潸然泪下。动情之处，往往藏在曲径通幽。这个"幽"，就是柔软的内心。

如何让读者身临其境、产生共鸣？我想到了报告文学。报告文学可以把作者摆进去，犹如一叶扁舟，能载着你划到对岸，让你融入美景之中。

但是，我们毕竟是写新闻作品，必须体现出新闻特性。在新闻版登一篇报告文学，多少有点不伦不类。于是，我想到了日记体，把日记体与报告文学相嫁接，用日记体的"现在进行时"，装进主人公事迹的"过去时"。

新华社记者璩静看了我的稿后，久久没有吭声。我以为她不认可，对她说，没关系，你直讲无妨。

她说："没想到人民日报记者能写出这样的稿子。这种形式很新颖，给读者的冲击力和画面感太强了。不过，"她皱了下眉头，"我从没见人民日报发过这种形式的稿子，这样的稿能发出来吗？"

我心里也没底。这对夫妻是总书记批示的典型，我竟然把自己摆进去，编辑部会不会说我是喧宾夺主、沽名钓誉？这种写法有没有犯新闻之忌？如果真的被枪毙，改发新华社通稿，岂不是在报社落笑柄？

思前想后，我一咬牙：宁愿稿子被枪毙，改发新华社通稿，让领导批评，让同事笑话，也要冒一次险，决不改变文章风格。

阿弥陀佛，《因为爱 所以爱》全文刊出。见报当天，当我从网上看到版面时，感慨万端。

从地方部、总编室，到社领导，任何一个环节，如果按章办事，或删或毙，都无可厚非，我会愉快服从，毫无怨言，从此循规蹈矩，不再越雷池半步。

恰恰是从部门到社领导的善解人意、慧眼识珠（自称为"珠"，有点汗颜）、不拘一格，才使我的心血得以结晶，使我的情感得以渲泻，让我从此张开创新的翅膀。同时，也让我再次感受到人民日报积极探索的勇气和从善如流的胸怀。

文无定法，见智见仁。《因为爱 所以爱》的写法，仅是我之陋见，未必是最佳选择。如果要说体会，只有粗浅一点：人物报道，要融入主人公的内心世界，触摸最感动自己的地方，运用最合适的表现手法；选择表现手法时，不要墨守成规、机械套用模式，要有创新意识，勇于突破巢臼,做到千人千面。

(作者系人民日报社山东分社社长,曾任人民日报社西藏分社社长)

附:

因为爱 所以爱

援藏博士夫妻马新明孙伶伶的家国情怀

徐锦庚

9月8日下午 拉萨 晴

"我们好好爱"

下午4时许,我走出贡嘎机场,天空湛蓝得令人眩晕。虽然烈日当空,短袖衫已抵挡不住凉意。

阔别6年,我再度进藏,专为一对伉俪而来:马新明,北京市委宣传部干部,曾任拉萨市副市长,市委常委、宣传部长,现任拉萨市委副书记;孙伶伶,中国社科院学者,曾任西藏社科院《西藏研究》编辑部副主任,现任当代西藏研究所副所长。2010年,夫妻俩成为中组部选派的第六批援藏干部,期满后又转为第七批,创造了援藏史上多个第一:第一对援藏夫妻、第一对博士、第一对北大校友、第一对两届援藏……用真情谱写出一曲华美乐章。

西藏巨变,随处可见:10年前,我进藏时,从机场到市区,东绕西拐,逾两小时;6年前,我离藏时,嘎拉山隧道贯通,路程缩短一半;这一次,沿高速公路疾驶,半小时足矣。

入住后,我迫不及待联系马新明。他语带关切:"您刚进藏,会有高原反应,要不今天先休息?"

我笑了:"我在西藏工作过4年,能适应,没问题,只要您方便,随时可见面。"

"那好,今天正巧是中秋,晚上援藏干部组织中秋联欢会,请您感受援藏生活。"马新明说道。

拉萨东郊,纳金西路36号,北京援藏干部公寓楼(简称"北京公寓")。走进院子一看,20多张桌子,都坐满了人。一位面孔黝黑、皮肤粗糙、戴眼镜的中年男子迎上来,热情握手:"我是马新明,欢迎您!"

我第一反应是:1972年生人,咋这么沧桑?

正愣神时,一位身着藏装的俏丽女子含笑走来,马新明介绍:她是我爱人孙伶伶。

这回,我更诧异:年纪不大,头发咋这么稀疏?

我掩饰住惊讶,问马新明:"这么多人,都是北京援藏干部?"

他解释:"中组部选派的援藏干部76人,还有北京援藏指挥部干部、支教老师、志愿者等,共有230多人。另外,八一双鹿篮球队和北京首钢篮球队进藏交流慰问,我们一起共度中秋良宵。"

舞台是临时搭建的,背景展板喷着一行字:月满中秋、情系拉萨——北京援藏干部与CBA运动员联谊会。文字下方有一组图案,中间是巍峨珠峰,左侧是布达拉宫,右侧是北京天坛,中间彩带相连,象征北京、拉萨情相连。

马新明是第七批北京援藏干部领队和北京援藏指挥部总指挥。他致辞时的一句话,拨动我心弦:今天是团圆之夜,大家别忘打个电话、发个短信,向家人报声平安,告诉亲人们,我们过得很好!

节目自编自演,水平业余,倒也有趣。有个"三句半",道具是盆、铲。一位女演员使大了劲,把铝盆敲了个凹槽,旁边的厨师哎哟一声,心疼得直咧嘴。

汪峰那首《北京北京》,听过无数次。但在今晚,拉萨之夜,听北京人唱,别有一番感触。浓浓真情,如泣如诉,直走我心,湿了双眼。

整个晚会，马新明没闲着，撺掇这个献歌，怂恿那个炫技。临结束时，他倡议一起唱《我们好好爱》。

20多人应声上台。这曲藏歌，美丽动听：

风儿吹过圣湖的时候 / 你牵住了我的手 / 宽宽的草原我为你停留 / 从此美丽在我左右

雪莲花盛开的时候 / 云儿停下了游走 / 我在你身后藏不起眼眸 / 我愿为你一生守候

你是我最深最深的爱 / 让雪山依然洁白 / 我心永不变 / 你是我最后最后的情 / 那云在千里外 / 世界再大我们好好爱

……

我心里一动：这些援藏干部，抛家别舍，远离亲人，不正是为了民族团结"好好爱"吗？

晚会结束，夜已10点，该赏月了。拉萨的中秋，曾让我陶醉：硕大银盘，低低悬着，落在屋檐，挂在树梢，恨不得跳将起来，一把摘下。可惜，今晚不巧，云层越聚越厚，银盘若隐若现。

客人散尽，马新明邀我：赏个月？

我试探道：我想去你们家看看，行不？

当然可以！他俩异口同声。

9月8日夜　北京公寓　雨

中秋月未圆

马新明伉俪住在公寓5楼，室内布置简单，摆着藏式家具，与藏家相比，缺了雕梁画栋，少了酥油清香。

我对马新明的出身好奇：彝族。费了好大劲，才记住他家乡：云南省丽江市宁蒗彝族自治县战河乡子差拉村马家窝子自然村，从村寨到县城，需步行3天。"我的彝族名字叫马海龙江，现名是老师取的。"马新明说。

他的家世奇特：母亲原是父亲之嫂，父亲之兄早逝，按彝族风俗，父亲娶了母亲。

孙伶伶拿出一张照片。马新明抱着一个幼儿,依偎在一对彝装老人身边,老人脸上荡漾着幸福。"这是爸爸妈妈。爸爸今年68,妈妈72。"听她口气,像在介绍自己父母。她是山东烟台人。

"这是你们的孩子?"我问。

"不是,我侄儿。"

"你们的孩子呢?"我没心没肺地问道。

马新明看一眼孙伶伶,声音低了下去:"结婚头几年,一直忙于工作、学习,又先后出国深造,聚少离多,孩子的事情就耽误了。前些年正准备要时,赶上来援藏。这几年,怕高原对孩子有影响,不敢要。"

孙伶伶轻轻叹了口气:"随缘吧。"

我一时语塞,无言以对。在这雪域高原,奉献,未必非要轰轰烈烈。有所为,是奉献;有所不为,也是奉献。

这对中国政法大学同学,都是田径健将,皆为长跑冠军,因体育而结缘。大学毕业后,马新明边工作边学习,是北大新闻传播学院和政府管理学院双硕士,又获中国社科院国际政治学博士。孙伶伶则考入北大法学院,从硕士读到博士,毕业后进中国社科院,是日本研究所科研骨干。

2010年4月。一天下班后,马新明扳着妻子的肩膀,认真地说:"我想和你商量个事。"

孙伶伶吓一跳:"什么事啊,这么严肃?"

"北京推荐第六批援藏干部,我报名了。"

孙伶伶一愣:"你不是准备读博士后吗?怎么想到要去西藏?"

"学习以后还有机会。"马新明动情地说,"我是少数民族出身,如果没有国家的多年培养,我可能现在还在穷山沟里放牛牧马。我要知恩图报,反哺社会。眼下,援藏是很好的报答机会。"

孙伶伶当然明白,但她有点担心,"你的身体吃得消吗?"

马新明拍拍胸脯："咱年轻力壮，又是运动健将，怕什么！"

孙伶伶低头不语，马新明以为她不同意，逗趣道："你这个女汉子，觉悟不是向来很高的嘛，怎么拖起后腿了？"

孙伶伶抬起头，白他一眼："我啥时拖过你后腿了？我是有一个想法。"

"啥想法？"

"你自理能力差，不会照顾自己，我不放心。西藏社科院需要一名懂英语的援藏干部，我们院正愁没有合适人选，我懂英语、日语，身体又棒。要不，咱俩一块去？"

"好啊！"马新明应声叫好，转念一想，"你不是盼着评研究员吗？舍得放弃专业？"

"在西藏也可以建功立业。"孙伶伶态度坚决。

往事历历在目，恍如昨日。"时间真快，一晃4年多过去了。"

"听说你们都患上了高原病？"我问。

"其他病还好，就是痛风受不了。我的尿酸指标是常人两倍多。"马新明摇头叹息。

我的脚趾不由得抽了一下。高寒地区常年不出汗，容易得痛风病，我也患有此疾。虽然不算严重，但那切肤之痛，让我明白："疼"与"痛"，是两个不同概念。

"我俩过去从没进过医院，进藏后，记忆力衰退，我患了溃疡性结肠炎，头发大把大把掉，都快掉光了。"孙伶伶摸摸脑袋自嘲道。

心理学家说，头发是女性最大的装饰物，女性最在意的是自己头发，也最舍得为头发花钱。

"你后悔吗？"我问孙伶伶。

"跟着他，哪怕去当乞丐也愿意！"孙伶伶望着丈夫，眼里闪着光。

马新明嘿嘿一笑，显得十分受用："这话我最爱听！我还是穷学生时，她就这样对我说了。"

孙伶伶反唇相讥："你现在不还是穷光蛋？"

我一瞥挂钟：已经凌晨1点半了。连忙起身，抱歉地说："对不起，耽误你们休息了。"

"哪里，我们经常两三点睡。"马新明指指身旁的拉萨市委副秘书长、北京援藏干部孙德康说："过会儿，还要商量几项工作。"

"我送你下楼，顺便到院里赏赏月，现在一定是个大圆盘了。"孙伶伶提议。

我们这才想起，聊得兴起，忘了这档大事。兴冲冲下楼，才发现雨正下得紧，哪有啥圆月！

虽然月未圆，但这个中秋最难忘。

9月9日中午　藏餐馆　阴
"三分钟"与"十年功"

孙伶伶的同事要读博，夫妻俩约几个朋友，中午为她饯行，马新明邀我同去。我求之不得，正好借机采访。

团结新村有家藏餐馆。4位客人如约而至，都是社科院同事。主角边巴拉姆，一位年轻女性，美丽质朴，也是当代西藏研究所副所长，将赴四川大学深造。她三言两语，概括出孙伶伶特质：敏锐犀利，知识渊博。

后来的台湾之行，更让边巴拉姆肃然起敬。2011年5月，应东吴大学邀请，西藏社科院组团赴台交流，她俩是团员。座谈时，边巴拉姆刚谈几句，就被对方一教授打断，引用境外资料，指责西藏破坏生态环境、压制宗教自由、不尊重藏族文化，气氛顿陷尴尬。

"这时，伶伶不慌不忙，从西藏特殊的婚姻习俗、藏语言文字推广、文物立法保护、西藏宗教活动、国家拨款修缮寺庙等方面，摆事实，讲道理，侃侃而谈，驳得那位教授哑口无言，在场的人连连点头。我听了也很吃惊，伶伶进藏不到一年，想不到情况这么熟悉，知识这么渊博。"

还有一件有趣事：开始，对方学者们以为，西藏贫困落后，代表团成员都是"土包子",听说这4名成员中,有3人留洋而归,2人是洋硕士,十分惊讶,立马谦恭有加。

"台上三分钟,台下十年功。伶伶这份功力,与她的艰辛努力分不开。她一方面甘当绿叶,为他人做嫁衣裳,承担了大量的汉文版编辑、英文版创刊筹备工作,一方面又出了很多科研成果。"《西藏研究》编辑部副主任刘红娟钦佩地说。共事多年,她对孙伶伶成就如数家珍:已完成2项国家社科基金课题、3项个人主持课题、参与9项国家级及有关部门委托课题,发表及结项成果近百万字,在国家核心期刊及报纸发表10余篇学术论文及文章……

本来主题是饯行。在我诱导下,不知不觉,成了孙伶伶的总结会。这让孙伶伶发窘,频频支开话题。

临分别时,边巴拉姆与孙伶伶紧紧相拥:"伶伶,我会想你的!你要到成都来看我哦!"

说这话时,她的眼圈红了。

9月10日上午　拉萨教育城　晴
铁打的汉子

今年西藏气候异常,雨水偏多,拉萨持续下雨40多天。我发现,与6年前离开时相比,山上绿色明显增加,空气湿润多了。当地百姓高兴,欣喜气候变好。我却忧从中来:这是地球变暖迹象,高原雪线上升,带来"蝴蝶效应",导致海平面上升,海洋气候恶化。

今天是教师节,马新明要去北京实验中学慰问。9时,我赶到北京公寓会合。

马新明的眼里布满血丝,"昨晚又熬夜了?几点睡的?"我问。

"3点多。白天太忙,只有晚上才腾出时间处理公文。"马新明揉了揉眼,转过身,捂着嘴打了个哈欠。

他的忙碌,我真见识了。昨天下午,他去拉萨群众文化体育中心,检查体育馆工程收尾情况，部署 CBA 西藏行活动，我也如影随形。

文体中心坐落在火车站旁，是北京援藏计划资金之外支援拉萨的项目，耗资 7.35 亿，包括体育馆、体育场和牦牛博物馆。建成后，将填补西藏无大型文体设施的空白。

整个下午，马新明泡在体育馆，爬上爬下，四处查看，口里不停地吩咐这个、安排那个，几个项目负责人头如捣蒜。我茫然跟着，居然腰酸腿软，走哪坐哪，沾了一屁股灰。我发现，他的嘴唇发紫，这是缺氧的症状。大概是说话太多，口渴了，边说边舔着嘴唇，旁边一个小伙子，连忙递上半瓶矿泉水，他毫不介意，一仰脖子，喝了个底朝天。

傍晚返回时，我在车上问他："你这个总指挥，咋管这么细？"

他看我一眼："北京援藏项目，我敢马虎吗？百年大计，我敢大意吗？细节决定成败，丝毫来不得半点马虎。我多唠叨几遍，不断提醒他们。"

我原打算晚上再与他聊，见他疲劳的样子，加上自己也很累，遂改变了主意。没想到，他又熬了一个长夜。

曾听人说，援藏干部的工作状态是"半休闲"。这实是误解。仅从一个马新明身上，就可得出结论：满负荷。

北京实验中学位于拉萨教育城，在拉萨河对面。汽车驶上崭新的纳金大桥时，我不由感叹起来：七八年前，拉萨河上仅有一座拉萨大桥，是连接前、后藏的唯一通道，被列为战略要地，桥两端有士兵站岗，现在，拉萨河上已新架起 5 座大桥，拉萨大桥再也不用守卫了。

纳金大桥上游，一大片现代建筑群让我目瞪口呆——我在藏时，这里是荒滩，人迹罕至。"去年 4 月，这里还是一片空地。现在，已有北京实验中学、江苏实验中学等十多所学校了。"马新明欣慰地说。

北京实验中学投资 2.5 亿元，仅两年就建成，骨干教师均由北京派出，秋季刚刚启用，可以容纳 3000 名学生，学生包吃、包住、包学费。"学校的硬件设施不仅在西藏是最好的，北京有的重点中学也比不上。"神情自豪的校长张大力,来自北京市石景山实验中学,两个月前刚进藏。

　　检查完食堂、宿舍等场所后,马新明又与老师们座谈。会议室在5楼,没有电梯,我们登到5楼时,个个气喘吁吁。孙德康给我讲了一个故事:

　　今年夏天,马新明痛风发作,还诱发滑膜炎,膝盖肿胀,无法屈伸,痛得脚底不敢触地,只能拄着双拐。一天,听说市委书记齐扎拉要去北京实验中学调研,他挣扎着要去。孙德康劝他:"你连拄拐杖走路都困难,还是向齐书记请个假吧。"

　　马新明连连摇头:"这哪成,我分管教育,看的又是北京项目,哪能不去呢?"为了不让外人看出,他连拐杖也不敢用。

　　齐扎拉平时健步如飞,上山如履平地。北京实验中学没装电梯,他一口气登上7楼。这可苦了马新明,他一手抓住扶梯,紧紧跟在齐扎拉后面,孙德康要搀他,被他推开。到达7楼时,额头上汗珠如豆,后背全部湿透。下楼时,他仍一步不落。整个调研过程,他谈笑风生,神态自若,旁人丝毫看不出异常,只有孙德康的心,一直揪着,生怕他会瘫倒。

　　"那两个小时,不仅是他的苦难,也是我的煎熬。那两个小时,让我见识到了,什么是铁打的汉子!"孙德康的眼睛泛起泪花。

　　听着孙德康的叙述,我脚底发虚、手心冒汗。同病相怜,我能感受到马新明的痛楚。但惭愧的是,我无法触摸到他内心的强大。因为,我这个凡夫俗子,实在做不到!

9月10日晚　体育馆　雨
CBA的高原之行

　　太阳还有几竿高,体育馆广场已经长龙蜿蜒。入口处的那行大字,让人们心旌摇曳:2014CBA西藏行。今晚,至少创造两个纪录:西藏首个体育馆首次启用;中国男子篮球职业联赛(CBA)首次在西藏赛场亮相。

　　当我步入馆内时,吃惊不小:昨天下午,还是一片狼藉,一夜之间,竟焕然一新。我无法判断,这是拉萨效率,还是北京效率?后来才知,为了今晚赛事，体育馆通宵忙碌，孙德康盯在现场，一夜未合眼。

晚7时，体育馆内座无虚席，据说满员有6000人。第一场，西藏联队对垒CBA联队，八一队教练阿的江披挂上阵，黄忠不老；王治郅和孙悦里应外合，配合默契。显然，这不是一个等量级的比赛。可喜的是，西藏联队毫不怯阵，敢打敢拼，充分发挥高原主场优势，比分越追越近。第二场，八一队战北京队，前半场，两队真枪实弹；后半场，两队各留两人，其余队员由西藏联队球员担纲。可敬的是，CBA队员既是灵魂，又当配角，把立功机会让给西藏球员。

高原上的剧烈运动，严重困扰着国手们。场上频频换人，队员一下场，就抱起氧气罐。这种奇特场面，世所罕见。

自始至终，观众情绪高昂，喊声震天。比赛结束时，CBA队员集体亮相，与观众依依惜别。人们舍不得离开，掌声久久不息。这场赛事，与其说是竞技，不如说是表演。输赢已不重要，重要的，是民族之间的水乳交融。

当CBA队员进入休息室时，发生一件意外：八一队队员阿尔斯兰，出现严重高原反应，突然神志不清，医生迅速抢救。这位队员刚满十八，是八一队控球后卫，今晚场上活跃。幸亏救护车在候，马新明连忙让孙德康护送病人到医院。

场外，大雨滂沱。我跟着马新明，来到CBA队员下榻的酒店，焦急等待消息。此时，已是夜里11点多，孙伶伶赶到酒店，捎来一包饼干，我这才知道，马新明还空着肚子呢。

12点，阿尔斯兰终于平安回到酒店。第七批援藏干部总领队王奉朝、自治区体育局副局长白喜林也赶来慰问。

白喜林是国家篮球队领队，也是第七批援藏干部，整个晚上，一直鞍前马后。我问起CBA进藏的缘由，他指着马新明说："这是我俩在万米高空上谈成的！他这人呐，既会动脑子，又会抓机遇。"

原来，今年3月18日，马新明回京开会，偶遇同机的白喜林。"我俩热聊中，马新明突发奇想，说拉萨体育馆即将竣工，问我能不能把CBA请到拉萨来，借劲体育活动，加强民族交往，促进民族团结，带动拉萨体育。我一听，这是好事啊，回京后就促成了这事。没想到，效果会这么好！"

9月6日，CBA的两支球队抵达拉萨后，克服高原反应，天天马不停蹄，开展公益活动：到福利院慰问孤儿，与西藏大学学生互动，向北京援建的小学捐赠物资，与北京实验中学学生交流。每到一处，学生和孩子们欢呼雀跃，国手们也经历了一次灵魂洗礼。

阿的江感慨地说："你们远离家乡亲人，为民族交流团结做了很大贡献，我是少数民族，体会更深，向你们表示敬意！"顿了顿，他又说："我们已经拉了福利院孤儿的手，今后还要继续拉下去。"

马新明兴奋地说："北京体育局已表示要加大力度支持拉萨。拉萨市委明天上午要开常委会，专门研究如何借此契机，促进群众体育文化活动，进一步促进民族团结交流！"

主宾们谈兴很浓，毫无倦意，一直聊到半夜1点半。马新明忽然想起："哎呀，阿导（阿的江）明早就要出发去机场，你们早点休息。明早6点半，我来送你们。"

9月11日下午 堆龙德庆县农村 晴
为"亲戚"掏空口袋

马新明和孙伶伶要去乡下走"亲戚"，我也跟着搭便车。

这些年，他俩攀了5门"亲戚"，分别在林周县、尼木县和堆龙德庆县。今天去的是堆龙德庆县东嘎镇。"今年我已来了4次。中秋节时，我实在来不及，托闫伟去看望了他们。"马新明说。闫伟是拉萨市委办公厅工作人员，山东小伙子，西藏大学毕业后留下，已在藏10年。

两家亲戚都在桑木村，家庭条件较差。卓嘎是桑木四组村民，丈夫早年病故，长子因幼患重病，读书少，在理发店洗头；次子去年被第二炮兵工程大学录取。其美是桑木一组村民，4年前，丈夫开出租车发生车祸，赔得倾家荡产。

在两家串门时，马新明里里外外都要看一遍。其美的厨房，有一处破漏了，"过几天，我安排人来修一下。"马新明说。她家客厅柜子上，摆着一盒"稻香村"月饼，马新明咦了一下："这月饼怎么还没吃？可别过期喽。"

其美说："这是你送的礼物，中秋节吃了一盒，孩子上学没回来，有一盒舍不得吃，给她留着。"

我注意到，无论是到两户亲戚家，还是去联系点嘎东寺，他们送去砖茶、大米、食用油，还送上红包。我悄悄问闫伟："这是谁出的钱？"

"都是他俩自己出。"闫伟说，"马书记每次下乡，除了代表组织送慰问品外，自己还要另外备些钱，送给贫困群众，少则五六百元，多则一两千元。每次掏空自己口袋不算，还经常向我们借。有一次钱不够，还向随行记者借了2000元。"

"这些钱，是单位还，还是他自己还？"我问。

闫伟奇怪地看了我一眼："当然是他自己还啊。"

这之前，听孙德康说了件趣事：有一次，马新明掏空自己口袋后，向他借钱，他刚巧没带，马新明又向司机借。"他这种悲天悯人的情怀，是与他的贫寒出身分不开的。"

"我是苦孩子出身，深知贫困的痛苦。我要尽自己的微薄之力，多做些雪中送炭的事。"家乡父老谁家遇到难处，谁家孩子考上大学，他都会慷慨解囊。为此，夫妻俩经常成了"月光族"，有时连房贷也还不起。

为了帮助更多的贫困孩子，早在1997年5月，马新明就与几位同学一道，发起并成立"未名奖（助）学金"，资助少数民族地区的贫困学生。18年来，"未名"规模不断壮大，已资助5200多名学生，其中有300多人考上大学。

9月12日夜　慈觉林　晴

"有爱就是天堂"

从布达拉宫南眺，拉萨河对岸山峦起伏。那里就是慈觉林，拉萨著名的四大林之一。当年，文成公主抵达逻些城（今拉萨）后，随行人员就聚居在慈觉林。如今，山腰处出现一处醒目的建筑，赋予了慈觉林崭新的内涵——西藏文化旅游创意园区。大型实景剧《文成公主》，就落户在此。

夜幕降临，我端坐在观众席上，这里可容纳4000人。前方，耸立着两座巍峨山峰——崩巴日山和那色山，须抬头仰视才能望到山顶。两山峰壑之间，便是实景剧的舞台，星空为幕，山川为景。

空旷的舞台上，灯光奇幻，音乐美妙，800名演员载歌载舞，演绎了一个荡气回肠的旷古传奇：1300多年前，唐贞观年间，吐蕃赞普松赞干布遣使长安，欲与大唐和亲。奉唐太宗之命，文成公主带着释迦牟尼12岁等身像，还有书卷典籍、五谷种子、锄犁和各种工匠，离开长安，踏上漫漫征途，历经九死一生，饱尝千辛万苦，终于到达逻些城，缔结了一段温暖千年的雪域情缘。

当我从剧情中走出来时，想起刘亮的一句话："这部大剧，耗尽了马新明书记的心血。"刘亮是拉萨市城关区区长，曾任拉萨市委宣传部副部长，对《文成公主》剧场版和实景版的诞生了若指掌。

2011年底，为贯彻落实党的十七届六中全会精神，西藏自治区党委决定，为推进西藏旅游文化发展，以文成公主为主题，打造一台实景演出，大力宣传汉藏民族交流融合，突出藏民族歌舞禀赋，用歌舞音乐剧的形式来表现。拉萨市委接受任务后，指定马新明为副组长兼实景办主任。随即，从洽谈合作、剧本及音乐创作、选址和征地，到演员选拔、排练，马新明亲力亲为。

《文成公主》剧场版从筹备到进京正式上演，只花了4个月。因阵容庞大，只能在国家大剧院演出，但国家大剧院档期一年前就已确定。马新明与各方商谈协调，国家大剧院终于同意挤出5天时间。那段日子，马新明与演职人员同吃同住，组织协调、媒体宣传、票务销售、进场施工、生活保障、观众组织……在京20多天，从未回过家。受文成公主事迹的感召，著名歌唱家谭晶和王莉不计条件，倾情加盟，欣然担任A、B主角。

2012年10月，《文成公主》首演时，很多观众泪洒剧场，首都艺术界高度赞誉。北京市文联党组书记陈启刚激动地说："太壮观、太美丽、太感人、太震撼！我给这部剧打满分！"

为了确保实景剧的质量和进度，马新明事必躬亲，要求下属"当日事当日毕""只能说如何行，不能说不行"。那些日子，工作人员经常凌晨两三点敲他的门。

拉萨市委常委、宣传部长占堆介绍说，去年8月1日，《文成公主》实景剧正式开演，迄今已演出220场，接待观众38万余人，票房收入1.3亿余元。实景剧的推出，使西藏文旅产业迈上新台阶，同时，也结束了拉萨旅游"白天看庙，晚上睡觉"的尴尬，游客慕名而来，趋之若鹜。

"实景剧还为农牧民提供了就业机会。"刘亮说，项目建设阶段，仅慈觉林村群众就增加了约3000万元收入。开演后，又为群众提供演员、保安、保洁、管理等近千个岗位，每年为群众增加收入5000余万元。"很多群众白天是农牧民，晚上是演职人员，连各家各户的牦牛、马、羊、藏獒，都成了舞台上的'明星'。"

我告诉马新明，很喜欢剧中的几句歌词："我想要生者远离饥荒，我想要贫者远离忧伤，我想要老者远离衰老，我想要逝者从容安详。"

"我最喜欢的还有三句，那是我们的内心写照。"马新明轻轻哼唱，"天下没有远方，人间都是故乡，有爱就是天堂。"

（原载《人民日报》2014年9月17日）

从"小"中探视时代发展规律

赵 鹏

提要：文学探寻的主题是"性格决定命运"，而新闻要探寻的主题应该是"时代决定命运"。如何"小"中见"大"、"小"中见"远"？就是聚焦个人不能忽略时代背景，要写出个体行为背后包含的时代所赋予的责任和使命，让小人物与大时代共振。

个体（一个人物、一个小地方、一件小事情）行为背后，不仅仅是其本身的性格、禀赋、特征所决定，更包含时代所赋予的责任和使命。这一组"优秀党员"，他们优秀的本质在哪里？自身鲜明的性格，不是关键。西方古典文学有论："性格决定命运"，但那是文学的主题。而新闻报道探寻的主题应该是"时代决定命运"。

当代的中国，一方面驶进现代化的轨道，另一方面又在重构新的发展规律与价值理性。聚焦个人不能忽略时代背景，在"大"背景下对个体成功者作观察与思考，是我们发现发展规律与价值理性的基础。在这个交叉点上，"小"与"大"便具备了内在联系的必然性。而这种必然性，在个体身上反映出来的激烈冲突、尖锐矛盾，恰是整个社会与时代所共同拥有的内容。

我采写的晋江市磁灶镇大埔村村支书吴金程，从原稿与见报稿的内容差异上，反映出来的正是这个问题。

原文当中有很多故事，单举一例："吴金程本身还是企业家，他在成都的产业规模有上亿。所以他在当村支书时，给自己和村两委成员约定，不从村子里拿一分工资、不在村子里报销一分账目。所以当了15年的村支书、村主任，自己至少自掏腰包50多万元。"在最终报道时，这个内容被删掉了。"不是内容不好，是别人学不了。学不了、做不到的东西，再优秀再精彩也都失去了意义。"费主任解释为什么删。

反之，吴金程10多年坚持干的改造村容、拆迁旧房、被群众一次次骂出家门的故事被保留下来。为什么？因为这种事在全国50多万个行政村中，每天都在发生着、冲突着。所以要把1000字的"火力"，全部集中在这个内容上，如此，小人物与大时代共振，便"小"中见"大"，"小"中见"远"了。

（作者系人民日报社福建分社采访部主任）

附：

"算账书记"吴金程

赵 鹏

"先得挨够骂，才能弄清群众为啥不买账"

问"愿不愿意旧村改造"，全填"愿意"；问"选什么户型"，全选"别墅"；问"拆迁补偿标准行不行"，多数答"不行"。收回调查表，干部们直摇头。

今年7月，福建省晋江市磁灶镇大埔村党委书记吴金程就在这种情况下启动全村最后一批旧村改造工程。

大埔曾经穷得出名，自打吴金程当上这个村书记后，就着手旧村改造工程。10年苦干成果大，剩下的村民也想改，可又各算各的账。

"当干部,就得先挨够骂,才能弄清群众为啥不买账。"吴金程带着村两委干部逐家走访,足足挨了两个多月骂的吴金程和村干部们终于摸清了这 200 多户村民不买账的底——"拆了我家旧房,给你腾出了地,虽然你补我 40 万元,可我还得花十几万元。凭啥?"

"算得出大账,才能让群众和集体合成一本账"

说"凭啥"的叫吴志明,他的房是父亲留下的,占地 300 多平方米,而村里设计的别墅占地 115 平方米。"我自己翻新也就花十几万元。"

"没错。我再帮你算算另一笔账。"吴金程登门帮他算账,"如果不腾出地,咱村的路网能打通吗?你有汽车不是也开不到家门口吗?再说新村建设还包括电线下地、污水管网、网络、燃气、停车位等等,光电线下地村里就垫进 2000 万元。除了补你拆房,村里还要垫很多钱。这笔大账你明白吧?"吴志明不吵了。吴金程说,"你现在花十几万,将来的收益肯定远远超过投入。你的小账和村里的大账,其实都是一本账。对不?"

记者采访那天,吴金程和干部们已经做通了大多数村民的工作。

"干事得算长远账,做公益要算公平账"

"食堂供每天三餐、家政公司负责洗衣,全部免费。老了能过上这样的日子,真有福气。"80 多岁的吴碧霞、吴声奇告诉记者。

2009 年村里决定投资 1500 万元,去年建起这座 5 层楼的敬老院。可每个月运营至少还得 20 万元,而且有些老人住不进来——得在家带孙子。75 岁的吴家鹤夫妻俩就为这找到吴金程直抱怨。一统计,像这样的老人有 40 多位。"后来我们决定村里拿出 660 万元,再加上社会 500 万元捐资合一起成立基金,委托一家公司负责运作。不能进来的老人就每月发 300 元。这样既不会拖垮村财务,也能保障运行。"

"这不把功劳让别人了?"有人想不通。吴金程态度坚决:"干事得算长远账，做公益要算公平账。"现在一算，1160万元基金滚动到了1200万元，老人们随进随出十分方便，惠民实事真正办成了皆大欢喜的好事！

（原载《人民日报》2013年11月3日）

改革是最动人的中国精彩故事背景

郝　洪

提要： 成功的先进人物报道应该如同一面旗帜，可以回答当下社会的追问。邹碧华去世后，各种媒体报道大多集中于"好人，好法官"。抓住人物的时代背景，才能写出人物的时代意义，这位冲锋在司法改革第一线的勇士最大的"好"，便在于他勇于改革，勇于坚守自己的理想信念。他一点一点"往前拱"着改革的故事，正是当下中国最精彩的故事。

2014年12月10日傍晚6点多，上海高院副院长邹碧华猝死的消息震动法律界，微博、微信上，悼念邹碧华的文字喷涌而出，追忆悼念连绵不绝。人民网舆情监测显示，当晚，有关邹碧华的新闻就达128篇，自媒体悼念超过1100条，人们一致称赞他——"法官当如邹碧华""一个真正的法律人""燃灯者邹碧华"。

"这个人物一定有故事！"得知消息，上海分社副社长李泓冰第一时间电话我，和我讨论如何采写邹碧华。我通过各种渠道联系了与邹碧华相熟的律师、法官，得到几乎一致的回复，邹碧华是一位"才华横溢、品行高洁"的法官。

这多少令人吃惊，回想此前对邹碧华几次有限的采访，他留给我的印象是才华横溢，敢于谈问题，没有官气，容易沟通，但没想到他具有如此人格魅力，在审判实务、改革创新方面成就斐然，得到法律界如此广泛认同。这激发了我的好奇，在当下社会，尤其是司法系统，什么样的人能当得起这样高的评价？我有了急迫了解他、书写他的冲动。

12月11日、12日，根据网上悼念文字的线索，我寻找邹碧华生前的同事、朋友、大学同学采访，除了面对面约访，电话、微信、邮件等各种采访手段都用上。经过几番交涉，上海高院为此举办了一次座谈会，邀请到邹碧华在不同时期的同事、下属一起接受媒体访问。座谈会后，我又联系了邹碧华两个重要工作岗位上海长宁法院和高院司改办，继续追访。当时，邹碧华副手、上海高院司改办副主任张新特别忙，既要处理邹碧华后事，又要负责法院司法改革的日常工作，为了采访到邹碧华去世前几天的工作细节，我几度约访张新，最终，经过一个下午的等待，抓住他晚餐时间采访了他。

这是一次伴着泪水的采访，前后我们大约采访了近20位与邹碧华相识的人物，受访者谈起和邹碧华相处的点滴，止不住泪水涟涟，在一次又一次的感动中，邹碧华的形象逐渐清晰。

采访同时，李泓冰和我也反复在微信上讨论稿子的写作。

此时，网络报道、纪念文章已经很多，上海一些都市报也迅速推出人物通讯，大多数报道集中在"好人，好法官"。我们如何写？是突出他的为人善良，还是写他的敢于担当之勇？

这个时代，基层好法官不少，但身为上海司法改革操盘手之一的邹碧华，他为改革殚精竭虑，不怕得罪人，不惧各方压力，在更高的层面思考一个法官的社会角色定位，思考中国法制未来，这样的干部不多。回顾半年来上海司法改革的艰难推进历程，以及此前基层采访，年轻法官对此一轮司法改革的担忧，我们越发感受到这位冲锋在司法改革第一线的勇士的价值——他的最大的"好"便是在他勇于改革，勇于坚守自己的理想信念。

邹碧华一点一点"往前拱"着改革的故事，不正是当下中国最精彩的故事？最终，我们决定按"行进中国·精彩故事"栏目要求，写一篇2000字人物通讯，并配发短评。

2000字，浓缩一个人的精彩一生，这的确是很大挑战。用怎样的线索串起这些精彩故事？在整理采访录音过程中，我发现，很多人都说他工作强度大、太累了，他是累倒在司法改革岗位上的。邹碧华身体很好，平时也注意锻炼，他的办公室里还有锻炼腹肌的健身器材，每天晚上坚持半小时的快步走，也没有心脏病史。什么样的工作强度和压力让一个具有三级运动员证书的法官骤然离世？我再次约他生前的副手、高院司改办副主任张新，仔细梳理他生前三天的日常工作，还原他逝前三天的生命轨迹。12月14日，邹碧华追悼会，我一早赶到现场，又补充采访了前来参加追悼会的法官、民众，增加了一些现场材料。李泓冰还撰写了配发的"今日谈"《勇于担当的"邹碧华精神"》，让报道主题更加鲜明。

党的十八届四中全会之后，各地各岗位的领导干部如何有勇有谋、敢于触及既得利益，推进全面深化改革？在改革深水区，干部如何敢为、善为？成为迫切需要回答的问题。邹碧华这个人物恰如一面旗帜，回答了当下社会的追问。人民日报社长杨振武从改革大局着眼拍板：这个人物不错，有极强的现实意义，要发好，可以发头版头条！那几天，中央主要领导活动很多，头版一直很满。终于，12月17日，《担当，改革者必须的修行——上海法官邹碧华生命的最后三天》及评论《敢于担当的"邹碧华精神"》这组稿件，很舒朗地站上了人民日报头版头条。

2015年1月，中央领导对邹碧华事迹做了重要批示，高度肯定邹碧华是一心为民的好法官，勇于担当的好干部，这个诞生于全面深化改革时代的典型人物走向全国。

通过邹碧华的报道，我们也深刻体会到，记者在日常生活中注意积累，深入基层、了解基层，才能在突发事件中敏锐发现新闻点，敏锐抓住事件的时代意义，才能号准时代脉搏。

用三天浓缩邹碧华一生

王一彪

提要： 邹碧华事迹采写期间，人民日报社社长杨振武要求上海分社讲好邹碧华的改革故事，写好邹碧华的担当精神。邹碧华和同事的四句话被分别用作小标题，朴实、简洁，画龙点睛，道出了邹碧华义无反顾的担当和身心笃行的人生信念。

2014年12月17日，在中宣部组织全国媒体推出的"行进中国·精彩故事"栏目中，人民日报头版头条刊发通讯《担当，改革者必须的修行——上海法官邹碧华生命的最后三天》，同时配发短评《勇于担当的"邹碧华精神"》。这天，距邹碧华同志离开我们仅仅一周。

这组报道推出后，立即引起广大读者热情关注，成为媒体反映"邹碧华精神"的重头报道。

不久，习近平总书记对邹碧华的感人事迹作出重要批示，称邹碧华同志敢啃硬骨头，甘当"燃灯者"，是新时期公正为民的好法官，敢于担当的好干部。总书记用一大段话对这个典型人物作出的深刻诠释，让邹碧华极具说服力和感染力的改革者形象愈加深入人心。

报道篇幅不长，却饱蘸深情。报道聚焦这位倒在司法改革第一线的法官最后三天的生命轨迹，用感人细节、动人故事讲述了邹碧华公正司法的浩然正气、投身司法改革的勇气担当，以及人们对他英年早逝的痛惜和缅怀。

——现场,上海龙华殡仪馆一号大厅,送别邹碧华的现场,预备的白花远远不够用。这样的现场,人们眼噙热泪,再加上一位法官的叹息。循着这样的现场,记者开始了对邹碧华生命最后三天的深情追寻。

——故事,"燃灯者"生命最后三天的故事,成为邹碧华一生的绝唱,让人扼腕叹息。在此基础上,记者由此又引出若干年前抓信访改革的故事,抓司法改革的故事,抓压缩会议室的故事。故事,看似平常的故事,其背后展现的是这位改革者不寻常的勇气。

正因为是这样,才引起同行振聋发聩的感叹:"他以一个法官的身份赢得整个法律界的尊敬!如此哀荣,实属罕见。""这世间真有楷模,让我辈有所皈依……"

——人物,除了主人公邹碧华,这短短2000余字的报道,简单的情节却容纳了众多的人物:司改办副主任,法官何帆,信访办主任,律师傅平,法官小顾,还有邹碧华的儿子。每个人的深情追忆,为读者勾勒出邹碧华完整的人物形象。

他们的语言是那样朴实、简洁,却道出了邹碧华义无反顾的担当和身心笃行的人生信念:"背着'黑锅'前行,是改革者必须经历的修行。""每个人都是历史,如果每个人能让自己完美一点,历史也会完美一点。"

尤其让人难以忘怀的是,邹碧华的儿子与父亲生死离别的心灵震颤:"爸爸还说这里面有很多故事,下次有机会要和我细说,没想到却成了永别。"

——标题,是文章的眼睛,邹碧华和同事的四句话被分别用作小标题,确实起到了画龙点睛的作用。在这样的标题引领之下,记者将发自内心的感动和心灵深处的震撼润物无声地传递给读者,使虽然已逝但依旧鲜活的人物形象跃然于纸上,卓然于心中。

报社同事告诉我:邹碧华事迹采写期间,人民日报社社长杨振武正在上海调研。听取专题汇报后,杨振武社长当即要求上海分社,讲好邹碧华的改革故事,写好邹碧华的担当精神,为新时期的改革者树立楷模。

看到报道稿的清样后，又果断决定在头版头条挂栏刊发。

发现典型、写好典型、树立典型，是党中央机关报的职责所在，是发挥"中流砥柱""定海神针"作用的具体体现。在全面深化改革的新时代，需要我们继续寻找并推出更多在改革一线砥砺前行、创新担当的邹碧华，激励更多改革实干家像习近平总书记所指出的那样，努力做出无愧于时代、无愧于人民、无愧于历史的业绩。

（作者系人民日报社编委、秘书长）

附：

担当，是改革者必须的修行
—— 上海法官邹碧华生命的最后三天

郝　洪

47岁的邹碧华，最牵挂的事，是备受瞩目的上海司法改革。12月10日，他忙碌如常，上午参加上海司法改革座谈会，匆匆吃过午饭，便驱车前往司法改革试点单位徐汇区法院。突然，他一阵胸痛胸闷，司机立刻赶往医院……

然而，这位上海市高级人民法院副院长，再没醒来。

网上网下，哀思如潮。两天里，10万多网友留言讨论"邹碧华现象"；深圳律师在足球赛前举旗默哀："邹碧华法官的离世，是法院系统、律师界、法律人共同的损失。"上海高院院长崔亚东说："他以一个法官的身份赢得整个法律界的尊敬！如此哀荣，实属罕见。"

12月14日上午10时，上海龙华殡仪馆一号大厅，人们送别"燃灯者邹碧华"，预计1200人参加的葬礼，来了近2000人，白花远远不够用。"碧血忠魂潜心法治鞠躬尽瘁，华星秋月璀璨人生风范长存"，挽联下，人们眼噙热泪……

一位法官叹息："这世间真有楷模，让我辈有所皈依……"

记者追寻邹碧华生命的最后3天，试图还原这位改革者的所思所为。

"改革，怎么可能不触及利益"

12月8日，周一，7时30分，邹碧华准点出门。当天，分管司法改革的他，要主持召开上海高院司法改革办公室专题会议。

"会议主要讨论如何科学合理计算法官工作量及质效。"上海高院司改办副主任张新回忆，"邹院长让我们将上海4家试点法院所有法官5年来人均办案量梳理一遍，单看办案数量不行，还要计算案件质效。"

这是为细化法官员额制改革方案做准备。法官要压缩到33%，很难。邹碧华曾对最高法院法官何帆说，"避免搞'一刀切'，不能为了图省事，就'欺负'年轻法官，将助理审判员'就地卧倒'转为法官助理，一定要有科学考核标准，让真正胜任审判工作的优秀法官进入员额。"

邹碧华深知，"改革，怎么可能不触及利益，怎么可能没有争议。对上，该争取时要争取；对下，该担当时必担当。"

6年前，邹碧华任长宁区法院院长，让时任法院信访办主任滕道荣抓信访改革，每月做投诉率分析。"这不得罪人吗？"滕道荣有顾虑。邹碧华说："我们的产品是司法公正，产品质量出问题，总得找原因，怕什么？"

他对朋友说，"改革，一直是一点一点往前拱的"，"背着'黑锅'前行，是改革者必须经历的修行"。

"他像一个孜孜不倦的改革布道者"

9日上午，高院党组会议；下午，司法改革座谈会。"邹碧华从下午

2点一直讲到5点。"张新说。

在中央统一部署下,上海成为司法改革的首批试点地区,相关改革方案全国瞩目。四中全会提出全面推进依法治国,如何为全国司改担当探路先锋,邹碧华深感重任在肩、时不我待。

谈到司法改革,邹碧华总是充满激情。周日华东政法大学司法学论坛、半个月前全国律师协会民事专业委员会2014年年会,他积极介绍上海司改进程,谈司法公开,谈审判流程信息化……

"他像一个孜孜不倦的改革布道者,"张新说:"他确实累了,调整了作息,晚上1点就睡下,比平时提前了一小时。"

当年在长宁区,邹碧华做了件"前卫"的事儿——压缩会议室,给每个法官一间独立办公室,为了"维护法官的职业尊荣"。长宁区法院曾俊怡法官说:"法官专业化、职业化,法官分类管理,他那时已有思考。"

"希望律师的执业环境越来越好"

9日,11时45分,邹碧华在朋友圈转发上海法院律师诉讼服务平台上线的新闻,评论道:"希望让律师的执业环境越来越好。"

这最后的留言勾起许多律师的伤感。

"2010年,他推动在上海长宁区法院出台《法官尊重律师十条意见》,"傅平律师说,"他还写过《法官应当如何对待律师》,阐述法官、律师职业共同体建设对中国法治的重要性。"

全国律师协会民事专业委员会2014年年会,是他最后一次公开演讲,"律师对法官的尊重程度,表明一个国家法治的发达程度;而法院对律师的尊重程度,则表明这个社会的公正程度。"

晚上,邹碧华给儿子打电话祝贺他21岁生日,谈及自己21岁北大毕业到上海找工作,"除了你妈妈(北大同学)谁都不认识,住在纺大学生公寓,一家家单位投简历……"儿子次日发朋友圈,"爸爸还说这里面有很多故事，下次有机会要和我细说，没想到却成了永别。"

儿子还拍了家中书房：三面书墙，桌椅旁都堆满了书。勤奋的邹碧华将审判实务和理论研究结合，写下《要件审判九步法》《公司法疑难问题解析》《基层法院可视化管理》等10多部著作，其中《要件审判九步法》成为全国民事法官和律师办案的重要指引。

"与其抱怨，不如做好手中的事"

10日，邹碧华的生命在17时20分定格。

15时，长宁区法院少年庭法官顾薛磊发了条短信给邹碧华，感谢他对自己参加上海十大杰出青年评选的指点。

然而，他永远等不到回复了。

11月14日，邹碧华为小顾鼓劲。"他说起，母亲一句'你要做个有良心的法官'激励了他一辈子，2006年，他入选'上海十大杰出青年'，演讲题目就是《做有良知的法官》。"

在心里说"谢谢"的，还有邹碧华指导的研究生夏关根："我曾问过老师，为什么从不抱怨？他说，一个人有了信念、信仰，就不会觉得委屈。"

邹碧华的信念是什么？

在接受一家杂志采访时，他说："很多人都抱怨司法不完善，在抱怨别人时，可能自己写的那个判决书也不那么完美。与其抱怨，不如做好手中的事。每个人都是历史，如果每个人能让自己完美一点，历史也会完美一点。"

（原载《人民日报》2014年12月17日，
作者系人民日报社上海分社采访部主任）

拎住思想的"钱串子"

刘裕国

提要：采写指令稿往往时间仓促，材料难免杂和粗，如何从现象中找本质、从零碎中找整体、从局部中找全局、从陈旧往事中寻找时代特征？言为心声。不妨用"沙里澄金"的办法，把人物闪耀思想光辉的语言挖掘整理出来，让其变成一条条清晰而富个性和时代特色的"思想串"，将一件件小事拼接、整合、串起。

毕世祥一生工作了32年，换了多个岗位，经历了许多事情，而大部队采访，30多个记者同行，"出口"拥堵不说，时间也十分仓促，难免有些"蜻蜓点水"，得来的材料一是杂，二是粗。初看一遍，感觉有点茫然。

咋办？棋走两步。

首先整理采访记录。由表及里，从现象中找本质；从零碎中找整体，从局部中找全局；从陈旧往事中寻找时代特征。思想的火花终于渐次在头脑中闪烁。如："干部打头阵，就要有牺牲得起的勇气""干部有担当，就要有铁脚板底下出思路的坚持""干部干事情，就要有不落骂名的敬畏""群众就是爹和娘，别把自己当'官'当"等等。这些思想都散见和深藏在对毕世祥事迹的采访记录中，用"沙里澄金"的办法，把他们挖掘和整理出来，让其变成一条条清晰而富有个性和时代特色的"思想串"。

第二步，用思想的"钱串子"，将一件件小事进行拼接、整合。从零碎的"事"中去寻找事物之间发生必然联系的"故",让"事"有"故",而不是"有事无故"。以"故"为脉络,将若干小事、碎片拼缀和串联成一个个完整的故事,使得那些薄物细故的小事,有连贯性、富吸引力、能感染人。拼缀人物故事的过程,是将采访记录进行剪切、粘贴、插入、替换、链接、删除,最后定位、储存的过程。这有点像一个孩童,小心翼翼、很有耐性地终于把一大堆碎片拼接成一个有型的拼图,把散乱的碎片拼合成七巧板,拼完之后,很有一种快乐和满足感。

拼缀好了之后,开始撰写,撰写的过程就是讲故事的过程。写毕世祥,首先就是给自己讲故事,不再是材料的罗列与堆砌。

在用思想的"钱串子"穿故事的同时,还要注重恰当的细节描写。细节,是人物、景物、事件等表现对象富有特色的细枝末节。小说创作中有句行话:"编故事容易,找零件难。"这个零件就是细节。没有细节就没有艺术。没有好细节,故事再好,思想再好,也难以使人物动起来、活起来;没有细节,人物就会像一副走动的骨骼。

(作者系人民日报社四川分社副社长)

附:

他有一副雪山铁骨

——追记四川甘孜州委常委、宣传部长毕世祥

刘裕国

山高路险,挡不住他冲锋的脚步,任甘孜州政府副州长时,一年11次进入灾区现场;雪山草原,人们称他为"马背上的局长",任旅游局长6年,走遍甘孜州上百个景点;他说,要多做打基础、利长远的事,为弘扬藏文化奔走呼喊。他就是四川甘孜藏族自治州委常委、宣传部长毕世

祥。2013年12月16日早7点，毕世祥乘车从康定机关宿舍出发，前往新龙县开展基层群众工作，在翻越318国道线上4412米的高尔寺山时，不幸发生车祸，因公殉职，终年53岁……

3月23日，怀着沉痛的心情，记者踏上川西北高原。天空，还飘着小雪。藏寨连绵成片的梨园捧出春日圣洁的花朵，这漫山遍野的千言万语，深情，凝重，像是家乡父老对自己优秀儿子毕世祥由衷的祈福，又像是对他心疼的问候。

乡亲们说——

祥娃子，你咋就那么傻？

你是高原土生土长的娃，明知大雪封道，路面有冰，咋还起那么早去赶路？你要是多睡会儿，等太阳把路面上硬邦邦的冰晒软点，车轮就不会打滑，你就不会把我们扔下！

乡亲们说——

祥娃子，你咋就那么犟？

你一年到头在高原奔忙，两次发生过车祸，两次与死神擦肩，俗话都说"事不过三"，你咋还硬要往死神跟前冲呢？

毕世祥，你是为了啥……

"干部打头阵，就要有牺牲得起的勇气"
山高路险，挡不住他冲锋的脚步

心中有大爱，脚下有力量。

甘孜州的干部群众都说，从来没见他在艰险和困难面前打过退堂鼓。喝着牦牛河水长大的毕世祥，骨子里有一股子"牛"劲儿。

在高原工作，行路是一大考验。"鹰嘴岩""鬼招手"，这些地名是危险的代名词。在恶劣的自然环境里，一次出行，一个平常的日子，其实都困难重重。

在毕世祥的生命历程里，经历过两次危险。

第一次是 1989 年初夏。毕世祥在康定师范专科学校任团委书记。他在成都开会，学校发生了突发事件，他星夜兼程往回赶。当时的甘孜州许多路段坡陡弯急，坑洼不平，途中发生了车祸。这次车祸给他留下病根，每当严寒袭来，或上到高海拔地段，他的头就会疼痛难忍。

第二次是 1994 年 11 月。时任甘孜州外贸局副局长兼外贸公司副总经理的毕世祥，在成都处理完松茸交易又急着往回赶。明知天气预报说甘孜有暴雨，可他对同事说："明天是康定松茸交易会，不能冷落了客商。"打早启程，一路颠簸疾驰，在距离康定城不到 3 公里处，汽车打滑侧翻到河坎下，毕世祥又一次受伤。

在基层工作，经常会遇到一些急难险重的情况，虽然有困难有风险，还是要迎难而上。他说："干部打头阵，就要有牺牲得起的勇气。"

2010 年春节前夕，险情再一次检验着毕世祥的胆识和意志。2 月 10 日，雅江县木绒乡发生森林火灾，时任甘孜州政府副州长、州森林防火指挥部指挥长的毕世祥刚在医院做了胆结石手术，伤口尚未痊愈。他不顾医务人员的劝阻，迅速赶到火灾现场，一面指挥扑火，一面与县领导会商完善救火方案。

祸不单行。2 月 13 日，雅江八角楼乡扎日村又起森林火灾，毕世祥连夜赶了过去。整个春节，他就奔跑在两个火场，满脸尘灰，嗓音沙哑。

憋着这股拼劲儿，毕世祥把在 2010 年玉树"4·14"地震中受到重创的甘孜石渠县当作冲锋陷阵的又一战场。他第一时间奔向灾区，穿梭在灾情最严重的真达乡真达村、麻达村和紫夫村，组织开展救援工作……

一年当中，他 11 次进入灾区现场。住帐篷，爬废墟，看伤员，稳民心，绘蓝图。当一幢幢漂亮的藏式民居在废墟上崛起，他牦牛一样壮实的身体，却瘦了一大圈。

这是怎样的一股劲儿，毕世祥一憋就是 32 年！打头阵，挑重担，身先为范，他行遍全州 18 个县、325 个乡镇，年均深入农牧区达 5 个月以上，行程 8 万公里。

"干部有担当，就要有脚板下出思路的坚持"
雪山草原，人们称他"马背上的局长"

作为党的干部，大事难事看担当。

毕世祥常说，一名牵头领导，靠啥担当？最要紧的，就是要挂帅出征摸实情。情况摸得透，摸得准，工作才会抓得紧，干得实，担当才不会落空。

2006 年 6 月的一天，高原上阳光白得耀眼，高山峡谷间，几队人马正在徒步穿行，土道上迤逦着一行行深深的脚印。这是时任州旅游局长毕世祥组织的旅游开发考察队伍，他们分别来自稻城、乡城、得荣、巴塘、理塘五县。

旅游是甘孜州的一篇大文章。康巴大地广袤神奇，旅游资源丰富，有许多未被开垦的处女地。在毕世祥看来，只有用双脚丈量，才能探明它们的价值，让这些养在深闺的景点展示在世人面前。

几路考察队伍一路跋山涉水，走得疲惫不堪，有时还被阵雨浇湿了衣服，冷得打颤。当他们到达格聂神山脚下会合处，迎接他们的是皑皑雪峰、清幽溪流、悠悠彩云、如茵的草地、竞艳的野花……每一处景致都为他们绽开笑颜，毕世祥和考察队员们惊叹不已，忍不住欢呼雀跃。

这是"走"出来的激动。毕世祥勾勒出甘孜州南部香格里拉生态旅游一体开发的蓝图。

这是"走"出来的机遇。很快，毕世祥的这一设想被国家旅游局纳入"中国大香格里拉生态文化旅游区"规划。这对甘孜南部旅游产业的发展乃至亚丁机场项目的落地，起到了至关重要的作用。

开发甘孜州旅游是大事，却也是难事。

毕世祥善抓大事，敢碰难事，靠的就是一双腿。他认为："干部有担当，就要有铁脚板底下出思路的坚持。"

甘孜州许多尚未开发的景点大多藏在深山峡谷之中，毕世祥凭着一股敢于担当的劲头，走遍了甘孜州每一处山水，得了个"马背上的局长"的雅号。

冬迎雪花，夏顶骄阳，毕世祥带队骑马，常年穿行在雪山草地间。一次，他带队考察乡城县巴姆七湖景区，连续六个多小时的奔波，本已人困马乏，毕世祥却还要坚持登上5000米高的顶峰观测。

同行的干部说："毕局长，你歇着！我们上，你等着看照片就行了。"毕世祥说："不入虎穴，焉得虎子？"说完，抬腿就往山上爬。

上顶峰要攀岩爬壁，毕世祥又有高海拔头疼后遗症，但他依然顽强地攀登着。当登上山巅最佳观测点，望着呈阶梯状分布的七个蓝幽幽的高山湖泊，他不禁脱口赞叹道：七湖连阶，直通天界。他建议将巴姆七湖更名为香巴拉七湖。这个名字沿用至今，被世人熟悉。

又一次，毕世祥连夜骑马，风急火燎地赶到乡城县一个景点。这里正在召开村组以上干部参加的旅游发展现场会。他明白，当地不少农牧民"身在宝山不识宝"，对发展旅游产业认知不够。他觉得，要让基层干部行动，先得让他们"心动"。

到了现场，他擦了一把汗，往那一站，说开了。他从旅游发展的远景到群众的切身利益娓娓道来，一讲就是一个多小时。会场鸦雀无声，大家听得全神贯注，不少群众自发赶来听他讲……

一次次走景区、摸实情，甘孜旅游发展思路在毕世祥脑中越发清晰。

不久，全州旅游规划体系形成。毕世祥提出：打造东部环贡嘎山旅游圈、南部香格里拉生态旅游区、北部格萨尔文化旅游区。先后推出了海螺沟、稻城亚丁、木格措、美人谷、泸定桥、德格印经院等一大批生态文化景区。

毕世祥任旅游局长6年，走遍甘孜州上百个景点，亲手写了几十个旅游发展规划方案和几十万字的相关论文,被称为甘孜州的"旅游规划师"。

如今,旅游业已成为甘孜州经济社会发展的"加速器"和"新引擎"。

3月的甘孜,草绿莺飞,花灿村寨,游客满藏乡。依托旅游业走上致富路的农牧民群众提起毕世祥,很多都忍不住落泪……他们说:"我们今天的好日子,是他的铁脚走出来的,多么希望他能来家中看一看,坐一坐,可惜他走了。"

"干部干事情,就要有不落骂名的敬畏"
功成不必在我,多做打基础利长远的事

有人说,毕世祥敢打头阵敢担当,什么都不怕。

然而,怕与不怕,从来都是相对而论,他也有怕的事。

他在旅游局长位置上,最怕有人只顾眼前,盲目开发。

1999年,他得知稻城县准备修一条从日瓦乡到洛绒牛场的公路,他打开旅游发展规划图一看,急了:这条路穿过亚丁景区,将会对景点造成不可挽回的破坏,必须刹住!他立即带领工作组急忙赶往稻城。他与县委主要领导交换意见,从长计议,达成共识,才保住了如今的香格里拉之魂——稻城亚丁。

他任副州长时,分管农业,告诫手下干部:"功成不必在我,要多做打基础、利长远的事。"和同事们一道深入细致调研,因地制宜制定出甘孜州北部生态、南部特色和东部效益农业的发展新构架,还实施了"院州"农业科技合作,策划了"四川省农业科技进藏区行动"等。他分管甘孜州农业4年,一年上一个台阶,创下了农业产值"四连增"。

毕世祥常说,"干部干事情,就要有不落骂名的敬畏"。

2011年11月,毕世祥在担任甘孜州副州长的同时又担任了州委常委、宣传部长。刚走马上任,就有一桩职责,让他感到沉甸甸的,害怕干不好。

毕世祥生长在高原藏区，打小就受藏文化熏陶，深知藏民族文化是我国文化宝库中一颗璀璨明珠。传承和弘扬优秀藏民族文化，是他多年的一个夙愿。

为此，毕世祥又忙碌起来：

一段时间，同事说他忙得像个"疯子"，他却笑笑说："藏文化只能弘扬不能丢失。我这个藏区宣传部长责任重啊，做梦都担心干不好，怕愧对工作岗位，挨后人的骂。"

弘扬藏文化，毕世祥走了两步棋：

走向世界——

抢抓机遇。他向文化部争取到了"欢乐春节"的出国演出活动，并率州民族歌舞团一行29人，赴斯洛文尼亚、保加利亚演出，用传统的藏民族歌舞展示了当代藏族人民幸福安康的生活，受到两国政要的高度评价。

抢抓项目。在第四届中国成都国际非物质文化遗产节上，甘孜州的锅庄舞、藏戏、巴塘弦子、川西藏族山歌等荣获"特别奖"和"太阳神鸟"最佳表演奖；完成丹巴、甘孜、炉霍山歌220首、锅庄185首、甘孜踢踏24首共计4000多分钟的音频录制和对外发行；几年来，"康巴作家群"崛起，创作成就斐然，仅2013年，全州共创作文学、美术、书法、音乐舞蹈、曲艺小品共740余件。

走向基层——

毕世祥任州委宣传部长两年多来，强调最多的是"基层是宣传的第一阵地！"他说："送米送油更要送文化。"

每年，甘孜州民族歌舞团以80场以上、各县以50场以上的覆盖速度强力推进，截至2013年底，州县送文艺下乡场次已达1400多场，覆盖200多个乡镇。石渠县长沙贡马乡村民其美多吉激动地说："没想到在家门口还能看到这么精彩的节目！"

他还到一座座寺庙去考察和宣讲。与活佛、僧侣交朋友，把寺庙的藏文化保护与传承当大事，亲自为石渠县觉悟寺等大殿翻新争取到项目资金。

他办公室的一面墙上，挂着一张甘孜州地图，群众文艺演出覆盖过的乡镇，他都用红旗标示，越来越密集的红旗，"插"上越来越多的高山牧场和深谷村寨，标注着藏族人民日益红火的文化生活。

（原载《人民日报》2014年4月3日）

老典型如何写出新意

卞民德

提要：故事可以是旧闻，框架必须是"新闻"——用"新瓶装旧酒"。框架之新，新在与当下的精神相结合，用新视角在旧材料中发现体现时代意义的新内容。框架之新，还要重视通过场景的变换和引入记者的感受，增强报道的时代感。沿着人物的足迹用心追寻，再久远的现场也能找到新的信息。

14岁参军入伍，历经淮海战役、渡江战役、抗美援朝等上百次战斗；在朝鲜长津湖地区二五零高地阻击战中，战友全部牺牲，他身负重伤。在昏迷93天、历经47次手术后，他虽然保住了生命，却失去了双手、双脚和左眼，右眼视力仅0.3。可他不愿让国家白养着，坚持从荣军医院回到老家，学会了自己吃饭、上厕所、装卸假肢。担任村党支部书记25年，他带领父老乡亲战天斗地，建设"松林带帽、林果缠腰"的美丽家园。退居二线后，他又用残臂书写出一部33万字的自传体小说《极限人生》。

之所以首先赘述这些文字，一是想表明朱彦夫确实了不起，二是想为下面谈写朱彦夫之难做个铺垫。

重写之难

接到报社的通知后，徐锦庚社长和我有些发愁。原因很简单，这是个老典型，写起来有三难。首先是采访不易。朱彦夫已经81岁高龄，满身病，思维也时而清晰时而糊涂，想要面对面采访几无可能。事实也是如此，几十人的采访团到朱老家之前就被告知，仅是见面而已，尽量不要提问，以免朱老情绪激动。

其次是不好取舍。数十年间，关于朱彦夫的采访报道数量繁多，而且他自己也有作品。可以说，朱彦夫的经历是如此丰富，故事如此感人，的确让我们难以取舍。山东省委宣传部的副部长讲，年前省里组织的集中采访，最后出来的稿子五花八门，写战争、爱情的更多。尽管这次报道明确主题为村支书的好榜样，但材料也是多如牛毛。

再就是时间久远。上世纪50年代末，朱彦夫就担任了村支书，退下来是在1982年。我们要写的事，距今已经30多年。就算当年的故事再感人，可放到今天有什么意义，读者能愿意看？

另辟蹊径

让老树发新芽，办法真是不多。翻看历年来的报道，能用的招别人早就使上了。在赶往沂源的路上，徐社长和我讨论了多种方案。最终，我们确定了一个原则：追寻朱彦夫的足迹。

采访开始后，除了去朱老家里，以及不得不一起参加的座谈，我们抛开了大部队，按着自己的思路走。

在朱彦夫的家乡张家泉，我们托镇上的同志帮忙找了一位当年与朱彦夫共事过的老人，请他带着我们爬山看园，沿着朱彦夫当年住过、走过、爬过、滚过的地方转了一圈；在县城，我们又单独采访了朱彦夫的子女，也意外获得了一些信息；在朱老家里，当其他媒体的记者围着他拍照或提问的时候，我们一页页拍下他上世纪60年代写的日记……

朱彦夫报道的上篇，定位是干事。其中的序言，成了所有媒体报道中最不一样的一段。借用蒙太奇的手法，我们把自己爬山的过程与当年朱彦夫爬山放在一起。通过场景的变换和记者的感受，把朱彦夫的不易与敢干反映出来。正文的三个段落，每段都以我们的所见所闻起笔，努力做到故事可以是旧闻、但框架必须是"新闻"。

朱彦夫报道的下篇，定位在做人。我们用村民和家人对他的"怕"和"爱"两个字，概括了朱彦夫的品格。因为他的为集体"六亲不认"，所以人人都怕；因为他的对村民视为亲人，所以人人都爱。通过让朱彦夫自己、家人、村民说出来，就把这种看似矛盾实则一致的形象和感情表现出来。

重在思考

当然，我们也觉得，这次报道还有许多不尽如人意的地方。比如集中采访的混乱让采访效果差强人意，采访对象也敞不开心扉，报道内容的差异化不够等等。

老典型如何写出新意，的确是一个难题，尤其又是规定动作。我们的尝试未必有多好，只能说是多了些体会。

其一，就是之前说到的，故事可以是旧闻，但框架必须是"新闻"，用通俗的话说，就是用新瓶装旧酒。其二，必须与当下的精神相结合。我们理解，中央重新推出朱彦夫这个典型，应该与正在进行的党的群众路线实践教育活动密切相关。在朱彦夫的日记里，我们也发现了"照镜子、去灰尘"的说法，这成了我们最好的素材。其三，再久远的现场也能找到新的信息。尽管朱彦夫的报道很多，但我们沿着他的足迹追寻，还是找到了一些新东西。比如朱彦夫曾经在村里搬了三次家，比如四女儿朱向欣曾经因为挑嘴而饿晕……这些虽然未必要写进稿子，但的确对我们的思考产生了很大的帮助。

（作者系人民日报社山东分社记者）

附：

一位老兵的坚守

——记山东省沂源县张家泉村原党支部书记朱彦夫

徐锦庚　卞民德

3月的沂蒙山区，春寒料峭。

山路蜿蜒崎岖，我们用了近20分钟，才爬上北大梁的一个缓坡。放眼望去，张家泉村红瓦白墙，点缀在几个山坳里。周围山峰松林如帽，山间果树春芽初发。过不了多久，漫山遍野将是桃花烂漫。

57年前的一个月夜，新任党支部书记朱彦夫，曾经坐在这个缓坡上，俯瞰静思。不远处，横放着他的拐杖和假肢。山上没有路，尽是乱石杂草，朱彦夫爬着上山，滚着下山。

半个世纪过去，我们已无从知道，从那夜起，25年间，无手无脚的朱彦夫在这里摔了多少跟头？添了多少伤痕？但眼前这风景，已分明告诉我们，为什么这么多年来，张家泉人依然想他、念他、敬他。

"光蹲在家里，指手画脚能干好？我不当这种窝囊书记"

3月18日，沂源县城。

在朱彦夫家里，我们看到一张泛黄照片。那是1960年，他在给村民作报告。白衬衣，灰裤子，两只残臂抱着几页纸。照片里，27岁的朱彦夫头发乌黑，面庞俊朗，意气风发，与眼前这位蜷在床上的"肉轱辘"老者判若两人。

在张家泉人眼里，朱彦夫是个了不起的传奇人物：14岁参军入伍，历经淮海战役、渡江战役、抗美援朝等上百次战斗；在朝鲜长津湖地区二五零高地阻击战中，战友全部牺牲，他身负重伤。在昏迷93天、历经

47次手术后，他虽然保住了生命，却失去了双手、双脚和左眼，右眼视力仅0.3，留下了满身伤疤。可他不愿让国家白养着，坚持从荣军医院回到老家，学会了自己吃饭、上厕所、装卸假肢。

敬重归敬重，选他当支书，张家泉人心里也有顾虑：这样一个重残人，连照顾自己都困难，怎么能当我们带头人？

老大队长张茂兴忘不了：1958年夏天，他头一次进朱彦夫家门，惊见一个没手没脚的人，穿着裤衩背心，戴着墨镜，仰面躺在床上，活脱脱一个"肉轱辘"。他心里"咯噔"一下，"张家泉可是出了名的穷村、乱村，一个伤成这样的人，能当好全村的家？"

要是这么轻易被看扁，那就不是朱彦夫。

要脱贫，先脱盲。虽然从没上过学，朱彦夫却特别看重文化。凭着在荣军医院喝的一点墨水，他在村里办起夜校，像模像样当起了老师。夜校离家2华里，他天天晚上风雨无阻。有年大雪夜，他上坡时摔了一跤，忍住钻心疼痛，用残肢一点点往夜校挪。乡亲们一路寻来，含泪把他背上讲台。

他的心血没白费，此后各生产队、大队的历任会计，都是夜校的"毕业学员"。

张家泉村不大，才600多口人，可支书不好当，朱彦夫干得更累。就说检查生产吧，常人若要看墒情，只需弯腰抓把土，朱彦夫得扔掉拐杖，趴到地上，用残臂划拉半天。考虑到他的身体状况，村干部们劝他不要出门，村里的事常瞒着他，报喜不报忧。

"光蹲在家里，指手画脚能干好？我不当这种窝囊书记！"朱彦夫瞅个空子，偷偷溜出家门。白天人太多，谁见了都要上前搀一把，他就借着月光去"侦查"。

出了家门，不是上山，就是下坡。没手没脚的朱彦夫，得意地总结出4种走法：站着走，跪着走，爬着走，滚着走。上山不易，下坡更难。屡屡摔跤之后，他干脆把拐杖、假肢往下一扔，双臂抱住脑袋，一个"懒驴打滚"滚到底。

张家泉两山夹一河,耕地零星分布在山坡上,干旱贫瘠,产量很低。一遇上自然灾害,就连年歉收,村民经常填不饱肚子。

朱彦夫拄着拐杖,拖着假肢,一次次爬上南山顶、北大梁,用仅剩的右眼扫遍山山水水。全村7个生产队、6个半山头,都在朱彦夫心里的棋盘上归了位。张家泉的发展,也在他一次次的摔倒和摸爬中有了谱。

"人活着,就得奋斗;奋斗着,就是幸福;奋斗不止,幸福就不断。"朱彦夫说。

"讲困难,我这个残废都不怕,你们还怕啥"

穿行在桃林间的石砌小道上,若不是老会计张继才提醒,我们真看不出,这一大片层层叠叠、平坦肥沃的林地,就是当年深沟大壑的"赶牛沟"。

那时候,这条沟南北长千余米,最宽处50多米,最窄处也有10余米,沟顶到沟底落差上百米。因为只有牛羊走,所以得名"赶牛沟"。

要脱贫,先改地。朱彦夫打的第一仗,就是改造"赶牛沟",用石头把沟"棚"起来。上面填土造地,将农田连成片;下面造起涵洞,供汛期泄洪走水。

"仗"还没开打,内部却先打怵。大家心里嘀咕:张家泉壮劳力不过百十号,这块硬骨头啃得动吗?

朱彦夫发脾气了,拐杖敲得地面梆梆响,整个身子猛地立了起来。"不干,沟还会一年年荒下去;整起来,就是咱村的粮囤子。讲困难,我这个残废都不怕,你们还怕啥?"一番话,说得人人面露愧色。

士气鼓起来,发展就有了希望。忙完秋收,张家泉人开进了"赶牛沟"。镢刨锹挖,筐抬车推,一干就是一个冬春。

朱彦夫天天泡在工地上,用两只残臂夹着铁锹,一点一点培土。很多次,朱彦夫干着干着,"扑通"一下摔倒在地。

"我把他背起来,要送他回家,他就用残臂使劲拍打我肩膀,冲着我的耳朵大喊:快放我下来,乡亲们都干着,我能自己回去?"张茂兴说起这段，大嗓门忽然低了下来。

搬了 2 万多土石方，建成了 1500 多米长的暗渠，祖祖辈辈荒着的"赶牛沟"，成了平展展的耕地。当年，张家泉就增产粮食 5 万多斤。连着几个冬春，朱彦夫又带着张家泉人填平了"舍地沟""腊条沟"，增加了 200 多亩耕地。

张家泉，有名无实，是个缺水村。直到上世纪 60 年代末，别说浇地灌溉，吃水都是难题。为了挑点水，村民得跑几里山路，去晚了只能舀点泥汤。

地整好后需要水，荒山造林需要水，养家糊口更需要水。水，成了朱彦夫打的第二仗。

数九寒天，张家泉的打井工程热火朝天。打到 10 米多，井底开始见了水。朱彦夫放心不下，非要下到井底去看看。等到大家把他拉上来时，假肢却怎么也卸不下来。

"天气冷啊，棉裤都冻得硬邦邦，脱下来就能竖在地上。残腿磨破了，流出来的血水也结成了冰，把假肢和残腿冻在一块了。"朱彦夫的外甥赵圣贵说，舅舅是个"铁打的汉子"。

如今，张家泉的山上凡是有果树的地方，都能浇上水。清澈甘洌的水，给了这片土地新的生命，让张家泉人多年的梦想成真。

"回看走过的一生，我不相信命，更不相信运。我相信自己的判断，相信党！只要信念不倒，精神不垮，什么都能扛过去！"朱彦夫说。

"为群众，就是守阵地"

张家泉村口，立着一块修路石碑，捐资名单的第一个便是朱彦夫，出资 1000 元。立碑时间是 2004 年春，距朱彦夫卸任村支书已 22 年。

大女儿朱向华说，虽然离开张家泉多年，父亲最喜欢的还是聊村里的人和事。"每当看到电视上有什么致富信息，只要觉得村里能用上，他就写下来，等村里来人就交给他们。"

从 1957 年到 1982 年，朱彦夫干了 25 年村支书。为了群众脱贫致富，这位重残老战士，一直坚守着张家泉这个"阵地"。

"为群众，就是守阵地。怎么守？拼还是不拼，干还是不干，效果不一样，境界更不一样。"朱彦夫的选择，就是一个字——拼！

天气热的时候，朱彦夫的残腿几乎是每走必破。为对付钻心的疼痛，朱彦夫就大声唱歌。"呻吟和唱歌同样是声音，却天壤之别，一个是忧伤，一个是乐观，唱比叹好，笑比哭好，这是验证革命意志的试金石。"在他 1965 年 12 月 1 日的日记里，我们看到了这样一句话。

1971 年，朱彦夫开始为张家泉架电而奔波。没想到，这场"仗"整整打了 7 年。

架电器材短缺，供电部门爱莫能助，沿途村庄不施援手，村里要通电，只能自己想办法买器材。

活人还能让尿憋死？朱彦夫不信这个邪。他利用一切外出机会，到处联系架电器材，原本要两个小时卸一次的假肢，经常一捆就是十几个小时。

"那一年夏天，我到博山采购，为省下住宿钱，晚上我就睡在马路边，卸下假肢当枕头。过路的人很多，时不时就有人停下来，疑惑又同情地看我几眼，胆小一点的远远地站那儿嘟囔一句，'这人真可怜，没儿没女的……'胆大一点的俯身在我脸前扔下几分钱……"

多年以后，在自己的传记文学作品《男儿无悔》中，朱彦夫述说了那次经历。7 年间，有太多这样的酸甜苦辣。但终究，两万多公里的奔波，换回了 15 公里的架电材料。张家泉，也在周边 10 多个村中第一个用上了电。

"跟着老朱走就是跟着党走。"父老乡亲们不会讲大道理，心里却跟明镜似的，"只要有老朱这股子不要命的劲头，张家泉这块阵地就永远不会丢。"

（原载《人民日报》2014 年 4 月 1 日）

哪些元素吸引人？

费伟伟

提要： 文贵新、贵奇、贵变，而真正能新、奇、变者，都是对那些让文章生动可读、引人入胜的元素的灵活运用，比如"悬念""冲突""对比""动感""人性"等等。只有了解掌握了，才谈得上运用；心里有了，才会在采访和写作中有意识运用，才会敢于不拘一格，打破常规。

"教育实践活动中的共产党员"开栏后，由于是登在一版，来稿颇踊跃，然而不少稿被毙、被退回重写，眼瞅着刊发"门槛"挺高，渐渐"车马冷落"。

稿为何被毙、被退？并非选题有问题。专栏关注基层党员干部，采访对象完全"自选"，这方面可以说没"门槛"。"门槛"在表达上，在"如何讲述"上。一言以蔽之：看是否吸引人。

该专栏开栏后共刊稿12篇，每篇都生动可读，这些稿子里吸引人的元素有哪些呢？

一、悬念

"悬念"有个专业性解释——"通过伏笔引起连续性思维的手法"，所以，"悬念"往往放在故事开头，一开始就把"悬念"抛出来，让读者"引起连续性思维"的时间长一点。

《马警官为何变成"马厂长"》一稿就是这样构思的,警官是公职人员,怎么还能当厂长呢?该稿开篇就给读者抛出一个悬念:

"日前,记者在广东中山市三乡镇最大的台资企业宝元制鞋厂采访,发现一桩蹊跷事,员工们见了身着警服的宝元社区警备室民警马观源,都亲切地称他'马厂长'。

马警官咋变成了'马厂长'呢?"

再看《"挂职书记"孟跃军》的开头:

"全镇唯一没硬化、不通自来水的村,有事不找干部、专到镇里上访的村,年终考核连年倒数第一的村,当地管马莲梁村叫'马乱梁子'。"

作者用一个倒装句,上来就把问题直接捅开。问题会解决吗?问题会怎么解决呢?这样的开头让读者一开始就陷入疑问,有了疑问,也就产生了急于读下去解开谜团的欲望。

二、细节

"魔鬼在细节中",这话有点说滥了,没有细节描写,就没有活生生、有血有肉有个性的人物形象,但只有紧扣着文章主题的典型细节才真正有说服力、有"魔鬼般"的感染力。

《"抗旱铁人"欧阳家友》中,记者抓了这样一个细节:

"欧阳家友家墙上挂的一本日历十分打眼。'7月26日,方元镇燕塘村;27日,仁义镇银河村;28日,泗洲乡竹溪村……'这些密密麻麻的小字,记录着他参加抗旱小分队的足迹。"

"抗旱铁人"的称号,源于欧阳家友为了抗旱保灌"一个多月,他没休息一天",这样的细节,具体,生动,它让读者对"抗旱铁人"这个称号有了更深刻的理解。

《"退位校长"的忙碌假期》中有个小细节:"和记者走在校园里,龚德凌会随时弯腰捡起地上的树棍、纸屑。"

在校园里看见树棍、纸屑都要"随时弯腰捡起"的人，显然真的是把学校当自家了，这样的细节以一孕万、由小见大，让读者感受到龚德凌那种对学校、对学生深厚的爱，他说"一定要把学生当成自己的孩子来教育培养"，也就愈让人感觉真挚、真诚。

对抓细节，大家有共识，关键是有些同志对细节的典型性认识还不够深刻。从来稿看，有的细节与主题扣得不紧，有的细节扣住了，但太细。细节固然要"细"，但也要"节"，冗词赘句多了，反而容易冲淡、模糊主题。

三、冲突

且看《"贴心税官"崔立国》（10月4日）的开头："'什么群众路线，还不是拿老百姓练着玩。'7月中旬，有两位企业办事人员气呼呼来到天津滨海新区第一地税分局党组书记崔立国的办公室。"

《"算账书记"吴金程》（11月3日）这样开头：

"问'愿不愿意旧村改造'，全填'愿意'；问'选什么户型'，全选'别墅'；问'拆迁补偿标准行不行'，多数答'不行'。收回调查表，干部们直摇头。"

这两篇稿都是一落笔就展现矛盾冲突，很富有戏剧性，上来就抓住了读者的注意力。"文如看山不喜平"，"喜"的是像精彩大戏那样的高潮迭起。冲突是构成情节的基础，是展现人物性格的手段，所以戏剧作品特别注重展示冲突。冲突也是让文章富于戏剧性的重要元素。《"算账书记"吴金程》一稿多处展现"冲突"，如最后一批旧村改造200多户村民不买账，村民吴志明骂得凶，吴金程专门上他家登门算账。记者在这种矛盾对立冲突中，刻画了一个一心为群众的村党委书记的形象。

四、对比

《"抗旱铁人"欧阳家友》中,欧阳家友不认识的农户农机出了故障,欧阳家友"跟他在电话里足足说了20多分钟",而他的亲妹妹被他妻子动员来劝他回家过六十大寿,"心思全在抗旱上"的欧阳家友只硬梆梆回答:"你们莫搞,搞,我也冇时间咯!"

对亲者疏而对非亲者近,作者抓住这种差异、矛盾,用对比手法,突出了一个"心思全在抗旱上"的党员干部的形象。

《"退位校长"的忙碌假期》中,老师们评价龚校长对留守学生比自己儿子还亲,但家里人怎么看他呢:"'儿子还不如他的学生呢,'龚德凌的妻子抱怨,'他心里都是学校,我们也成了留守之家。'"

都是对孩子,态度却不同,龚校长身上这种反差,形成相辅相成的比照和呼应关系,从而加强了文章的艺术效果和感染力。

五、动感

《"货郎电工"王炳益》一稿可以清晰看出主人公在多个地方活动的身影,先是供电所,中午前后在苗寨摆乔村,"傍晚落脚上下午村"。故事的主角一直处于不断变换的场景中,从一个地方到另一个地方,从一个时间到一个时间,从这一件事到另一件事,显然,记者一直跟随着这位"货郎电工"串乡走寨查线路,整个故事也就在这一天中"动"了起来。

《"退位校长"的忙碌假期》这样开篇:

"'龚校长,又来了呀。''校长好!来家吃饭咯。'……

一路问候,一路笑脸,9月的一个下午,记者坐着龚德凌的摩托车,在江西芦溪县源南乡的田间地头,感受老表们对龚校长的敬意和亲情。"

该稿开头就把人物的叙述放在一个动态环境中。文中考上四川大学的学生冒雨到校看望龚校长、龚校长和记者在校园里边走边谈"随时弯腰捡起地上的树棍、纸屑"等，都体现出作者"动态讲述"的追求。

我们常说"一个动词胜过一打形容词"，同理，一个富有动感的故事胜过一打修辞手法。因此，要特别注意在采访中挖掘富有动感的故事，讲述时才能让故事的内部产生动感，直至把故事内在的戏剧性突出出来。《"算账书记"吴金程》第一稿把讲故事的重点落在他十多年来如何带领群众挖穷根，偏重历史回顾，叙述较平。针对编辑提出的故事不新、动感不强的修改意见，作者二稿重点写吴金程今年7月如何带领干部做全村最后一批旧村改造。一开头就捅问题，揭矛盾，对立元素交替出现，开篇就风生水起。

正如哲人教诲，世上不缺美丽的风景，缺的只是我们发现的眼睛。

有些事看似平淡，主要还是我们的采访不够深。比如有一篇来稿写高压电网的维修工人，常态性介绍这个工作辛苦，称之为"蜘蛛侠"。

稿中说，最危险的是抢修，往往是晚上，在狂风暴雨中带电作业。只是浅尝辄止停留在这个层面的叙述上，文章自然生动不起来。如果考虑选择一个恶劣气候条件下的"抢修之夜"，来展现"蜘蛛侠"冒着生命危险给城市送去光明，会是什么效果呢？那样采写，无疑就让故事内部产生出某种动感了。新闻作品是"七分采，三分写"，因此，在采访阶段，就要很认真思考，如何才能让自己的稿件"动起来"。

六、人性

《"退位校长"的忙碌假期》中有这样一个细节："8月9日，龚德凌破天荒带妻儿爬了趟武功山。'欠账太多，总算了了一桩心愿。'他说。"

《"豁出生命也不能有辱使命"》报道的主人公是28年驻守在被称为"生命禁区"——平均海拔4300米的西藏阿里的军分区保障部部长钱有武，文章这样结尾："钱有武答应妻子，等退了伍，就陪伴她，买菜、逛街，像平常的夫妻一样。"

人情味，是新闻的重要品质之一，有人情味的新闻作品最能引起读者的共鸣。一个富有人情味的细节，或者一句话，往往比一连串排比构成的雄壮的感叹更具感染力。

人情味可体现在报道主人公身上，也可来自记者自己。《"货郎电工"王炳益》中有这样一处描写：

"'我走的这条路，要趟过109道河水。'这个数字王炳益不知数了多少回。秋来水位回落，艳阳还高照着，记者挽起裤管探脚入水，凉意顿沁入肌骨。"

字里行间流露着记者的真情实感。这样的文字是有温度的，仿佛把读者也拉进现场，产生很好的交流互动。

"文贵新""文贵奇""文贵变"，而真正能新、奇、变者，其实都是对那些让文章生动可读、引人入胜的元素的灵活运用。自然，只有了解才谈得上运用，作者心里有比什么都重要，心里有才会在采访和写作中有意识地加以运用，才会敢于不拘一格，打破常规。

元素不是部件，一篇好看的稿件，也许只需用好一两个元素，也许得多种元素交替运用。上述梳理只涉及部分元素，倘若全面分析文章抓人的元素，还有很多。

把人的内心准确无误地写出来[1]

刘　衡

　　提要： "言为心声"。用"自述体"写作，人物的思想、感受等等由他自己说，可省掉许多不必要的过渡，使作品简洁流畅，并且缩短主人公和读者的感情距离。群众的口头语言丰富多彩，多用口语写作，能使文章活灵活现、有声有色。

　　X光能照见人的心肝肺腑，但照不见人的心理活动。怎样才能把人的内心准确无误地写出来呢？"言为心声"，我找到了"人物自述"的好方法。人物的思想、感受等等，由他自己来说，比我这个记者来说，更直截了当，更不会走样。许多时候，我干脆进入角色，变成我要写的人物，向读者叙事、抒情、谈心。

　　运用"自述体"写作，能使作品简洁流畅。由于主人公直面读者，直抒胸臆，可以省掉许多不必要的过渡，也缩短了主人公和广大读者的感情距离。

　　人们常说："看人下菜碟。"这句话用在采访工作上，也十分恰当。人心就是一把一把不同的锁，要用不同的钥匙打开。《妈妈教我放鸭子》用小姑娘的眼睛、口气来谈她养鸭的经过和切身感受，让她直接和读者

---

[1] 本文综合《灿烂的星河——人民日报记者部新闻实践与思考》一书中刘衡的《写人要写心》与刘衡《我的采写故事》一书中《我怎样写"妈妈教我放鸭子"》编辑而成。

谈心。这种写法在小说里有很多，但在通讯中比较少见。因此，使读者感到新颖。

在写作时，我特别注意：

1. 她是全国最小的妇女代表，又是全国最小的"三八"红旗手。因此，我必须用小姑娘的眼睛来看待一切。例如：她妈妈在旧社会受苦，在她看来，也是轻松有趣的："你那是旧社会，饿得没法，就去放鸭！"同时也表现出了自己生在新社会的自豪感。

2. 写思想转变要自然、合理，才能让人信服。见妈妈伤心了，才答应去。勉强去了，还是不好意思，看见同学来了就躲。等到大家都知道了，她才豁了出去，不躲了。虽然不躲了，并没有爱上这个工作。经过一段时间，才爱上。

3. 多描写，少叙述，要用事实说话。鸭姑娘爱上养鸭工作了，怎么爱上的？不能空口说白话，要写出许多情景、细节，让读者自己去感受这一点。经过妈妈的引导，鸭姑娘走进了一个前所未闻的世界："原来鸭子很多地方像人！"年轻的鸭子喜欢打扮，有蛋的鸭子像人怀了肚子，以及爱干净、知道害怕、害臊、不看表知道钟点等等。这些都说明了，她对鸭子已经有了感情，对工作有了兴趣，不必再去明说。人与其他动物之间有许多共同之点，能够交流感情。这就是人们特别爱马、爱狗，有时会和猪、鸡、鸭说话的原因。我在写这篇稿子时，特别注意这个特点。

4. 要让外行看得懂，内行也爱看。文中谈了许多养鸭的知识，技术性强。我尽量依照小姑娘的口吻来讲述，保留其中生动而通俗的民谚、民谣。例如："鸭子虽小，浑身是宝，国计民生不可少。""饿不死的鸡，撑不死的鸭。""矮禾经不起鸭子拖，禾密过不了麻鸭婆。"等等，这样，就通俗有趣，好念好记了。

5. "口语入文，神情活现。"像这种谈话记更是需要摆脱书本腔，用小姑娘的口气来写作。人民群众的口头语言是丰富多彩的，多用口语写作，能使文章活灵活现、有声有色。

（刘衡，1922～2009年，人民日报高级记者）

附：

"妈妈教我放鸭子"[①]

——记全国"三八"红旗手、湖北沔阳县彭场公社陈惠容的谈话

刘　衡

我去访问陈惠容啦。她刚满18岁，是全国最小的妇女代表，又是全国最小的"三八"红旗手。我说："鸭姑娘，你小小的年纪，一年收入九千几，本事真大！"她对我说：

哪里，哪里！我一只巴掌拍不响，这九千多元是我们一家5个劳动力合起来挣的。我的荣誉是妈妈转让的。没有妈妈，就没有我的现在。

1979年，我初中毕业。妈妈说："现在党的政策好，不割'尾巴'，不消灭'海（鸭）陆（鸡）空（鸽）'，你跟着我养鸭吧！"我说："姑娘伢跟着鸭屁股转，人家笑话！"妈妈说："谁会笑话？我8岁就甩鸭篙子了。"我说："你那是旧社会，'饿得没法，就去放鸭！'"妈妈叹气了："咱们家，吃的多，做的少，么时候才能不吃国家救济啊？"我见妈妈伤心了，赶紧说："妈，我跟你去，我不怕丑了！"

说是不怕丑，走到荒湖野地看见同学来了，赶紧往草堆里躲。蚂蚁咬脸不敢动。时间一长，人们都知道了，我才不躲了。

我们全家搬到离村子四里开外的湖边，搭二棚子。天天，我手拿一杆金枪，脚踏一叶扁舟，当上了"鸭司令"。早晨，披着星光去；晚上，

[①]《妈妈教我放鸭子》获1983年全国好新闻奖。

踏着月色回。一天三餐,由姐姐送来吃。夏天热冬天冷,苦楚是不少的。

妈妈告诉我:"鸭子虽小,浑身是宝,国计民生不可少。"鸭的蹼能制药,毛能做衣服、被子。这些过去我都不懂,只知鸭肉鸭蛋可以吃。

妈妈说:"饿不死的鸡,撑不死的鸭。鸭子是直肠子,消化快,最贪吃了!一年365天,天天要把鸭子赶到老远吃野食,才能省下饲料。"

妈妈说:"矮禾经不起鸭子拖,禾密过不了麻鸭婆。放鸭子,要做到'四不拖',就是:禾苗没有稳蔸;田里无水;禾秆倒伏;谷子低头的时候,不能把鸭子放进稻田。还要掌握'四不踏',就是:在雨天、雪天、田泥不干、春天盛长期,不能把鸭子放进绿肥田,不然农民要生气骂人。其余的时间,农民都欢迎鸭子进田。因为鸭子进了田,能够松土壤,除野草,吃害虫,施肥料。省工,省药,不污染。"

真想不到,妈妈懂得这样多!妈妈说,养鸭要知鸭性。她还听得懂鸭子说话哩!

有一次,我把鸭子赶回家。它们又推又挤,乱吵乱叫,不肯进窝。妈妈听见了,对我说:"鸭子叫:'懒姑娘,房里脏!'你有几天不锄粪了?"我回答:"六天。"果然,等我把鸭窝打扫干净,鸭子就排着队,一步一摇地走进去了。

妈妈的眼睛也挺厉害,轻轻一扫,就能看出鸭子是好是坏,是公是母,是老是小,有病没病,肚子里有蛋没蛋。慢慢,我把妈妈的本事也学来了。

原来鸭子有好多地方像人。年轻的鸭子喜欢打扮,穿得五颜六色,花里胡哨;年老的鸭子灰不溜秋,老里老气。公鸭体格魁伟,毛色鲜艳;母鸭小巧玲珑,十分朴素。有蛋的鸭子像人怀了肚子,尾部拖下来,走得慢;没蛋的一身轻松走得快。有病的鸭子不想吃食不想动,没病的东咧咧、西咧咧,嘴巴不肯歇一歇。

鸭子不看表都知道钟点。到了钟点不给食,就围着我闹。有时把脖子伸得老长,呕气、装死相,动也不动一下。喂了食,就高兴了,一蹦几尺高，有的还能飞三丈远。

鸭子知道害怕，碰到陡坡，只要超过四十五度，不敢上，也不敢下，连忙弯路走。

鸭子还知道害臊，从来白天不在野地里下蛋，都是夜里在窝里下。它们知道人们为它辛苦一天，不愿人们捡蛋麻烦，都是一个一个地轮流下在一个固定的地方。只有极个别的"懒婆娘"才就地下散蛋。

我到北京、到武汉开妇女会，一些姐姐、阿姨、奶奶都爱围着我问："你一个人在野外，不害怕吗？不寂寞吗？"我回答她们："我像鸭子一样，爱上了湖中水，石头打来也不飞！""我怎么会寂寞、害怕呢？我又不是光杆司令，我有一千多名鸭兵！我爱它们，它们也拥护我。"

（原载《人民日报》1983年12月12日）

用第一人称增强报道贴近性

崔 佳

提要：事必真、话必真，用第一人称的写法这方面一点都含糊不得，必须坚持"宁伤精彩，不失真实"的原则。第一人称写法也不能简单理解为坚持原汁原味，要对采访精心梳理，下功夫提炼，表述时还要认真打磨。

《老马的"基层工作经"》刊出后受到好评，中央有关部门专门组成调研组，来重庆调研"老马工作室"的经验。

这篇报道如果说有一些特色的话，采用第一人称的形式应该算一个。从确定用第一人称，到文章的构思和材料的组织，再到编辑见报，我们对尝试用第一人称增强报道的贴近性有了一些新的认识。

第一人称写法，要符合采访对象本身特点

得知本报开设"教育实践活动中的共产党员"栏目，重庆分社重点推荐了扎根基层、从事人民调解工作25年、成功调解各类矛盾纠纷2000余件的老党员马善祥。仔细研究老马的事迹材料后，我们在采访前就确定了用第一人称写法。原因有两个：一是老马是做调解工作的，非常善于跟群众交流，能聊、会聊、善聊是他与其他采访对象的区别所在；二是尝试把人物报道写得更有贴近性。受本报不少体现

文风转变的好稿启发，我们决定在贴近性上再下下功夫，人物能聊，我们就听他聊，于是就有了"听'老马'聊做基层群众工作"这个初稿题目。

采访老马时，我们没有设置太多的提问框架，而是鼓励他多讲，只要是跟群众打交道、做群众工作的酸甜苦辣，尽可敞开"聊"。老马也确实聊出了东西，让我们获得了大量第一手资料，也捕捉到采访对象原汁原味的语言素材。稿件见报后，重庆日报一位高级记者在与我们交流时说，老马跟群众聊，记者听老马聊，这种报道方式很适合体现人物特色。

第一人称写法，更要在梳理提炼上下功夫

写人物，要在采访的基础上进行梳理提炼：一是根据稿件主题，梳理出支撑文章结构的框架，二是提炼出人物有特色的闪光点。第一人称写法，要求这种梳理提炼既要原汁原味，还要紧扣主题并体现新闻性，更需下足功夫。

根据对栏目要求的理解，我们确定了稿件主题，不是从介绍一位优秀人民调解员的角度写他的"调解经"，而是要扣住教育实践活动，写他如何做好群众工作。我们梳理出四个方面：带着感情做群众工作、做群众工作要出于公心、面对群众小事工作不打折和变被动为主动为群众排忧解难。

框架出来了，继续梳理典型事例和典型语言素材。在这个过程中，我们严格把握两个原则，一是坚持原汁原味，二是所有的事例认真进行核实。

对照见报稿，我们感觉到，原稿梳理的内容基本上做到了扣题和有特色，但提炼还不够。如，原稿的小标题"雪中送炭更能体现干部对群众的感情"，见报时改为"困难群众生活过得去，干部的良心才过得去"；

原稿"做好群众工作，一定要出于公心，做到公平公正"，见报时改为"碰到矛盾问题，不能推更不能躲"。见报稿的修改显然更简洁、更有贴近性。由此认识到，第一人称的写法梳理是基础、提炼是关键。

第一人称写法，更要"宁伤精彩，不失真实"

人物报道中，采访对象所做的事、所说的话，必须真实。相对于其他人物报道，第一人称的写法在这方面更是一点都含糊不得。拿这篇稿子来说，如果报道出来后，老马看到后提出"这不是我说的话"，或者群众读到后感到"这不是我们所认识的老马"，不但没有起到正面的宣传效果，反倒损害了媒体形象。所以，我们在一开始就确定了"宁伤精彩，不失真实"的原则。

初稿完成后，我们首先反馈给老马所在的重庆市江北区观音桥街道党工委，请他们对事例的真实性提出意见。然后又专门找到老马，认真征求他的意见。老马表示，都是他的原话，但有的话感觉不如用另外的话好，提出修改意见，我们尊重了他的想法。尽管从新闻的角度，修改后的稿件有些地方可能不如初稿"精彩"，但我们心里踏实了：稿件内容不会引发任何问题。

原稿2000多字，见报稿约1200字，不仅没有伤筋动骨，而且就像老马本人一样，更干练，更有精神了。可见，把第一人称写法简单地理解为坚持原汁原味还不够，还要下功夫梳理提炼，要在表述上认真打磨，这样"磨"出来的稿件才会焕发光彩。

（作者系人民日报社重庆分社采访部主任）

附：

老马的"基层工作经"

王建新[①] 崔 佳

走进重庆市江北区观音桥街道办事处,进门就看到"老马调解工作室"的大字"招牌"。老马大名马善祥,57岁,党龄35年,从事人民调解工作25年,成功调解各类矛盾纠纷2000余起。

老马很忙,凑他得空,他和记者聊起"基层工作经"。

面对群众的小事儿,工作一点不能"打折"

有人说做群众工作难,我的看法是,对群众感情不真不深,做起来肯定难,用心用情去做就不难。我们这个岗位,接触家庭纠纷特别多,感情、财产、赡养矛盾,乃至生活挫折等,什么都有。

就在3天前的下午,我这儿吵吵嚷嚷来了6个人,一对再婚老两口和他们各自的孩子,子女为两套农转非安置房产权问题产生了矛盾。照法律这案不难断,但我为这事却花了4个多小时。凭经验我判断,提出无理要求的一方未必不知道自己的想法说不过去,但明知故犯,说明这个家庭不够融洽。所以,我既讲道理依法"断案",更和这一家子推心置腹,聊家庭、聊亲情,最后他们在房屋调解协议上签了字,谈笑着离开了调解室。

20多年来,我的工作日记记了130多本,其中很多都是这样与群众关联着的小事儿,但我工作一点不"打折",成就感也一点没"打折"。

[①] 王建新系中央政法委新闻中心总编辑,时任人民日报社重庆分社社长。

困难群众生活过得去，干部的良心才过得去

到我这儿来的，相当部分是困难群众，要求低保医保啦，申请困难救助啦，诉求合法权益啦，对他们来说都是大事儿难事儿。与锦上添花比，雪中送炭更体现干部对群众的感情。

解决群众困难，具体说就两条，一是感情，要对群众的难处和期盼感同身受；二是行动，要尽最大努力帮助群众解决具体问题。有一年春节前，桃源社区一名70多岁的刑满释放人员找到我们反映生活困苦。我们先拿出几百元让老人过了年，然后几经商量，由街道与老人儿子共同承担费用，让老人住进了敬老院，我后来又先后3次送给老人500元零花钱。老人很感动，我心里也感到很踏实。

天天接触群众，谁来了我都认真接待，但碰上困难群众的事，我会更加上心，只要能说得上理的，钻牛角尖也要想法子帮着解决。困难群众生活过得去，干部的良心才过得去。

碰到矛盾问题，不能推更不能躲

化解矛盾纠纷，是基层群众工作绕不开的重点。碰到矛盾和问题，不能推、不能躲，要第一个上。在老百姓看来，应付问题就是形式主义，不解决问题就是官僚主义。

有时群众工作不好做，难就难在"利益调整"。化解矛盾，只要出于公心公道，讲理讲情，群众是通情达理的，问题就不难解决。去年，望海花园小区车位租金上涨，引发业主强烈反对。赶到现场后，我先劝说业主们冷静，表示一定协商解决问题。之后立即对周边另外6个居民小区车位租金水平详细调查。第二天协调会上，我摆事实讲道理，最后业主理性看待租金上涨，物业也适当下调了租金，双方达成共识。

在工作中，我把经常碰到的一些矛盾归纳成征地、拆迁、物业纠纷等10类,并总结出了处理的各种办法。

过两年我就退休了,还要继续为大伙儿服务。共产党员为百姓办实事,不是一阵子,而是一辈子。

(原载《人民日报》2013年8月26日)

记者要有创新思维[1]

刘裕国

提要： 创新思维最为重要。典型人物写作要打破习惯思维方式，善于用独特的视角去看典型，用比较新颖的笔法去写典型，尝试写作方式和表现手法上的突破。有新意，便可读。可读性强，才容易引起共鸣。

典型报道首先要可读。在驻地，不少读者，包括相当一级的领导干部都对记者说过几乎是同样一句话：现在的典型报道，有没有人读是关键。可读性强，才容易引起共鸣。

回望本报近年来刊登的不少优秀的、社会反响强烈的典型人物报道，如《护士日记》《司令退休以后》《新时代的中国工人许振超》等，深感典型人物报道要可读，要具备一种美感，有比较强的视觉冲击力，让读者读得下去，让受众在阅读中受到感染。直白的叙述，缺少感染力的文章，读者不愿看，宣传典型的愿望和记者的使命也很难实现。

首先要深入采访，舍得多花时间，真正走进主人翁的心灵，去看别人看不到的东西，去挖掘别人挖掘不到的故事和细节。从源头上增强典型报道的可读性。

最为重要的，是记者要有创新思维。创新是时代的主题。党报记者作为时代的"号角手"，应当走在时代的前列，具备敢于创新的魄力和勇

---

[1] 本文综合作者业务研讨文章和人民日报地方部好稿推荐。

气。体现在典型人物的写作上,就是要打破习惯的思维方式,善于用独特的视角去看典型,用比较新颖的笔法去写典型。一句话,要有所突破。要尝试多种写作方式和表现手法,力求使典型人物报道在思想、语言等方面有新意,使读者爱读。当然,优美的文笔,很强的文字表现力,不是一下子就有的,"冰冻三尺非一日之寒",这需要长期的锻炼和积累。

四川省甘孜州瓦日乡乡长菊美多吉,2012年5月在工作岗位上因病殉职,年仅33岁。《人民日报》推出的"最美基层干部"专栏,将菊美多吉爱民为民的感人故事作为开栏之作,以唤起社会对基层干部多些理解支持,期待全面建成小康社会基层带头人不断涌现。

2013年3月27日～29日,连续刊发了三篇报道菊美多吉的通讯:《忠诚像雪山一样圣洁》《真情像哈达一样纯洁》《胸怀像草原一样辽阔》,体现了一个新时代基层干部敢于担当、善于担当的风采与形象。

这组报道在写作上最为突出的创新,是全部以第二人称叙事,营造一种报道者与主人公直面沟通的诉说氛围。如此打破常规的视角设计,不仅消弭了报道者与主人公的情感距离,而且使整个系列报道浑然一体,充满对菊美多吉的无限爱惜与款款深情。特别是放在对一位去逝的年青基层干部追记的语境下,第二人称的反复出现,使菊美多吉的故事更添哀婉,倍加感伤中也倍加感人。

附:

忠诚像雪山一样圣洁

——追记四川省甘孜州道孚县瓦日乡原乡长菊美多吉

刘裕国

3月26日,四川甘孜道孚县瓦日乡。满山遍野的桃花、杏花、俄茶花开了。入夜，三三两两的藏区百姓，手捧酥油灯，举目星空，用泪水为一位普通的基层干部——瓦日乡原乡长菊美多吉祈福。

他们一遍遍地唱着思念的歌：愿酥油灯照亮你远行的路，愿你来生不再短暂而忙碌……

33岁的你，魁梧壮实，激情满怀，却将人生永远定格在2012年5月19日凌晨……你把青春默默献给了高原，你用生命书写了一名藏族基层党员干部像雪山一样圣洁的忠诚。

把根扎在高原上

追寻着你的足迹，能读到你人生履历的每一页。

你的家乡道孚县木茹乡格村，一个祥和的藏家山寨。儿时，你就在雪域高原放飞梦想。冬迎雪花，夏顶骄阳，你每天步行十多里山路，在乡里读完小学和初中，又去四川省藏文学校翻译专业读书。在校园，你最爱唱"放飞梦想"。

2001年，俄茶花盛开的时候，专科毕业不久的你，成为县里的一名公务员。阿爸对你说："去吧，孩子。牦牛追着雪山走，雄鹰迎着太阳飞。"

这年，你到了扎拖乡。2003年秋天，你在党旗下举手宣誓，成为一名共产党员。你说，要把一切交给党！把根扎在高原上！

面对艰苦，你没有离开过高原——

高原壮美，做基层干部却不浪漫。农牧民住地分散，要为他们办一件事，得经受山重水复、严寒酷暑的考验。同事们都说，你这个"愣头青"，接受组织安排从未犹豫，不论是去草原深处，还是去雪山脚下，一听召唤，被子一卷就出发……

藏房是你流动的家，你常常在农牧民家里一住就是十天半月。寒冬，室内零下20多度，早上起来，桶里的洗脸水结成冰。同事东秀大姐说，你从来不知道心疼自己，经常一锅饭吃3天。

面对危险，你没有离开过高原——

扎拖乡一到雨季就山洪肆虐，每次，你总是奋不顾身冲在前。山里面黑灯瞎火，山高坡陡，滚石如雷，你闷着头往村子里冲。"轰隆"一声响，一块大石头砸进拉嘎家房子，没把你吓退。组织抢救物资，转移村民，你用勇敢，保住了波罗塘村7户村民的生命财产安全。

雪域高原，冬季狂飙骤起，积雪被卷得像沙漠风暴一样，天地蒙蒙，下乡的车分不清路面和悬崖。"鹰嘴岩"、"鬼招手"，这些地名是危险的代名词。死神距离你如此之近，一次出行，都可能与死神打个照面。

面对疾病，你没有离开过高原——

2008年，你由扎拖乡纪委书记调到龙灯乡任党委副书记、乡长。海拔越走越高，自然环境更加恶劣，可你没有怨言，没有动摇。

2009年，你在龙灯乡新村建设工地忙得没日没夜。一天，你已经十分劳累，还连夜把村民泽布发高烧的小女儿送到医院。第二天，龙灯乡卫生院院长冯林斌见你十分疲惫，硬是给你测血压——190/100ml，"那么高的血压还在这儿玩命！"冯医生几乎咆哮了。

"我这不还站在这里吗？"你却笑着说。

高血压常常折磨着你，头晕、胸闷。"调走吧"、"改行吧"，朋友们不止一次劝你，你总是淡淡一笑。

2010年，组织上考虑到你的身体，将你调到海拔低了1000米的瓦日乡工作。一到这里，你更像一个"拼命三郎"。修桥、铺路、调结构，老百姓的大小事，你都铆足劲去干。

随时随地传递温暖

你生长在高原，热爱家乡，希望雪山草原更壮美。2009年，四川省启动了"牧民定居和帐篷新生活"民生项目。你奔走相告，说要把党的关怀像彩虹一样挂在草原的天空，播撒在牧民的心里。

然而，改变落后的思想观念和习俗不是一件容易的事。

在龙灯乡牧区，有一位老阿妈，对建定居房不理解："牛马跟着水草走，牧民跟着牛马走，千百年来都是这个理。"

你走到她跟前，跟她讲道理："老阿妈，新政策不是不让牧民放牧，而是要提高牧民们的生活质量，不能总是居无定所。我们的帐篷漏雨漏风不说，生活设施也简陋。因为潮湿还害得80%的牧民患有风湿病，政府要给大家修新房子，新房子可以抗8级地震，大玻璃窗，亮堂得很，还有太阳能热水器……"老阿妈脸上终于露出了笑意。

你带领乡干部，辗转雪山草地，饿了就啃口干粮，渴了就喝口河水，深入牧民的帐篷，讲政策、做宣传，常常一待就是一天。

在你的努力下，龙灯乡按时完成了"牧民定居计划"，拉日村还成为四川省牧民定居示范点和四川省省级文明村。

莺飞草长的时节，走进拉日村，一座座漂亮的藏式小别墅装满欢笑，家家房屋上的炊烟，娓娓诉说着牧民的幸福新生活。

搬进新房的村民泽布感慨地说："要不是菊美乡长一遍又一遍地做工作，我们现在肯定还住在又冷又潮湿的帐篷里。现在，我的孩子也能和城里孩子一样就近上学了。"

藏区群众说，你把党的政策装在心中，随时随地都在传递着党的温暖。村民来色卓玛每每谈到你，总会流下热泪："菊美对家中的困难总是尽力帮助。孩子入学后他一直资助，经常给孩子送衣服，送文具。"

你常说："雪怕太阳花怕霜，人间最怕没学上；没有知识的人就像没有香味的杜鹃花。一定要让孩子上学，成为对家乡对国家有用的人。"

2009年，四川省开始实施藏区"9+3"免费职业教育计划。你四处动员，还从规范学生的档案户籍入手，确保每个学生都能按时入学。

如今，经你动员参加"9+3"职业技术教育的学生陆陆续续走上了工作岗位。他们心里明白：能有今天，多亏了菊美多吉叔叔的一片热心。

最后一刻激情燃烧

农牧区多少群众说，你是个大忙人，一年到头奔跑的脚步不停息。

住上定居房，后续发展成了当务之急，牧民们的心思被你一眼看穿。你想出了"卧圈种草"的好点子。

你带上帐篷，带上干粮，带上水壶，和畜牧局的同志策马奔驰在草原。你的足迹遍布龙灯乡495平方公里的牧场。看现场，做规划，选圈址，定草场……春夏多养草，冬季多储料，让牦牛越冬照样长膘。"卧圈种草"让每户牧民年均增收一万元。

你刚到扎托乡的时候，国家实施农村电网工程。为了早日启动项目，你带领测量队，背着几十公斤重的测量工具，每天走20多公里山路，汗水湿了衣背，双脚起了血泡。

你像一只被鞭子抽打着的陀螺，全身心旋转，无悔地扑向大地。

2012年5月18日。川西高原，莽莽苍苍。早晨，天空下着小雨，弯弯山道，黄泥、碎石、坑洼，正在修建的路很难走，可你，骑上摩托对自己说：快些，再快些！瓦日乡尧日村的结构调整、鲁村的春播落实、全乡太阳能安装接洽……都在你今天的日程表里。

上午，你到尧日村召开村组干部会。你提出，良种洋芋、生猪养殖、大棚蔬菜，增收致富来得快，应大力推广。

中午，头又痛起来了，同去的干部知道你患有严重的高血压，都劝你先去看看病，但你想到眼下群众的事更急，听不进大家的劝阻。

下午，你又赶着去鲁村走访。高原一场雨，正是播种好时机，你挨家挨户问：青稞种了么、洋芋种了么、油菜种了么、胡豆种了么……

忙到晚上8点，乡亲们留你吃饭，你却急着赶往县城。见你太疲惫，脸色发白，大家都担心你的病，劝你在村里住下来。"不行，全乡安装太阳能热水器的事急，今晚和县城建局、施工方要开协调会，我必须去。"

就这样，你在老乡家里吃了两个韭菜包子，喝一碗霍麻汤，又赶往道孚县城。等忙完这件事，已近夜里12点，你对司机扎西多吉说："就在车上凑合吧，天一亮还得赶回乡里。"

你太累了,和衣躺在汽车后排座上。早晨6点,手摇转经筒的老阿妈从车边过,转经筒的"呜呜"声惊醒了扎西多吉,却没有唤醒你。此时,你的手,比夜还要凉。

你被送到医院抢救……医生说你是突发脑溢血,大约凌晨两点就不行了。

你在连续拼搏16个小时后,交出了生命的最后时刻表。

你用挑战生命极限来书写忠诚,向党和人民交出了完美的答卷。

你的生命虽然短暂,但人生的句号画得圆满。

(原载《人民日报》2013年3月27日)

用"镜头"让故事活起来

颜　珂

提要： 电视镜头声光并茂，鲜活生动。文字报道虽然与电视形态不同，其实不妨碍操作方法上的相通，"镜头思维"也可融入文字叙述。特写镜头，全景镜头，加上镜头中的同期声，用几个不同角度的"镜头"串起来讲述人物故事，同样可以让故事鲜活生动起来。

搞文字报道的，常常羡慕电视新闻的先天优势——声光并茂的镜头画面，可以直接冲击受众的感官，用电视镜头讲述的故事，往往鲜活而生动。

写《"抗旱铁人"欧阳家友》，在为如何用1500字以内的篇幅、写一个事迹并非惊天动地的基层农机干部而感到困惑时，想到了"镜头"。于是，试着用几个不同角度的"镜头"，串起欧阳家友的故事。

抓特写镜头。

欧阳家友被当地群众称为"抗旱铁人"，在于他的勤——"先后修理了30余台抽水机，到过17个乡镇的50余个村组进行技术指导，每天工作15个小时"。可是，没有全程跟踪，如何体现"铁人"？

欧阳家友家中的日历，其实就是他的抗旱工作表。"7月26日，方元镇燕塘村；27日，仁义镇银河村；28日，泗洲乡竹溪村……"交代这些密密麻麻的小字，等于交代了这位"铁人"抗旱的足迹。这样的特写镜头，不应错过。

抓全景镜头。

"抗旱铁人"不是蛮干。"欧阳海镇东山村760亩中稻因缺水已'岌岌可危',亟须抗旱队拿出灌溉方案。附近无水源,要保苗必须从1公里外的车头江引水,离受旱稻田最短距离也有1200余米。"

这样的难题摆在他面前,怎么办?

"用3台抽水机通过4次引水,把水提升到70余米高的山顶,再引入稻田。"这是欧阳家友想出的"四级提水"的办法。在不小的空间距离内解决水源难题,可见这位"铁人"是一位抗旱的行家里手。这样的全景镜头,值得展示。

抓镜头中的同期声。

一个农民的电话咨询,能苦口婆心地说上20多分钟,直至问题解决。随口一问:"这个农民你认识吗?"却不想答案有些出乎意料:"只知道他是白水乡的,姓周。相当多的人我都不认识。其实认不认识不重要。"

"相当多的人我都不认识。其实认不认识不重要。"简单的两句话,更好地印证之前的耳闻——"为指导农户科学抗旱,他自编了一本小册子,并附上自己的电话号码,印发给每个抗旱点,他的手机也就成了移动抗旱110"。

欧阳家友六十大寿的重要日子,也献给了抗旱一线。"大哥,明天是你六十大寿,我和嫂子约好了所有亲戚摆几桌,给你好好庆贺一下。"

"你们莫搞,搞,我也冇时间咯!"

领导有心劝导,他同样不为所动——"老阳,你明天还是先庆一下大寿,后天你再来。"

"现在正是中稻抽穗灌浆的时候,田里都白泥了,一天都耽搁不得。"

不用多余的铺陈,仅仅原汁原味的话语,勾勒出这个基层农机干部一心抗旱的执着与坚定。这样的画面同期声,放得过瘾。

镜头加同期声,串起欧阳家友的三个故事。点墨不多,效果似乎还不错。其实,文字与电视,媒介形态不同,却并不妨碍操作方法上的相通,将"镜头思维"融入文字叙述,同样也能让文字故事活起来。

(作者系人民日报社湖南分社记者)

附:

"抗旱铁人"欧阳家友

颜 珂

手机成了移动抗旱"110"

8月15日晚,湖南桂阳县,零星小雨逐渐变大,欧阳家友高兴得直拍大腿:"有这雨,旱情总算能缓一缓了。"

7月以来,湖南遭遇多年未遇的高温天气,桂阳县28.5万余亩农作物受灾严重。

省里要求各级党组织和党员干部深入第一线,在抗旱救灾中开展党的群众路线教育实践活动。即将退休的县农机局工程师欧阳家友,毫不犹豫地加入了"抗旱保灌"队伍。一个多月,他没休息一天。乡亲们送他一个称号——"抗旱铁人"。

抗旱离不开农机。欧阳家友是桂阳远近闻名的农机专家。为指导农户科学抗旱,他自编了一本小册子,并附上自己的电话号码,印发给每个抗旱点,他的手机也就成了移动抗旱"110",不管认识不认识,欧阳家友都耐心指导。

7月26日下午6点,白水乡一位农户农机出现故障,跟他在电话里足足说了20多分钟。

"这个农户你认识吗?"记者问。

"我只知道他是白水乡的,姓周。相当多的人我都不认识。其实认不认识不重要。"欧阳家友呵呵一笑。

欧阳家友家墙上挂的一本日历十分打眼。"7月26日，方元镇燕塘村；27日，仁义镇银河村；28日，泗洲乡竹溪村……"这些密密麻麻的小字，记录着他参加抗旱小分队的足迹，经常，一天几个村来回跑。他先后修理了30余台抽水机，到过17个乡镇的50余个村组进行技术指导，每天工作15个小时左右。

六十大寿在抗旱现场吃盒饭

7月28日，在燕塘村抽水抗旱点，欧阳家友接到妹妹打来的电话："大哥，明天是你六十大寿，我和嫂子约好了所有亲戚摆几桌，给你好好庆贺一下。"

"你们莫搞，搞，我也冇时间咯！"欧阳家友一口回绝。

当地习俗，六十大寿一定要热热闹闹地办。欧阳家友的心思全在抗旱上，老伴劝不动，才请"救兵"当"说客"，得到的答复却还是一样——"要抗旱，冇时间。"

同在抗旱现场的县农机局长周平得知此事，也劝他："老阳，你明天还是先庆一下大寿，后天你再来。"

"现在正是中稻抽穗灌浆的时候，田里都白泥了，一天都耽搁不得。"欧阳家友只顾埋头修理身边那台刚打开的坏水泵。

没有大餐，没有蛋糕，没有亲友祝寿。29日的中餐，欧阳家友吃的是欧阳海镇东山村抗旱工地上的盒饭。

"四级提水战东山"

欧阳海镇东山村760亩中稻因缺水已"岌岌可危"，亟须抗旱队拿出灌溉方案。附近无水源，要保苗必须从1公里外的车头江引水，离受旱稻田最短距离也有1200余米。

欧阳家友想出一个"四级提水"的办法——用3台抽水机通过4次

引水,把水提升到 70 余米高的山顶,再引入稻田。

东山村通往车头江的道路杂草丛生。烈日炙烤下,欧阳家友和同事们用镰刀和锄头开道,设法在荆棘丛中挖出一条铺设水管的路。

7月31日,38摄氏度。浑身湿透的欧阳家友突然双腿发软,无法站立。在同事搀扶下,他下到村卫生室打了点滴。

连续3天的奋战没白费。7月31日下午7点,渠水终于流进了东山村的稻田,中稻得到保灌。"四级提水战东山"。一段佳话,在县里传开。

8月15日,桂阳下雨后,记者说:"这下你可以好好休息了。"

"还有一课要做,等全县抗旱农机回收时,我答应局长要参加所有的农机验收,同时给局里的年轻人做一期培训。"欧阳家友笑笑说,坚毅的眼神中,透出一份欣慰。

(原载《人民日报》2013年8月24日)

写出你的个性[1]

卢小飞

提要："文无定法"。写文章就是说话，你平时怎么说话就怎么写，千万别装腔作势。新闻媒介都追求独家新闻，这"独家"对采写者而言，也包括写出个性。有新意的、典型的、有独到见解的报道，全都是有个性的。

每个人都有自己的个性，只是到了文章里，并不就原样照搬。本来，文章贵个性，如果一张报纸上的百十篇文章，有百十种个性，那该有多好看。当然，强调个性，并不是否定共性。因为，本来就没有脱离了个性而存在的共性。写出你的个性，才能更好地体现共性。那些四平八稳、毫无个性或者套话连篇的文章，只能让读者反胃。

早先我也模仿过别人，自然谈不上什么个性。后来，悟出了"文无定法"。既然"诗言志，歌咏言"，那么写文章就是说话，你平时怎么说话就怎么写，千万别装腔作势。于是，也就有了所谓的风格，有了一些能给人留下印象的文章。有朋友常提起某些"大块头"，其实，对那些"小不点"我也是毕恭毕敬。上届亚运会，我有篇不大起眼的小文章《还没到笑的时候》，全文400多字，可真来之不易。

这是亚运会的战前采访。头一次跑体育报道，头一回就碰了软钉子。当时国家游泳队正在紧张训练，我小心翼翼走下空旷的看台，陈运鹏两

---

[1] 本文选自《灿烂的星河——人民日报记者部新闻实践与思考》。

手一摊，毫不客气地拒绝了我的采访。我硬着头皮说："没关系，我就坐这儿看。"记不清楚怎么套的瓷，反正是感动了"上帝"，后来他跟我聊了很多，提供了不少"核心机密"，战前不便透露，但在后来的报道中都用上了。第二次见到陈运鹏，他告诉我，他在美国的亲戚在《人民日报海外版》上见到了那篇小文章。想不到，这篇小文成了敲门砖，敲开了正门，也敲开了后门。游泳比赛开始后，每场我都粘上他，要么就从运动员和教练员出入口混进去，设法搞点情报。后来，我和吴骅等人合作的述评《游向巴塞罗那》获了亚运组委会颁发的好新闻一等奖。

有个时髦的词叫"投入"。想起来，凡是写出个性的文章，采访时都特别投入。去年秋天，著名意大利女记者法拉奇来京，同意和北京的女记者们见见面，一块吃顿便餐，一个小时，边吃边谈。为了利用好这点时间，我提前翻阅了她的著作，想好了几个问题。法拉奇还是厉害，上来就反客为主，完全是进攻型的。在异国同行面前当然不能示弱，我抢先提了问题，在短时间内抓住了战机。那天回来，我兴奋不已。我对丈夫说，这么长时间里，还没有什么事让我这么高兴。不是说我写了篇怎样的文章，而是认识了一个比我更有个性、更有激励作用的同行。

"贴近生活"，就得去"贴"，并不像有人所认为的那样，生活就在自己身边，根本用不着云费劲"贴"。"贴"就是要投入进去，这样才不会被生活中的假象迷惑。凡"投入"，就要燃烧自己，有可能被烧成灰烬。

普天之下，无论东方西方，所有的新闻媒介都希望有自己的独家新闻，这独家的东西，就媒体而言，是它的个性，对采写者而言，是在追求一种个性。人们原本都有个性，可有些朋友一进入文章就把个性藏起来了。报纸上许多文章，如果隐去作者的名字，你便不知道是谁写的。如果说有一个时期，不主张弘扬个性，或由于政治需要，必须众口一辞，那么今天呢，个性早就如鱼得水了，可不少文章却还味同嚼蜡。

有新意的、典型的、有独到见解的报道，全都是有个性的。总编辑范敬宜一次讲话中建议大家写文章要"小事情，大视野；小口子，深开掘；

小角度，巧文章"。我觉得，这还是要我们写出个性。

（作者曾任中国妇女报总编辑，时任人民日报记者部主编）

附：

还没到笑的时候

卢小飞

陈运鹏总教练身着泳装，手拿秒表，神情严肃地在泳池边走来走去。那一边，一字排开七八个教练，均作如是状。泳池里，几十名运动员像鱼似的默默地、无休止地往返着。这使你感到，泳道漫漫无边，其最佳观赏效果仅在决赛的一瞬间。难怪一位掌教鞭的老将说，他最感痛苦的是日复一日地游了十几年，却没有出成绩。

从某种意义上说，运动员的命运多半操持在教练的手里。由此，当陈教练无情而不失礼貌地拒绝接受采访时，谁人能有怨言。一上午的水中训练他始终绷着脸。看其表情肌的走向，不像是不会笑的人。自然了，这种艰苦而又单调的训练本身就不是让人乐的活计；更何况，中国游泳队的使命远不是亚运会的十几块金牌，而是如何面对一个强手如林的世界。

那一刻，他全神贯注地盯着9泳道正疾速划水的沈坚强，水花儿啪啪地响着，听不清他喊些什么。老远，已经发福的穆祥雄教练一边守望着4泳道的黄晓敏，一边迅速地在黑板上写下几个数字。曾经也是名将的年轻女教练黄红说，他们正在给运动员做动作计时和全程计时。终于，泳池又静下来。陈教头扭过脸："我们是拿自己的劣势与世界抗衡。"他依然没有笑容。

（原载《人民日报》1990年7月26日）

开头怎么写:"写自己感受最深的"

费伟伟

提要: 人民日报社社长杨振武同志曾就这篇业务研讨文章批示:"万事开头难,文章写好开头尤其难。费伟伟同志的这篇研讨现身说法,道出写好开头的奥秘。'写自己感受最深的',此言善哉。"

一

"多年以后,奥雷良诺·布恩蒂亚上校面对行刑队,准会想起父亲带他去见识冰块的那个遥远的下午。"

长篇小说《百年孤独》这样开篇。上世纪 30 年代中期,这部小说在我国初版,很多人一下子便记住了这个具有魔力的开头。

《百年孤独》的作者、诺贝尔文学奖获得者加西亚·马尔克斯上月去世,很多怀念文章都提到他对当代中国文学界的深刻影响。本报 4 月 27 日《马尔克斯——发民族之声 担家国道义》一文便道:"曾几何时,这片大陆受马尔克斯和拉美魔幻现实主义影响的作家何啻莫言、贾平凹或阿来、陈忠实,甚至更老一点和更年轻一点的都或多或少受到过他的影响。"

且看一下提到的几个中国作家写的小说的开头。

莫言《檀香刑》:"那天早晨,俺公爹赵甲做梦也想不到再过七天他就要死在俺的手里。"

贾平凹《秦腔》:"要我说,我最喜欢的女人还是白雪。"

陈忠实《白鹿原》:"白嘉轩后来引以为豪壮的是一生娶过七房女人。"

这些开头里,有多少马尔克斯的影子,且交给文学评论家去辩扯,但我们可以明显看出这些故事开头有着一个共同特点,就是干脆利落,人物、故事直接登场,内容、主题开门见山,给读者极大的阅读冲击力。

去年以来,社领导反复强调讲故事,并亲自改稿强力推动,成效很明显。很多稿件的开头去掉了以前习惯性的由概念、数字、领导讲话等组成的"硬壳",直奔主题了;很多稿件开始把最生动的故事往头里放,知道粉要往脸上搽了。但具体到如何往主题上奔,粉如何往脸蛋上搽,目前有些表现手法还相当俗套,仍习惯于按部就班地顺叙,从容不迫地讲述。

新闻强调讲故事,强调的是一种讲故事的态度,限于篇幅,新闻报道里的故事往往碎片化,讲来也只能比较简单。简单的故事要讲生动,更不易。且具体到一个报道里,往往也只能在开头讲讲故事。我们常说,那些中外著名作家最擅长讲故事,因此,他们是如何开始讲那些故事的,恰恰也最能给我们以启发。同样是开头,上述这种干脆利落地让人物、故事直接登场,内容、主题开门见山的手法,便值得我们深思并借鉴。

3月20日本报头版头条《郑州 种好网格责任田》,原稿开头是:"记者见到新郑市工商局副局长白战伟时,他在龙湖镇刚开完网格动态研判会,接着就要进社区入楼院'扫街'……"。

这个开头也可谓开笔就见人见事,但四平八稳,波澜不惊。地方部编辑改稿时,把发生在白战伟身上的一个故事从后文中一下子拎来开头:"常常受表扬的白战伟,突然被通报批评了。郑州新郑市工商局副局长白战伟说:'这个批评终生难忘,工作更不敢懈怠。'"直接揭示矛盾冲突,干脆利落,激发读者兴趣。

5月3日一版《"必到书记"张伟林》一稿,原稿开头是:"'都别吵了,来来先抽根烟,喝杯水。'张伟林向会抽烟的干部们要了根烟,递了过去。"

而现在见报稿的开头是:

"'你们要是敢拆我房子,我就死这儿。'60多岁的才溪村村民林开贤怒气冲冲闯进福建上杭县才溪镇党委书记张伟林办公室,为修高速公路拆迁的事。

'这是落房酒,你们谁不去就是不给我面子。'今年春节前,盖好了新房的林开贤又一次跑到张伟林办公室,但这次喜气洋洋。"

开篇贵奇。古人有话:"开卷之初,当发奇句夺目,使之一见而惊,不敢弃去。"(清·李渔《闲情偶寄》)编辑改的这个开头也是稿子里的材料,采用对比手法,起笔突兀,没头没脑,如高山坠石,不知其来,使人一见而惊。开头两个截然不同的场景构成的巨大反差,使文章开篇就产生一种势能,一种冲击力。

我们常说文章章法要有张有弛,具体到开头,则宜张不宜弛。长篇小说《红旗谱》是中国当代文学史上一部里程碑式的巨作,今年是作者梁斌诞辰百年,《文艺报》上披露了《红旗谱》初版本的开头:

"这不是一个梦!

平地一声雷,震动锁井一带四十八村:'狠心的恶霸冯兰池,他要砸掉古钟了!'"

而在正式出版时,第一段"这不是一个梦!"删去了。研究者认为,若保留,能使叙述者(作家)有一个情感上的起伏落差,能够充分表达叙述人的情感意义。

梁斌为什么要删?有一点毫无疑义,就是删掉后叙述更加干脆利落,一个活生生的生活场景自动呈现在读者面前,张力十足,气势更强。

好开头需要匠心独运。好开头是改出来的、磨出来的。好开头必须不断突破自己、否定自己。

讲好故事,不妨就从开头开始。

二

我国第一颗原子弹 1964 年爆炸，这不是地球人都知道的事么？然而……

"1956 年 12 月 31 日下午 3 时，中国西部，东经 104°、北纬 36° 交叉点，伴随震天动地一声爆轰，巨大的火球冲向 400 多米高空，火球与地面腾起的尘柱连成一体，形成壮观的蘑菇云翻滚升腾……

第二天，西方媒体惊呼：'中国西部爆炸了一颗原子弹！'"

9 月 16 日，地方部田丰执笔的《白银：敢问西望谁比肩》一文这样开头。看了这个开头，你定会冒出"欲知后事如何"的念头吧。且往下读——

"那次西方误猜的'原子弹爆炸'，就是白银露天矿山万吨级大爆破。"

这样介绍新中国有色工业发祥地甘肃省白银市，悬念丛生，是不是挺新鲜，激发你的阅读意愿？

好的开头，就成功了一半。

最近读到多篇好报道，尤其是文章的开头，令人击节。

9 月 3 日，上海分社姜泓冰报道一优秀基层干部，开篇出人意料：

"不是只有舞者才会穿上红舞鞋，从此曼妙旋转，不知疲倦。上海市普陀区桃浦镇莲花公寓小区的党总支书记梁慧丽脚上，必定也有这样一双'红舞鞋'。

不然，很难想象她可以 365 天无休，早上 7 点多走进居委会、晚饭后办公室还亮着灯；深更半夜，居民有急难，她接到电话就赶到。"

多么曼妙的联想，笔意华艳飘荡，又有鹰击花飞式的畅快，一下子由童话切进现实，《穿上服务社区"红舞鞋"》这篇报道，开头就闪现灵性、漾出诗情。

即使本报头版头条，只要紧扣主题，也不妨诗意盎然地写来。

9 月 3 日头条，山东分社徐锦庚、卞民德、潘俊强的《山东唤醒农村沉睡的财富》这样开头：

"转型中的山东农村，如一泓春水，每有风过，便会涟漪泛起，搅动人们的心。"

宛如歌吟，然而每一个字，都内涵沉厚。天大地大，在农民眼里，地是命根子，比天还大。而这篇报道的主题是写农村土地产权确权，动命根子的事，能不"搅动人们的心"么？

9月8日头条，河南分社龚金星、王汉超的《走进太行，解读"新乡现象"》开头，则一字一锤，金声玉振：

"太行多石头，太行多先进，太行多故事。

半个多世纪，河南新乡涌现出10多个全国先进，100多个省级先进，1000多个市县级先进。其中5位先进人物被党中央号召学习。"

太行巍巍，写发生在太行山的故事，也当有太行的雄奇，太行的气势。这般开篇，如浩浩云海刹那间从峰峦叠嶂中奔突而出，声势夺人。

这几个开头都很别致，如有神助。

而事实上，所谓"神助"，就像那双"红舞鞋"，只属于童话世界。真正开启灵感的力量，只能来自于写作中超常的投入。就象恩格斯说的："谁肯认真地工作，谁就能做出许多成绩，就能超群出众。"

9月16日，我到中宣部参加阿布列林学习焦裕禄精神先进事迹策划会，会议材料中，就有本报7月31日通讯《46年，一刻不曾忘》。原稿很长，地方部按社领导指示精编。编辑魏贺编前专门上网调出新疆媒体做的相关报道。下班前说快编完了，再打磨打磨，结果我上夜班时他还在编，说是开头想半个多钟头了，没想好。又过了半个钟头，他歉意地笑笑："改完了，开头还是不大满意。"我们又一起讨论。

见报稿这样开头：

"逝去的历史常给人现实的力量。评断一个人的品格，其实只要看他选择向什么样的人致敬，对什么样的人追怀。

新疆哈密地区维吾尔族退休干部阿布列林·阿不列孜，始终珍藏着一张46年前赴河南兰考与焦裕禄家人的合影。从知青、工人,到检察官、法官,再到全国优秀检察干部,46年来,他时刻以焦裕禄精神为人生坐标,在新疆大地上书写人生之歌。"

精辟,深刻,饱含哲理,把主题阐发得愈益鲜明。

河南分社的同志则坦言,新乡一稿,四易其稿,写稿磨了个把月。

好文章、好开头,都可归结到一点,写得好认真。

可是,除了"认真"二字,是否还能找出规律"一点"呢?

本报9月8日副刊,作家赵丽宏给我们传授了这样"一点"——"巴金先生曾在赠我的书中为我题写过这样两句话:'写自己最熟悉的,写自己感受最深的'。这是他对自己一生写作经验的总结,也是对后辈的一种鞭策,我一直铭记在心。"

新闻报道或许很难总是"写自己最熟悉的",但可以"写自己感受最深的"。

首先,是沉下心去感受。李可染是当代杰出画家,他儿子李小可回忆,当年和学生到桂林写生,画了两天大家没画出东西,都说换地儿吧,没什么可画的。李可染拿出一个巴掌大的小笔记本给学生看,是他画的速写。大家一看完全不一样,学生们于是都回过头再画。

原因在哪里?"他静下去看,感受的东西是无限的。"李小可说。画画要静下去感受,写稿也要静下去感受。仔细读读这几篇开头写得别具一格的报道,你都能明显感到,记者采访得很深,很扎实,真正是沉下心在感受。

而更重要的,是要把"自己感受最深的"那一点写出来。

上个月我带队采访甘肃丝绸之路,《白银:敢问西望谁比肩》由田丰执笔,为这个开头,他多次重起炉灶。第一稿,从白银历史上是丝绸之路重要渡口写起。切题,但是较平。

"静下心想想,采访中哪件事最让你印象深刻?"我把稿退给他。

第二稿,从在博物馆看到朱镕基总理题词写起。题词的原因,也就是白银由企业而城市的缘由。切题，也新鲜。和田丰聊这个话题时，他感觉最震撼的，是大爆炸，他亲眼目睹了大爆炸后经30多年开采留下的超级大坑——280多米深的露天矿采场。

既然"大爆炸事件"令人"感受最深"，再重写。

采访的内容越丰富、材料越庞杂，记者的感受也越多。哪一点"感受最深"？往往很难一下就抓住。要让自己最深的感受重新浮现，仍然需要发现，把它从自己的记忆中重新捞起来，擦掉那些掉在其身上的浮尘，细细抚摸，一遍遍擦拭。当你把它完全擦亮时，你才会发现，它原来并不清晰，而之前你或许还觉得它挺亮堂。

一个好的开头的写作便是这样，你不反反复复地擦，就不知道它也有脏和尘土。在反复的擦拭中你才会发现深度的光亮，而这光亮与原来的光亮完全不同。没有真正的光亮可以一次抵达，因为人的感受是分层的，而你的"发现力"，也是分层的。即使找准了"感受"，仍需返工、打磨，才能用恰如其分的语言真正把那个"最深"的点精准表达出来。

想给你的报道写出个别具一格的开头么？

沉下心，好好想，去发现并写出那个"自己感受最深的"。

巴金总结其一生写作经验归纳出的那句话，吾辈亦当"一直铭记在心"。

谷文昌：写了 14 稿

牛一兵

提要： 人民日报社社长亲自采访撰写报道，被不少媒体热议为"高规格"。殊不知，这所谓"高规格"的背后，是情深似海的高境界，是责重如山的高标准。我们自己写了 4 稿，按社长要求改了 3 稿，再看社长，清明假期 3 天，天天改，竟改 7 遍！心中有责任，心中有标准，一次采写，是一次洗礼，更是一次升华。

4 月 6 日晚，就像交了作文期待老师批改打分的学生，忐忑而期待地凑在电脑前，学习杨振武社长"谷文昌前一"的审改稿。

结构乾坤挪移，开头删繁就简，枝蔓了无痕迹。手术刀般的精准，画了龙，点了睛，更点出了眼的神儿。

读来，如"APEC 蓝"下的深呼吸，喘得深，喘得匀，一气呵成。

再看改稿记录，惊了！

从 4 月 3 日晚 10 点多，到 4 月 6 日下午 6 点多传总编室稿库，清明假期 3 天，杨社长天天都在改，竟改了 7 遍！

我们自己写了 4 稿，按社长要求改了 3 稿，加上社长亲自修改的 7 稿，"谷文昌前一"共写了 14 稿。

一

去年11月2日，习近平总书记视察福建时发表重要讲话，称谷文昌同志的事迹，同焦裕禄、杨善洲同志的事迹一样，展示了一名共产党员和领导干部的坚强党性、远大理想、博大胸怀、高尚情操。

杨振武社长指示福建分社，着手挖掘这位去世34年党的好干部事迹。

今年1月12日，习近平总书记与中央党校第一期县委书记研修班学员座谈交流，在叮嘱大家要做心中有党、心中有民、心中有责、心中有戒的"四有"干部时，又一次深情谈起谷文昌。

杨社长亲自组织策划这一重大典型报道，并决定带队调研。

"人民日报宣传报道谷文昌，目的就是认真贯彻习近平总书记关于谷文昌精神的重要指示精神，进一步掀起学习谷文昌的高潮，让谷文昌的动人事迹走出八闽，让谷文昌的时代精神感召全国！"

谋定而后动。马年年根，柴哲彬、杨倩、王汉超赴福建，与蒋升阳一起采访一周；3月6日，吴焰、孔祥武和我二赴福建，会同赵鹏，在余清楚率领下，又是采访一周。

邀约感动，先赴感动之约。

还是那条路，逆着时光重新走过。从东山到漳州，从宁化到福州，行程千余里，遍寻半个多世纪前谷文昌在这片热土上战斗生活的足迹，每一个脚印都盛着信仰的力量和为民的情怀。

还是那个人，迎着感动重新发现。从当地各级干部到当年的老同事，从90多岁的老阿婆到90后的小村官，每一人心中都装着一颗心与千万颗心的相印。

一程山水一个人。采访谷文昌，也被谷文昌打动。在东山，在北京，讨论报道的几个深夜里。大家对谷文昌的感动和感悟，是从心中泵出来的，是从心底溢出来的。写稿时，赵鹏几次泪洒键盘。

回来汇报采访经过和感受，杨社长说，谷文昌是一代共产党人的楷模,是"四有"书记的典范,他的精神闪耀着时代的光芒。正是因为有焦裕禄、杨善洲、谷文昌这样一代又一代党的好干部,我们党的事业才能生生不已,从辉煌走向辉煌。

"先发长篇内参。清明前后,推出头版头条、整版人物通讯和本报评论员文章组合报道。人民论坛再以'四有'为题连发四论,然后刊发整版当地干部群众缅怀谷文昌、学习谷文昌的通讯。"社长制定了详尽的报道计划。

卢新宁副总编辑和评论部同志按照杨社长要求,拿出了详细的评论组合拳方案。

"闻鼙鼓而思良将,好题!"杨社长当即确定了一版评论员文章的标题。同时,在评论部拟定的"人民论坛"方案上指出,启用"何振华"这一重要评论的署名,提高评论规格。

报道刊发后,"四有良将"成为广泛传播的热词,更成为干部心中的一面镜子,群众心中的一份呼唤。

二

3月17日下午2点,杨社长在厦门高崎机场落地,驱车4个小时直抵福建最南端的东山岛。晚饭后,与漳州市委书记陈家东、市长檀云坤,东山县委书记黄水木、县长陈云水等当地干部,就学习谷文昌精神座谈至近11点。

转天,杨社长拜谒谷文昌陵墓,参观谷文昌纪念馆,代表人民日报社种植木麻黄,参观防护林和海堤大坝,看望谷文昌家属……

在谷文昌陵墓前,一个刻着"谷公,人民敬仰"的香炉引起了社长的注意,当他得知是一位80多岁的当地村民亲手打造时,非常感慨地说:"谷公活在人民心里,真是看得见、感得到、摸得着!"

一棵1959年栽种的木麻黄守护在谷文昌墓旁。杨社长抚摸着粗壮的树干,回忆起去年到河南兰考调研的情景。"焦桐和木麻黄,是焦裕禄精神、谷文昌精神最鲜活的写照。"

在纪念馆的展板前，谷文昌"不把人民拯救出苦难，共产党来干什么！"的铮铮誓言，让杨社长想起了宣宇才在福建时写的一篇内参，"共产党的干部不能怕群众"。

"宗旨笃行，才会大爱笃深。心中有党，心中有民，群众就敬你，信你，把你当做可依靠的亲人，就会永远和你在一起！"

"举首不见石头山，下看不见飞沙滩，上路不被太阳晒，树林里面找村庄。"读着谷文昌作的打油诗，杨社长说："50多年前，美丽乡村的图景就让谷公描绘得这么惟妙惟肖，他的理念一点不比我们现在的人差。"

在漳州谷文昌家中，杨社长看望了谷文昌的儿子谷豫闽、谷豫东，女儿谷哲慧、谷哲芬，孙女谷宇凤。谷豫闽激动地说："人民日报是党的报纸，社长亲自来报道我父亲并看望我们谷家，是我父亲的骄傲，是我们全家的光荣。父亲过世34年了，母亲去年也走了，我们有责任把父亲留下的宝贵财富永远传承下去。本本分分做事，干干净净做人，不给组织添任何麻烦，不要公家任何照顾，绝不给父母丢脸！"

当晚，杨社长召集大家夜谈。

"'先祭谷公，后祭祖宗'，东山人民不会忘记谷文昌；总书记从福建到浙江到中南海，一直对谷文昌念念不忘，我们党更不会忘记谷文昌。'四有'书记、'四有'干部是时代的召唤，人民的呼唤，也是我们这次34年后的追寻的根本之义。人民日报就是要发挥中流砥柱、定海神针的作用，以'四有'为主题，以'四有'为主线，让谷文昌动人事迹触手可及，让谷文昌撼人精神力透时代。"

"头版头条的主题就定为'四有'书记谷文昌。"杨社长一锤定音。

报道出来后，人民日报社社长亲自采访撰写报道被不少媒体热议为"高规格"，甚至列举了人民日报创刊以来，所有社长署名的报道和文章。

殊不知，这所谓"高规格"的背后，是情深似海的高境界，是责重如山的高标准。

三

　　杨振武社长曾说，改进文风、创新报道要从一篇篇报道做起，改稿甚至重写是个痛苦的过程。

　　这回，彻底体验了"痛苦"的全过程。

　　先对自己狠一点儿，再让自己笨一点儿。

　　赵鹏、祥武先背对背各自写了一稿。赵鹏把自己关在家中两天两宿，激情澎湃一万多字，黝黑的脸憋得更黑了；祥武把自己锁在宿舍里两宿两天，娓娓道来也是一万多字，小白脸闷得更白了。

　　两人的稿子连同哲彬、杨倩、汉超内参人物的第一稿都摆在桌子上。先把动人的故事拉出脚本，再把精彩的提炼列成台词，每个人都当导演，谈构思说场景。取几稿精华，聚大家共识，赵鹏、祥武又是一天一宿，改出了第二稿。

　　吴焰改第三稿时，正值夜班，活儿都是后半夜干。写通讯曾是好手，撰评论正是高手。一边写谷文昌评论，一边改写通讯，在展示与揭示之中，在感性与理性之间，赵鹏的激情排浪与祥武的静水深流融合到了一起，风格统一的大模样出来了。

　　会商，碰撞。与余清楚多次热线沟通，谈修改意见，捏成第四稿。

　　第一遍作业交上去，被杨社长打了回来。

　　"前一2000多字，过长。福建干部群众学习谷文昌的情况是内参反映的内容，整段去掉；后一9000多字，也长。与当下干部的对照，冲淡了谷文昌事迹和精神的主题，全部删掉。"

　　改，再交。

　　通讯及格过关，前一仍未通过。

　　"以东山群众清明祭谷为开头，虽有新闻现场感，但过于平淡。情不切，气不足，势不够。人民日报为什么在谷文昌去世34年后浓墨重彩地宣传报道他，一定要开门见山，推窗看景，1000多字的内容，要让谷文昌的震撼与读者撞个满怀。"

吴焰写的通讯引子有杨社长要求的意思。区区不到200字，几个人琢磨了一上午。压缩凝炼后移到前一开头。

第6稿交上去，杨社长再提修改意见，请李宝善总编辑阅批。并在稿签上写到："节日期间将再打磨推敲。"

只举两例。

原标题：

政声人去后，丰碑在人间

"四有书记"谷文昌

见报标题：

34年后的追寻

"四有"书记谷文昌

原开头：

这是一个一直让习近平总书记念念不忘，并被高度评价为"在老百姓心中树起了一座不朽的丰碑"的人；

这是一个已经离开我们34载，如果活着，今年整整100岁的人；

这是一个距我们如此"遥远"，却从未走出过记忆的人。

岁月的冲刷，反而让他的身影愈加清晰挺拔，让他的精神更加力透时空。

这个人就是谷文昌，曾经在福建省最南端的海岛东山县，当了10年县委书记。

见报开头：

他已经去世34年，却仍为当地民众深深怀念；

他带领群众植下的满岛木麻黄，如今已长成防风固沙的茂密森林；

习近平总书记撰文称赞他"在老百姓心中树起了一座不朽的丰碑"；

老百姓尊他为"谷公"，"先祭谷公，后祭祖宗"，成为当地多年的习俗；

他就是谷文昌，福建省东山县原县委书记。

学博讲了一个细节。

整版通讯主题"人生一粒种,漫山木麻黄"源自哲彬、杨倩、汉超内参人物初稿;副题"谷文昌的生前事身后名"是祥武的创意。

杨社长拿着稿子,不停地念叨着:"人生一粒种,漫山木麻黄……"说着说着,毛主席1945年讲的一句话脱口而出:"我们共产党人好比种子,人民好比土地。我们到了一个地方,就要同那里的人民结合起来,在人民中间生根、开花。"社长大笔一挥,在稿件抬头写下了这句话作为题记。

事后,杨社长说,看见木麻黄,想起谷文昌。谷文昌在东山人民心中长成千千万万的木麻黄,他不就是老人家说的共产党人的种子吗!

回到4月6日晚。

11点多,杨社长来电:"信仰是从他'心'中长出来的,引号可以去掉。"

一个小时后,杨社长又来电:"听,一首为谷文昌谱写的歌曲在神州传唱,'听'字去掉。"

4月14日晚,当地干部群众再谈谷文昌的整版通讯上版,杨社长为一版"前一"起了标题:

政声人去后,丰碑在人间

谷文昌精神说不尽

……

4月17日,鏖战两天两夜,谷文昌报道反响的长篇内参经杨社长签发后,柴哲彬、杨倩分别在微信群中发声:"弟兄们真是蛮拼的""真想在地上打个滚儿"。

以谷文昌精神采写谷文昌报道。心中有党报,心中有读者,心中有责任,心中有标准。

是一次洗礼,更是一次升华。

(作者系人民网总裁,时任人民日报地方部主任)

附：

三十四年后的追寻

"四有"书记谷文昌

杨振武[①]　牛一兵　余清楚[②]

他已经去世34年，却仍为当地民众深深怀念；
他带领群众植下的满岛木麻黄，如今已长成防风固沙的茂密森林；
习近平总书记撰文称赞他"在老百姓心中树起了一座不朽的丰碑"；
老百姓尊他为"谷公"，"先祭谷公，后祭祖宗"，成为当地多年的习俗；
他就是谷文昌，福建省东山县原县委书记。

刚刚过去的清明节，东山的父老乡亲，扶老携幼，络绎不绝，又一次拥至谷文昌墓前，献一捧自己采摘的花草，放一盘自家做的吃食，燃一根他生前最爱抽的香烟，寄托无限缅怀。

"我无论如何也想不到，在中国，在今天，一位共产党的县委书记，在他死后，居然会被普通的当地民众尊称为'公'。"到过东山的作家梁晓声，曾为所见所闻而慨叹。

金杯银杯，不如老百姓的口碑；金奖银奖，不如老百姓的夸奖。

谷文昌是河南林县人，1950年随部队南下至福建，在海岛东山县工作了14年，担任县委书记10年。后来任省林业厅副厅长，"文革"期间曾被下放劳动。凡是他工作和战斗过的地方，只要提起谷文昌，人们都有说不完的敬重、道不完的思念、言不尽的呼唤。

他以"不治服风沙，就让风沙把我埋掉"的胆魄，率领东山人民苦

[①] 杨振武系人民日报社社长。
[②] 余清楚系人民网总编辑，时任人民日报社福建分社社长。

战十几载，遍植木麻黄，筑起绿色长城，硬是治服了"神仙都难治"的风沙，让海岛换了天地，让百姓换了人间。

他不仅把"不带私心搞革命，一心一意为人民"写在纸上，立下"不把人民拯救出苦难，共产党来干什么"的誓言，更是大事小情想到群众心底里，干到群众心坎上。他把功成不必在我的"潜绩"，十几年如一日地变成了泽被东山后人的福祉。好日子来到了跟前，共产党走进了人心。

他为民高擎一把伞，为民敢扛一片天，对党和人民高度负责，实事求是，敢于担当。解放初把"敌伪家属"改为"兵灾家属"的建议，一项德政，赢得十万民心。

他不论肩负重任还是身处逆境，从未忘记党员身份，从未褪去党员底色，从未动摇理想信念。见不得群众受苦受难受委屈，容不得干部不想不干不作为。任何时候，任何境遇，都相信党、相信组织，笃行宗旨。信仰，是从他心里长出来的。

他为官恪守两条原则：只要对百姓有利的事，哪怕排除万难也要做到；凡是对党的威信有害的事，哪怕再小也不能做。"当领导的要先把自己的手洗净，把自己的腰杆挺直！"对权力畏戒，对底线坚守，党性原则永远是个人头上的天。他以心中的"畏"，博得了群众心头的"敬"。

心中有党、心中有民、心中有责、心中有戒，谷文昌堪称"四有"干部的楷模。

今天的东山，天蓝、水碧、海湾美，沙白、林绿、岛礁奇。谷文昌当年描绘的愿景，"举首不见石头山，下看不见飞沙滩，上路不被太阳晒，树林里面找村庄"，早已变成现实。"我们的沙滩格外美"，是东山人的骄傲；"国家级生态县"，是东山岛的美誉。

"离开时，你带走的是两罐自腌的咸菜；留下的，是一片生机盎然的绿洲。这样的好官，谁不赞？""好书记""好干部"被人们传颂。

"我要和东山的人民、东山的大树永远在一起"，谷文昌临终留下遗言。如今，谷文昌长眠在他当年率领干部群众战天斗地的赤山林场。50

多年前栽下的木麻黄参天如盖,守护在墓旁。

"看见木麻黄,想起谷文昌。"谷文昌为东山留下千千万万的木麻黄,千千万万的木麻黄又从千千万万人的心里拔节而生。岁月的洗礼,让他的身影愈加清晰挺拔,他的精神穿越时空、历久弥新。

一首为谷文昌谱写的歌曲在神州传唱:

谁说流水无意岁月无痕,

谁说落花无情往事如烟,

请听山的诉说,

请听海的呼唤,

政声人去后,

丰碑在人间……

(原载《人民日报》2015年4月7日)

人生一粒种　漫山木麻黄

——谷文昌的生前事身后名

吴　焰[①]　赵　鹏[②]　孔祥武[③]

题记

我们共产党人好比种子,人民好比土地。我们到了一个地方,就要同那里的人民结合起来,在人民中间生根、开花。

——毛泽东

[①] 吴焰系人民日报评论部副主任。
[②] 赵鹏系人民日报社福建分社采访部主任。
[③] 孔祥武系人民日报地方部副主编。

清明，敬宗祭祖。94岁的何赛玉则不是，她带着儿子、孙子、重孙一家十几口，拜的是外乡人谷文昌，而且这一拜，已经几十年。

60多年前，福建省东山县山口村，是远近闻名的"乞丐村"，何赛玉一家每年外出逃荒，她的亲人，就死在逃荒路上。这段历史，让她刻骨铭心。"如果没有谷文昌，我们村、我们家当年还在要饭。我们家没有祖坟，谷公就是我们家的'祖'。"重重的闽南口音，满是浓浓的感情。

不只何赛玉一家如此。从1987年谷文昌的骨灰迁到东山，"先祭谷公，后祭祖宗"，就在这里相沿成习。

谷文昌，一个在时间上距我们如此"遥远"的人。一个河南林县的打石匠，1943年加入中国共产党，1950年随部队南下至福建。在海岛东山县工作14年，任过10年县委书记。曾因工作出色被省委书记点名调任省林业厅副厅长，"文革"期间被下放当过公社大队社员。

如果活着，今年，他整整100岁。

直到去世前，他仍改不了家乡口音，一家人依旧习惯吃面条烙饼。然而，就是这样一位异乡干部，遗言"请把我的骨灰撒在东山""我要和东山的百姓在一起，和东山的大树在一起"。1987年，他魂归东山，当地百姓泣泪相迎，自发捐资建纪念馆、塑雕像，自愿为他守一辈子墓。

34年过去，他从未离开过人们的视野，走出人们的记忆。岁月的洗礼，反而让他的形象愈加清晰挺拔，愈加撼动人心。

一个人的生命能有多长？一个人的生命能有多重？

谷文昌来告诉你。

"不把人民拯救出苦难，共产党来干什么！"

身为党员干部，只有牢记责任，为党分忧，为民谋利，才能谋出个"百年犹得济苍生"

轻轻踏上陵园台阶，静静来到谷文昌墓前，黄石麟点上一支烟，吸了一口，小心翼翼插在墓前一个石雕的香炉里。香炉上，刻着几个字——"谷公，人民敬你"。

这位东山县委宣传部原副部长，退休后，专心致力于谷文昌精神研究。每隔一两天，他都要到谷公墓前转转，与谷公"对话"，说说过去，谈谈现在。"越了解谷文昌，越感到他的伟大，越思念他。"

墓前香炉，一度是个谜。不久前刚获知，此炉是当年杏陈镇一位名叫陈春和的老人所铸。老人现在83岁了，面对记者，连连摆手：谁打的、谁送的不重要。重要的是，谷公活在我们心里，东山人敬他爱他。

如果不是谷文昌纪念馆里收集的那些史料照片，我们难以想象，这个富饶美丽的生态海岛，昔日竟是"沙滩无草光溜溜，风沙无情田屋休"的荒凉沙岛。

一年四季6级以上大风多达150多天，森林覆盖率仅0.12%；百年间，风沙不断吞没家园，天花、眼病泛滥，外出当苦力、当乞丐的十之有一；当地有7个"蔡姓"村，被风沙埋得只剩4个。这是解放初《东山县志》上的记载。

1950年，谷文昌随解放军南下支队，解放了离台湾最近的闽南海岛东山。旧社会的"三座大山"被推翻了，但压在东山人祖祖辈辈头上的风、沙、旱"三座大山"，还横亘在面前：群众分到了土地，但种不出粮食，分地又有什么用？

下乡路上，当时还是县长的谷文昌，碰到一群村民，身穿破衣、手提空篮，一打听，要去乞讨。乞讨？！东山解放都3年了，居然还发生这样的事。"我这个县长，对不住群众呀！"

"不把人民拯救出苦难，共产党来干什么！""挖掉东山穷根，必先治服风沙"，东山县第一次党代会上写下决议："十年内全面实现绿化，根本解决风沙灾害。"

半世纪后，谷书记的接任者，已到了第十八任。在现任县委书记黄水木看来，这绝不只是"历史"。

"什么叫'人民对美好生活的向往，就是我们奋斗的目标'？一个时代有一个时代的历史使命，但永远不变的，是执政为民的理念与情怀。当年老书记的选择，就是最生动的示范！"

然而，实现这个奋斗目标，谈何容易？

沙刚搬走，风一吹，又埋上。只能靠造林来固沙。造什么林？相思、苦楝、黄桦……十几种树轮种了个遍，无一成活。

屡战屡败，有人气馁。"这沙灾，连神仙都治不好，听天由命吧。"

谷文昌对天发誓："不治服风沙，就让风沙把我埋掉。"

屡败屡战，再聚人心。1955年，谷文昌担任东山第三任县委书记。干，一任接着一任干；种，一茬接着一茬种。

为了找到合适的海防林种，谷文昌和技术人员翻尽资料，大海寻踪。听说广东电白县成功种活了一种名为木麻黄的树，谷文昌立即派人前去。捧着树苗，他像孩子捧着地瓜一样兴奋。

"上战秃头山，下战飞沙滩"。1958年一开春，一连4天，数十万株木麻黄遍植全岛。

然而，失败又至。持续一个多月的倒春寒，冻死了几乎全部树苗，也寒透了所有人的心。几近绝望之际，技术员小林告诉谷书记，白埕村有9株还活着！谷文昌抚摸着那几株新绿的幼苗，就像抚摸婴儿的脸蛋儿，"能活9株，就一定能活9000株、9万株！"

希望，从这点点绿色开始。成立三人技术小组，开展"旬旬造林"试验，气温、湿度、风向、风力，详细记录在案。晴天种，雨天更种。终于，9株木麻黄，变成了20亩丰产试验林，又海潮般向各村漫去……

东山从此有了这样壮观的场面：一下雨，广播里马上播送造林紧急通知，各级干部带头冲进雨幕。百里长滩，千军万马，歌声与风声齐飞，汗水与雨水交织。

一心向着目标前进的人，整个世界都会给他让路。

3年过去，421座山头、3万亩沙滩，尽披绿装，万亩防沙林、水土保持林，在童山、赤地、沙丘上傲然崛起，环护着田园村舍。

"神仙都难治"的风沙，被共产党治服了。人种树、树保地、地生粮、粮养人，东山从此，美丽化蝶。

如果说，治沙造林给东山人带来的是有形的财富、享不尽的"红利"，那么另一项德政，更实实在在地收获人心。

溃败台湾前，国民党残部疯狂抓壮丁，从仅有1.2万余户的东山，抓走4792名青壮年，留下了日夜思儿的白发爹娘、倚门望夫的新婚少妇、无依无靠的鳏寡孤独。

这些壮丁家属人数众多，遍及全岛。

依照两岸当时硝烟对立的情势，这些壮丁家属是不折不扣的"敌伪家属"。一旦扣上"敌伪"帽子，就是阶级敌人。

"壮丁们是被捆绑走的，他们的家属是受害人。""共产党人要敢于面对实际，对人民负责。"时任东山第一区区委书记的谷文昌，向县委建议：把"敌伪家属"改成"兵灾家属"。

东山县委经认真调研并报上级同意后，采纳了这个建议，一律称作"兵灾家属"，并决定对这些家属，政治上不歧视，经济上平等对待，生活困难给予救济，孤寡老人由乡村照顾。

两字之差，天地之分。一项德政，十万人心！

两年后的"东山保卫战"，验证了这一切。

1953年7月，国民党部队万余人突袭东山。我守岛部队不过千人，兵力悬殊。东山群众特别是妇女，肩挑手拎，车轮滚滚，为前线运水送粮。刘阿婆家里曾被抓走3名壮丁，她不仅挑水支前，还隐藏保护了两名负伤的解放军战士。

"国民党抓走我们的亲人，共产党把我们当成亲人养。哪怕做鬼，我也愿为共产党守岛！"保卫战后在评选立功受奖的东山群众时，那些失去亲人的妇女竟占了一半以上，刘阿婆也荣获一等功臣。

东山之胜，胜在民心！

人心是最大的政治，担当是最大的责任。

"兵灾家属"后代、现在的"寡妇村"纪念馆老馆长黄镇国，有着切身体会。"老百姓最质朴。你为百姓谋利，你替群众解忧，他们就真心拥护你。"

今年86岁的靳国富，是当年与谷文昌搭档的县委副书记。他感叹：基层干部离群众最近，是党的宗旨的具体执行者，党的政策的一线传播者。群众看我们党，形象好不好，与民亲不亲，就看我们这些基层干部的言行，对政策的执行落实。

金杯银杯不如老百姓的口碑，"这个道理，是当年刻在我们骨子里的。现在，也万万不能忘。"靳国富说。

"喊破嗓子，不如干出样子""指挥不在第一线，等于空头指挥"

身为党员干部，怀揣公仆情怀，从群众中来，到群众中去，群众就和你心连心

每当想起与谷文昌的最后一面，朱财茂止不住泪盈眼眶。

那天，曾担任东山县委通讯员的朱财茂，前往漳州，探望正与癌症做最后斗争的老领导。两人聊着聊着，谷文昌说到了树："我前不久才知道，木麻黄的寿命不长。你回到县里反映一下，要记得更新换代，否则，风沙再来，东山人民又要受苦啦！"

"唉，都什么时候了，自己的命都顾不上了，满脑子还想着老百姓。"朱财茂语带哽咽。

追寻谷文昌的故事，有一些谜般的地方。

其时，风沙灾害不仅困扰东山，也是沿海地区共同面对的大难题。从平潭到东山，沿海各地都成立了国有林场，积极破解防风固沙难题。

可为什么，沿海防护林的成功，偏偏是在自然条件最为恶劣的东山率先实现？

当时在福建省林业厅造林处工作的曹如杨非常好奇。决心到东山探个究竟，见见那位"造林书记"。

书记下乡了。嗯，等他回来。

天渐渐暗了，书记还没影。县委同志笑了，"谷书记最讨厌那种只会拿着阴阳盘东转转西看看、华而不实的'风水先生'做派了，几天之内，可能都不会回来……"小曹抓起小包直奔村子。

那时没车，靠的是自行车和走路。这一追，追了两天，从白埕到西埔，跑了大半个东山。每到一处，不是听村民说"书记刚走"，就是"哎呀，谷书记上星期刚来"。

人没见着，小曹却有了答案：能这么沉得下去、靠前指挥的干部，啥问题不能解决？

谷文昌爱说两句话。一句，"喊破嗓子，不如干出样子"；一句，"好的动机不一定收到好的效果。要把动机和效果统一起来，必须深入群众，吃透情况"。

当年的公社党委书记林子策记忆犹新。大饥荒时，谷文昌到村里了解灾情。中午开饭，桌上只有番薯和几碗清澈见底的稀粥。队长不忍，偷偷蒸了碗米饭。谷文昌一惊，谢绝了："我是党的干部，就得和群众吃一样的饭、受一样的苦、干一样的活，群众才会信任我们。"

当年的通讯员陈掌国印象深刻。每次下乡，谷文昌至少要交三个朋友，一个老贫农、一个队长和一个最困难的农民。全县60多个村400多名生产队长，他几乎都能叫出名字。

东山谷文昌纪念馆里，有一张放大的黑白照片，每位参观者必会久久驻足。那是1970年，下放到宁化县的谷文昌，被任命为隆陂水库的总指挥。照片中，一脸病容的他抬着巨大石条。石重杠沉，压得他上身佝偻，肩膀与头紧贴着怀中的大石。

这可是56岁的老人啊！

身边人常劝，你是领导，年纪又大，不用冲在一线。谷文昌反驳，

"发号召容易，真正干成一件事却不那么容易。事业要成功，领导是关键，指挥不在第一线，等于空头指挥。"

他总说："关键时刻，干部在不在场效果大不一样。"植树造林，治理风沙，修建水库，战天斗地的场景里，总有他瘦削的身影。"谷公带头，哪能不听？"许多人回忆起当年"一声令下，人人出动"的场面，激动不已。

有作为不能乱作为，苦干不是蛮干，实干更得会干。那一年，宁化县革委会下命令，水库提前上坝填土，向国庆献礼。此时涵管清基尚未完成，强行填土隐患巨大。顾不上头顶着一顶"走资派"黑帽，反复征求技术人员意见后，谷文昌向县领导据理力争，终于说服他们，延缓了施工进度。

"这是个尊重知识分子、尊重科学规律的人！"在那个一不小心就被"白专"的年代，谷文昌的执着担当与实事求是，让无数技术人员感激知遇之恩。

"跟着谷文昌干，我们都愿替他'卖命'。"人心，斗志，就这么紧紧聚起。

一个爱民如子、为民请命的"不惜命"书记，一支"肯卖命"的干部和技术人员队伍，一方热土下"同一条心"的百姓，汇聚起来的这股巨大能量，什么难关冲不过，什么险滩涉不了，什么梦想不能实现？

谁是真心实干的，谁是玩虚弄假的，群众心里明镜一般。谁把群众放心中，群众自然会拥他在心中。谁与群众同坐一条板凳，群众也会和他同一条心。

谷文昌就是最好的例子。

"不带私心搞革命，一心一意为人民"

身为党员干部，无论何种境遇，理想支撑主心骨，信念稳作压舱石

一头短短的白发，根根直立。虽年过古稀，却直率如当年。"谷公是个好人,他真真切切地改变了我一生。"

被"改变"的这个人,名叫张瑞栋。宁化县一名普通的水利工程师。

在记者离开宁化不久,老张特地寄来一封信。信里说:你们好好写,老谷是一个真正的共产党员,是一个真正能够改变人思想的共产党员。不靠说,靠做。

谷文昌留下的工作笔记上写有这样两句:"不带私心搞革命,一心一意为人民。"

这是他一生的信仰!

入闽前,谷文昌担任中国人民解放军长江支队第五大队第三中队党小组长。部队原来的任务是接管苏沪杭,情势突转,上级要求他们随军南下,接管福建东山。听说语言不通,气候湿热,"三个蚊子能炒一盘菜",很多北方人犯怵了。

谷文昌第一个举手:"共产党员,党说要去哪里,就去哪里。"

"他对'共产党人'这几个字有深刻的理解。"福建解放军长江支队历史研究会副秘书长李晋榕十分感慨。

张瑞栋和谷文昌相处的日子仅一年多,时间很短,却影响一生。

1969年冬,时任省林业厅副厅长的谷文昌,全家下放至闽西北偏远的山区——宁化县禾口公社红旗大队。7个多月后,对农田水利颇为内行的谷文昌被任命为隆陂水库的施工总指挥。在那里,小张认识了老谷。

逆境最能见襟怀。

张瑞栋原是水利局水利规划队员,被精简下放回乡务农,后又调入指挥部任施工技术员。从一个县技术员变成一个大队农民技术员,从挣工资的变成了挣工分的。小张闹起了情绪。

老谷觉察后,跟小张谈心。"我是经过沟沟坎坎的人,但我始终坚定,任何时候都要相信党,相信党组织。""我都愿意为改变禾口穷苦面貌拼上这条老命,你是禾口人,有什么理由不为父老乡亲出力呢?"

换别人,小张会认为这是说教,可说者是老谷,他听进去了。

因为老谷,就是这么做的。

下放期间,谷文昌每月准时交纳3元党费,他从没忘记自己是名共产党员。哪里有困难,哪里就是他的新战场:到生产队当农民,夫妻俩一年拾粪积肥上万斤;守在田里检查虫害,领着技术员日夜试验,终于让所在村子,在全社第一个实现了亩产过《纲要》,全村人也终于吃粮从年头吃到年尾不断顿。"谷文昌,谷满仓",名字就这么传响。

被"点将"到隆陂水库任总指挥,本来被安排住旧祠堂,但谷文昌坚决不肯,要和80位民工一起睡工棚,竹片当床板,稻草当褥子。每天清晨5点起床,打石、挖土、挑土、推土,什么都干……

"一个56岁的老革命,一个省厅级大干部,论委屈,老谷岂不比我更大?"

小张从此安心。这一安,便在基层一线安了30年。因工作出色,他被评为福建省劳动模范。张瑞栋也牢牢记住了那句话:无论任何时候、什么岗位、任何境遇,都要相信党,牢记自己是党的人。

真正的信仰,是从心里长出来的!

对党忠诚的人,党更不会忘记。

从福建到浙江到中南海,习近平总书记多次提过谷文昌,还在一篇题为《"潜绩"与"显绩"》的文章中,称赞他"在老百姓心中树起了一座不朽的丰碑"。今年1月,与全国200多位县委书记座谈,在叮嘱大家要做心中有党、心中有民、心中有责、心中有戒的"四有"干部时,总书记又一次深情谈起谷文昌。

在福建,至今还流传着"谷文昌与两位省委书记"的故事。

一位是叶飞。东山造林成功,时任福建省委书记叶飞闻知,大为赞扬。1963年,在全省"年度农业生产先进单位和先进生产者代表大会"上,叶飞点名谷文昌介绍东山经验。不久,谷文昌调至省林业厅任副厅长，轰动全省。

另一位是项南。1981年1月30日，谷文昌在向家人留下"埋骨东山"遗愿后，与世长辞。闻知此讯，刚刚主持省委工作的项南，立即赶到医院，向谷文昌遗体告别，叮嘱《福建日报》在一版发消息，并亲自动手，在版样上改标题。

"谷公让我们看到，信仰这东西，不抽象，很具体，有时就是说的一句话，干的一件事。"曾长期在谷文昌身边工作、退休前担任东山县委组织部部长的林木喜，很是感慨。他经常问一些年轻干部：换个位置，换个情境，你能像谷文昌那样吗？

"当领导的要先把自己的手洗净，把自己的腰杆挺直"

身为党员干部，永握戒尺，公私分明，为官心中"畏"，才有群众心头"敬"

楼下的玉兰，迎着春风灿烂绽放。二楼窗户外往来的嘈杂，清晰可闻。谷文昌的小儿子谷豫东，不时地看看手表，惦记着即将放学的外孙女……

这是漳州芗城新村一座110平方米的普通旧房，谷文昌的五个子女们，聚在一起，像今天中国亿万个家庭一样，普通、平淡，但是和睦、快乐、满足。

今年春节前夕，东山县委常委、组织部部长沈志雄，按照惯例，准备去漳州看望谷家。但谷家子女却婉言谢绝了。

理由是：去年母亲走了，他们没有资格再享受东山县领导年年来看望的待遇。唯有更好地按父亲母亲生前要求的去做，才能告慰老人。

说者平静，闻者动容。

这样的事，并非首次。

谷文昌去世后一周，爱人史英萍便拆除了家中的电话，连同谷文昌的自行车，一并上交："这是老谷交代的，活着因公使用，死后还给国家。"

公与私，情与法，利与义，谷家人想得明白，活得本分，划得清楚。谷家家风中照见的，是谷文昌生前恪守的当官底线。

谷文昌定下"为官两原则"："只要对百姓有利的事，哪怕排除万难也要做到；凡是对党威信有损害的事，哪怕再小也不能做。"

他常对身边人、对家里人说，"当领导的要先把自己的手洗净，把自己的腰杆挺直。"

蹲点湖尾村，谷文昌和村民一起劳动，一起喝地瓜汤，原本就有胃病、肺病的他，得了水肿病，痛得在床上打滚。警卫员看不下去，溜回县委秘书室开证明，买回一斤饼干。一向好脾气的谷文昌发火了："赶快退回去！群众在挨饿，我怎么吃得下？"

到外地开会，安排好了住房，却常常不见人影。他嫌住宿费贵，干脆和通讯员一起，找了家一晚1.2元的房同住，"怕浪费公家的钱"。

调到省城，他随身只带两个旧木箱和两瓮咸菜。家里也只是添置了几把藤椅、一张石桌。别人奇怪：怎么不买木制的？"我当林业厅副厅长，家里一下多了好几件木家具，我怕别人说是揩公家油，以后别人还不都得跟着学？"

怕？！这个从枪林弹雨中走来的汉子，不怕牺牲、不怕艰苦、不怕风沙，却独独"怕脱离群众""怕给公家浪费"。此"怕"才令党生威！一柄戒尺，划清公私；一面畏镜，照见党性。

怕？！这个走到哪里就造福到哪里的县委书记，不怕失败、不怕委屈、不怕磨难，却偏偏怕党的事业干不好、党的形象受损害，此"怕"换来万民敬。谷文昌"文革"被斗，东山闻知，当地两拨原本内斗的红卫兵，达成共识，以拉回当地批斗为名，将谷公保护回来。当地一娃，不明就里，喊了句"打倒走资派谷文昌"，被路过的群众一巴掌扇过去："没有谷公，你个小鬼哪能活到今天！"

干部要过权力关，不易。过家人关，更难！许多贪官在忏悔时，几乎都谈道：不怕自己吃苦，就怕孩子受穷。对权力的敬畏，往往从家庭突破、失陷。

谷文昌也爱家人，也疼孩子。只是，他希望让他们一生过得坦坦荡荡，睡得踏踏实实。

妻子史英萍，同为南下老干部，解放初即任东山县民政科科长，1952年定为行政18级。可每次提职、提薪，老谷就动员爱人"让一下"。直到谷文昌去世后的第3年，才升为17级。

身边的工作人员换了几茬，他没有提拔重用一个人；他招收别人进单位，偏偏不安排自己的5个子女入公职；哪怕是一辆自行车，他也不许他们碰一碰，因为它姓"公"……

"也曾想过，如果不是谷文昌的孩子，我们的境遇会不会比现在好？"谷文昌的五个子女，除了长子退休前在厦门出入境检验检疫局工作，其他4位退休前都只是漳州最普通的科员、企业职工。甚至第三代，也多是普通的幼儿园老师、糖厂职工、单位司机。

这样的"家规""家风"，今天看来有些不近情理，可能还会被讥为"不食人间烟火"。然而，随着年龄的增长，谷家兄妹对父亲有了更多的认识，从理解到崇敬，从崇敬到感悟。"我们的日子虽然平淡，但过得踏实。这是父亲留给我们的一笔无比珍贵的精神财富。"

如此"踏实"的感觉，谷文昌身边工作过的人，一样有。"跟着谷书记，可能不会升官发财，但是一定不会走错路。"

"用权以廉、持身以正，谷文昌身上的这种宝贵品质，正是今天各级干部不可缺失的精神钙质。"沈志雄感叹，多一点对谷文昌的了解，就多一些"今天太需要谷文昌式干部"的感悟。

离开东山前，记者再次来到谷文昌陵园。

像东山人一样，点燃一根烟，小心翼翼地插进石制的香炉。香炉里，已经有了67根烟蒂。

一人，一树，一林，一岛，远离故土，脚踏贫瘠，根扎千尺，任凭风雨，面朝大海，泽荫后世。

人生一粒种，漫山木麻黄……

（原载《人民日报》2015 年 4 月 7 日）

编辑 03
让新闻创造力倍增

引言

作家冰心曾经讲过这样一个故事：1923年，受泰戈尔《飞鸟集》的影响，她出版了《繁星》和《春水》两个集子，记录一些"小杂感"式的"零碎的思想"，共300多则。结果，出版社编辑将这些"小杂感"分了行，成了自由体新诗的一个品种，出版后这种新诗体竟然风靡一时，带来了一个"小诗的流行的时代"。

这位编辑似乎有点"越位"。但显然，冰心很欣赏这样的"越位"。

这样的"越位"，正是对编辑职能的创造性发挥。

"为他人作嫁衣裳"，一说编辑，很多人就会想到这句话。确实，编辑首先是服务，为记者服务，或删简，或润色，把记者的稿子打扮得漂漂亮亮的，争取一个好版面、好时机。但是，生活就是创造，唯创造赋予生命以意义。真正意义上的好编辑，应该集服务性与创造性于一身。

如果说"作嫁衣"体现了一种服务的境界，那么，发现记者的创造潜力，心甘情愿当人梯，给予记者切实的指导，助其完成新闻产品生产，帮助新闻创造力的成长，便是编辑对自身职能的创造性发挥。《"生命禁区"的守护者》，是朱虹当记者的"首秀"，闭门三天，数易其稿，写出来了连自己都不满意，是老编辑陈伟光寓服务于指导的一番真挚批评，令其茅塞顿开，学会了"写出心中的感动"。

编辑的这种作用与影响，不独于年青记者，于老记者也同样。特别对于驻地方的记者，编辑在这方面的作用尤为重要，即使眼下通讯手段已很便捷，编辑和记者在对政策等宏观层面的把握方面，信息依然是不对称的。记者强在接地气，编辑的优势则是站位高，视野开阔，"观云识天"方面有利条件更多。因此，当记者茫然无绪时，编辑的一番鼓励肯定往往成为"定盘星"。如今已领军一方、在浙江新闻界任领导的高海浩，写《一人沉浮，千夫评说——步鑫生被免职后的种种议论》稿时名声已不小，然而他坦陈："这篇稿子之所以能够出笼，完全归功于记者部和报社领导的激励和指点。"如果没有编辑部多位老编辑的及时点拨和激励，这篇获 1988 年度全国好新闻一等奖的报道很可能"折戟沉沙"——夭折于记者自己差那一点断然出手的勇气。

"与君一席言，胜读十年书。"记者编辑间自然不乏这样的佳话，但现实却不是都那么充满诗意。很多时候编采之间为一篇稿子往来无数，记者烦，编辑累，痛苦不堪。看看《"婆婆嘴"潘云辉》一稿，如何经过编辑、记者几番修改，最后改定为《"金牌调解"潘云辉》刊出，对编辑如何"为他人作嫁衣"或许会有一种新的认识，对"梳理、归纳也是'磨刀'"的道理，或许会有几分认同。

作嫁衣只是埋头拉车，编辑还有一项重要工作，就是不仅自己要抬头看路，还要引导记者抬头看路。人民日报地方部数年来，坚持每周对地方分社记者采写的稿件作点评，论事实，摆问题，讲道理，有时甚至抓住一些尚处萌芽状态的现象，及时予以引导。囿于时间和编辑本人从事新闻的阅历识见，周评的质量还不算稳定，但它无疑正在摆脱跟在报道后面为其作"存在即是合理"式的注解，而试图由具体的作品提升到具有普遍意义的层次来认识，在更高站位上，对有些不好的现象评判分析，对有创新的东西积极肯定，扩大影响，"使这东西为大家所知道，从而创造出一个纯正和新鲜的思想的潮流"（英国文艺批评家阿诺德语）。

这样一份良苦用心，可见诸选录的一组周评，也可见诸给龚永泉一篇小稿《擦鞋者说》的编辑前后。编辑编完此稿后即"鼎力吆喝"，在《人民日报》一版推出时特别加上"编者按"；报道刊出后，约作者谈经验，请记者站的同事说观感，后又专门开研讨会，将一篇报道升级为一次对报社全体采编人员的培训。《擦鞋者说》是一个重要采写案例，又何尝不是一个成功的编辑案例呢？编辑的创造性、能动性，尽显其中。

而在互联网带来媒体巨大变革的今天，编辑更是获得了极大的创造空间、创新空间。

独龙族老县长高德荣的报道，虽说是一次重大典型报道，但就形式而言，本质上仍是一次常规"作业"。却因着编辑勇于创新，采编全程互动，不仅报纸报道本身创新出彩，新老媒体融合整体性报道方面也作出了探索和突破，比如探索通过移动终端互动的方式对先进人物的故事以多图、少文、配乐的方式展现，突出用户体验；首次推出H5产品与报纸上的系列报道同步推送，制作二维码产品，等等，真正产生了"一次采集、多种生成、多元传播"的效果。

"心甘情愿当人梯""乐为他人作嫁衣"，任何时候，编辑的这种角色意识不能缺位。但是，仅满足于这一点早已远远不够。说法，可以用说法来批判；思维，则必须用行动作批判。互联网时代的到来，要求每个编辑把"创造""创新"写满自己猎猎飘扬的旗帜，而创新思维，只能在编辑实践中生长。

"报纸即将死去"，这样的声音聒噪够多的了，我们仍有理由相信：一切皆有可能。只要办报人心里仍然燃烧着那份激情——创新！

学会写出心中的感动

朱 虹

编者按

据说,训练时各项成绩都优异的新兵,上战场后第一次面临真枪真炮,甚至会尿裤,更不用说战前"优异"的战术素养了,那时脑子里只剩一片空白。一个记者的"处女作",有时也会出现类似的情形,越想写好一点,越不知道怎么写。这时候,如果有一点外力,被紧张抑制的能量就会发生作用,一个"新兵"若干年的知识训练就会被"激活"。而这种外力并不神奇,也许就是别人的一两句话,一位旁观者,或者一位编辑。但这一两句话,必须精准,才会发挥"点穴"作用,才会一语惊醒梦中人。

编辑是把关人,是好作品的精心打磨人,这是相对于比较成熟的记者。对于年青记者,编辑也应该是慧眼识珠者,指点迷津者,是年青记者的启蒙人,引路人。这是一个编辑的责任,也是衡量一个好编辑的标志。

作为一名报社新兵,到可可西里国家级自然保护区采访,是我第一次独立采访。可可西里蒙古语意为"美丽的少女",但实际上这里是气候恶劣的"无人区"。这里虽有城市无法相比的湛蓝天空,更有城市人体会不到的荒凉。在这里的每一天我都有想要流泪的感觉,为这里顽强的生命力，为这里高尚的灵魂，为这里血腥的屠杀。我感觉到了肩膀上沉重的担子，我想把心中的感动写出来，想让全世界的人知道：有一些人为了挽救脆弱的环境和濒危的物种付出怎样的代价。

在去可可西里的途中我心里就忐忑不安，因为没有采访经验，生怕漏掉了什么新闻素材，因此，我把所见所闻几乎都记在了采访本上。汽车驶过昆仑山口，一幅写着"让我们的心灵像雪域般纯洁"的标语深深震撼了我的心。在可可西里国家级自然保护区管理局，我和管理局局长、反盗猎队员和志愿者们聊天，把听到的感人故事记满了一个采访本。就这样，在整个采访过程中我白天找素材，晚上整理材料，逐个核实人名、地名。离开的那晚，可可西里管理局局长才嘎对我说："我看出来了，还是人民日报记者最认真呀。"听了这话，我心里暖烘烘的，下定决心一定要写出一个好稿子来。

回到北京立刻开始动笔，但是面对如山的材料我却不知从何处着手。写了一稿又一稿，自己都不满意。把自己关了三天，终于写出二千多字的稿子，发到编辑组。当晚到编辑组求教，陈伟光老师只问了我一句话："你这篇文章到底想说什么？"我却回答不上来。我想说的太多了：可可西里对全国环境的重要，藏羚羊对特种进化的重要，反盗猎队员的伟大……想说的太多，反而让文章变得琐碎无章。于是稿子被退了回来。晚上睡不着，想着在可可西里最让我感动的还是反盗猎队员们的无私奉献精神，于是立刻爬起来，熬了一个通宵，又写了二千多字，美滋滋地又传到编辑组。再次到编辑组求教，陈伟光老师看完稿子后还是摇头，他对我说："你把你在可可西里感触最深的人和事不加修饰地写下来，不要看采访本，怎么想就怎么写，就在这里写，写完给我。"

我在编辑组的一台电脑前坐下来，这一坐，在可可西里的情景像放电影一样在脑海中涌现。我就把一路上的高原景色，听志愿者的讲解，在保护站的见闻以及巧遇被救养的藏羚羊的片段全部写了出来。第二天，陈伟光老师将改好的稿子交给了我,我随便写的那些片段几乎没有怎么修改保存在文章里。看着改后的稿子我如梦方醒。陈伟光老师说:"你前两稿一直端着架子写文章,加入了太多议论性的东西,反倒模糊了内心的感受。"这样的稿子感动不了自己,怎么能感动读者呢?

(作者系人民日报社天津分社采访部主任)

附:

"生命禁区"的守护者

——可可西里自然保护区见闻

朱 虹

巍峨的雪山下面是茫茫戈壁,光秃秃的丘陵在灿烂的阳光下显得分外刺眼。可可西里,因高寒缺氧而被称为"生命禁区"。

在从不冻泉保护站到索南达杰保护站的路上,不时看见成群的藏羚羊。上世纪末,这里疯狂的藏羚羊盗猎活动震惊国内外,藏羚羊种群数量从20多万只急剧减少到几万只,成为世界濒危物种。自1998年以来,可可西里的反盗猎勇士与武装盗猎分子展开艰苦卓绝的斗争,忠诚地守卫着这个雪域精灵。藏羚羊羊羔存活率保持在50%左右,数量正在回升。

同行的青岛科技学院教师王挺曾在可可西里做过志愿者。记者问他:"你多次来可可西里,是不是很关心藏羚羊的命运?"

他的回答出人意料:"开始是这样。后来我每次来,最关心的是咱们的巡山队员们身体怎么样,因为一旦他们倒下了,藏羚羊也就完了。"

在可可西里自然保护区管理局,每一个黝黑的巡山队员背后都有感人的故事。队员罗松是一个26岁的小伙子,话不多,笑起来很腼腆。他说,巡山时最怕的是陷车。夏天巡山时车会陷进沼泽,队员们挖一天把车挖出来，没走两步又陷进去了。冬天车陷进雪里，就要铲雪前进，铲一会儿人就筋疲力尽了，车子还是前进不了几步。走不出去，人就会被冻死。

索南达杰保护站是为了纪念与盗猎分子战斗而牺牲的烈士索南达杰而设立的。在这个保护站里，记者见到了动人一幕：几只藏羚羊被饲养员领着散步，它们像宠物一样跟在饲养员的后面，非常温顺。有人介绍说，这些藏羚羊是被巡山队员从死亡边缘救回来的。记者禁不住想抚摸它们，却被饲养员制止了，他说，这些羊以后是要放回自然的，抚摸会让它们更习惯与人一起，而不能适应大自然了。

从1998年初带领队员向盗猎分子打响第一枪开始，可可西里国家级自然保护区管理局局长才嘎的名字就与可可西里紧密地联系在一起。如今，年过半百的才嘎仍然执著地守护在保护区的土地上。

才嘎告诉记者，反盗猎队员每年都要在4.5万平方公里的可可西里核心区内巡逻十几次，每次少则一周，多则半个月。队员们在天寒地冻的保护区内风餐露宿，爬冰卧雪，傍晚时吃上一碗热方便面成了他们最大的享受。6年来，他们破获盗猎藏羚羊等高原珍稀野生动物和非法捕捉、盗卖、运输野生动物产品的各类案件107起，抓获犯罪嫌疑人300余人，收缴藏羚羊皮近4000张。

虽然藏羚羊的生存环境大为好转，才嘎还是忧心忡忡。他说，由于藏羚羊皮和羊绒走私通道没有封死，我国刑法对盗猎分子的处罚过轻等原因，国际藏羚羊绒制品非法贸易依然存在，盗猎分子盗猎手段变换不定，再加上保护区内放牧区域不断扩大，藏羚羊的天敌相对增多等因素，藏羚羊和三江源生态环境的保护工作仍面临着重重困难。

他说："只要可可西里的枪声不停息，我们就不会休息。"

（原载《人民日报》2004年11月11日）

我为什么能撞到这个机遇[①]

高海浩

编者按

德国著名诗人海涅说过一句话,大意是:诗人与批评家、编辑的关系,是锥子与磨石的关系。锥子,在磨石上才能越磨越锋利,越磨越闪光。记者和编辑又何尝不是这样的关系呢?

特别是相对于驻地记者,编辑部在"顶天"方面更具优势,居全国制高点,全局、全面的东西了解更多,更容易从宏观层面把握,可谓"更见情、更见势"。因此,客观上有因势利导的条件。但更重要的是主观方面,编辑不仅是把关者,也是报道的组织者,要有责任感,敢于担当。须知,一方苍砺的磨石才能成就锥子的光辉,磨石太软,也是会废掉好锥子,耽误好锥子闪亮的。高海浩后来感叹:"这篇稿子之所以能够出笼,完全归功于记者部和报社领导的激励和指点。"此话并非全是谦虚,犹豫不决之际来自编辑的及时提醒和鼓励,对于地方记者真有拨云见日之效,有定心安神之功。

《一人沉浮 千夫评说——步鑫生被免职后的种种议论》刊出后引起社内外热烈反响,国内几十家报刊转载此篇报道,并展开了热烈讨论。

[①] 本文摘自《灿烂的星河——人民日报记者部新闻实践与思考》。

这篇报道还获得了 1988 年度全国好新闻一等奖。

当时，有不少新闻业务杂志约我撰写采写体会之类的文章，我均一概谢绝了。因为这篇报道所引发的反响和效应远远超乎了我的想象。首先，这是《人民日报》罕见地对新华社某个重点报道进行"纠偏"。中国两大新闻机构的"交锋"可能引发的后果是我等小人物无法担当的。其次，我的这篇报道罕见地对新闻界自身和价值判断进行了反思。因为引用的读者批评比较尖锐，诸如"成也萧何，败也萧何，新闻界咋能这样搞。""有些记者既当接生婆，又当掘墓人，真缺德！""记者太势利，靠不住！"之类，让有些同行难以接受。

更重要的是，在这篇稿子的采写过程中，我获得了诸多从未有过的感悟，包括人生的，也包括业务的，需要认真消化和沉淀。

现在回过头来看，这篇稿子之所以能够出笼，完全归功于记者部和报社领导的激励和指点。记得，新华社报道步鑫生被免职的报道后，浙江各界反映异常。根据记者部主任丛林中的意见，我先后发回了三篇反映社会舆情的内参稿，报社领导高度重视。几天后的一个晚上，经济部主任艾丰打来电话，希望我在内参的基础上改写成公开报道。当时，我相当犯怵：一是此类敏感话题从未碰过，很难把握；二是围绕步鑫生的处理和报道，浙江省领导层意见并不统一，搞不好容易激化矛盾。我提出，请总社派人来采写，我做好配合。这时，艾丰前辈说了一段让我至今难忘的话：报社有许多才华横溢的同志，为什么有的冒出来了，有的工作平平。不是他们不努力，是缺少机会。你今天就面临这样的机会，别放弃了，否则你会后悔的！

震聋发聩，一语惊醒。于是，我连夜动手，用了两个通宵终于完成稿子。但心里还是很不踏实，毕竟这样的题材从未遇到过，有些相当尖锐的观点和提法不能不引用。记得 1 月 26 日早上一上班，我就将稿子发回记者部。中午时分又给丛主任打电话，询问是否需要修改。丛主任答复说，这个稿子比较敏感，有些表述和观点他也难以判定，已送陆超祺副总编审定。其实，我感觉这篇稿子要出笼估计会很费劲，甚至已做好了几次修改的思想准备。

没想到，第二天刚到办公室还没来得及翻看当天的《人民日报》，我就不断接到祝贺电话。赶紧打开报纸，除了个别提法略有修改，几乎全文照发。此刻，连我自己都被深深地震惊了。我久久坐在椅子上，也不顾电话铃声，脑海里始终萦绕着一个问题：我为什么能撞到这个机遇？……

随着时间的推移，我越来越理解"机遇"这两个字的内涵。撞上机遇并不难，抓住机遇更不易。这需要勇气，需要激励，更需要放弃某些既得利益。此乃舍得也。

（作者系浙江日报报业集团社长，
时任人民日报驻浙江记者站首席记者）

附：

一人沉浮　千夫评说
——步鑫生被免职后的种种议论

高海浩

1988年元月的日历才翻过一半。报纸、广播、电视纷纷报道两条新闻：步鑫生已被免职。报道称，他所领导的海盐衬衫总厂管理紊乱、亏损严重，资不抵债。

一石击水，突如其来，舆论哗然，议论纷纷。

一

如同1984年围绕步鑫生改革创新引发的波及全国的议论，今天，被免职的步鑫生再次成为舆论的一个"热点"。人们从各自不同的观察点和理解度,去评说这一风云人物的沉浮,在浙江几乎议论蜂起。它给正在出现的民主议政和协商对话增添了一个新的话题。

"改革者也不能终身制,不行就应该下来。"

"处理这样一个典型,报纸一登了事,是否太草率了?"

"我们当初就不赞成步鑫生那套做法,不出所料他垮台了。"

"步鑫生毕竟没有犯法,他的经营失败是正常的,没有必要大做文章。"

"不能把责任归咎于厂长一个人,领导部门的责任呢,为什么没人出来说话?"

"步鑫生是一个教训,说明改革者、企业家都有提高自身素质的问题。"

"成也萧何,败也萧何,新闻界咋能这样搞。"……

这些议论均产生于公众自发的讨论中。在机关,在工厂,在家庭,在街头巷尾……没有谁去组织,也没有规定过命题,但人们畅所欲言的热情显示了过去少有的开放心理。

在一次会议间隙,省政府一位领导欣然加入记者们就此展开的热烈讨论。某市一位副市长以诗代言:一马不行万马喑,一马奋蹄万马奔。人有功时莫乱捧,人有过时莫胡评。拔苗助长固可恨,恶言冷语更可憎。非佛非仙是凡人,超越自我休沉沦。

有位保险公司的职工向记者打听,步鑫生被免职,是否意味改革要放慢步子了?

看来,这场众说纷纭的讨论,已经远远超出了对步鑫生功过曲直的评说。一位作家在谈及这种现象时说:"这种议论纷纷,是通常的会议、讨论中难以见到的,街谈巷议往往更见民意。人们敢于自如地谈论和思考改革问题,体现了中国公众强烈的自觉参政意识,也表明社会舆论已不再重复只允许一种声音的旧状况。"

"免职决定并没有结束步鑫生的问题,反而把关于改革的讨论引向深入,这无疑是件好事。"一位理论工作者热情评价说。

二

海盐衬衫总厂亏损严重、资不抵债，这是事实。至于具体数额、原因及责任，有关部门正在调查核证。有一点可以肯定，公开的报道已把步鑫生失误、问题以及他所应负的责任叙述得十分充分。

据记者所接触的社会各界反应，几乎没有人否定步鑫生的错误和责任。相反，许多改革者、企业家都认为，步鑫生的失误是"一面镜子"、"前车之鉴"。但议论的焦点是：对步鑫生的处理和报道，人们有许多不同意见和看法。

步鑫生被免职消息发表当天，在与大学生的一次对话会上，浙江的一位著名厂长显得忧心忡忡："我只有小学水平，今后难免会失误。"他在事后说："我怕失误了也给我来这么一篇。"

据许多厂长、经理私下向记者透露，步鑫生被免职使他别有一番滋味在心头。一位厂长说："现在当厂长、经理的，算得上独立的法人代表吗？许多问题厂长和经理是难以承担、左右的。"

这种不安并非庸人自扰。浙江的一位理论工作者分析步鑫生失败原因时说："从经营战略上来看，步鑫生失败的直接原因是上西装生产线，其间有诸多不容忽视的因素。如果他不搞西装，固守旧业搞衬衫；如果维持原计划8万套的西装生产线，上级部门不成倍加码扩大规模；如果不受建筑皮包公司诓骗，厂房基建没有返工误期一年；如果1985至1986年间服装市场没有突发性起落；如果没有消费基金膨胀、基本建设投资失控的大背景……步鑫生如果免却其中任何一条不利因素，都可能避免困境。"

"悲剧在于这些因素恰恰同时出现，把步鑫生击倒了！这是新旧体制摩擦、撞击必然产生的'负效应'。步鑫生固然有他素质不高的弱点，但换个别人，就一定能逃脱这个'看不见的手'所致的厄运？"

"从另一方面看，中国企业改革的'母体'是什么？小农经济和小生产方式。从这个'母体'脱胎而出的企业家，不可能充足或自如地具备现代化管理者应有的素质，这需要漫长的痛苦磨练。中国改革的现实就是如此。所谓改革难，也就难在这里。在论及一个企业和企业家成败得失时，不能不同时顾及这个现实和整个社会背景。"

厂长、经理们的这种忧虑和议论，提醒人们注意一个严峻的现实：在注重提高企业家自身素质的同时，还要加快改革，特别是从宏观上创造一种有利于改革的环境，调节企业自我约束、自我完善，并使其少走弯路，少犯错误。否则，还会有企业和企业家为此付出高昂的代价！

三

作为这场议论的中心人物，步鑫生在想什么？

在海盐衬衫总厂的一个小房间里，步鑫生爽快地接受记者的突然造访。步鑫生说："厂里出现的困境，我有不可推辞的责任。很多深刻教训值得反思……"他还像以前那样坦率，但说到沉痛、动情处，不免声音嘶哑，泪盈眼眶。

给记者们总的印象是，步鑫生并没有消沉。他说："我还没有躺倒不干的念头。县里调动我去二轻公司上班，但我不想坐机关。待我考虑成熟后，我还要去办企业。"

两小时的采访，不时被来客打断。日本一家公司已向海盐衬衫总厂订了一批服装，因为步鑫生被免职担心合同难以履行，遂派员赶来询问。已决定同衬衫总厂联营生产出口服装的本地一家企业，也担心这件事会影响原计划。有些群众说："衬衫总厂有希望好转，叫步鑫生下台，是否不合时宜。"尽管如此，已同衬衫总厂达成业务协议的不少企业表示：意向不变。记者听到当地一家国营企业的代表对步鑫生说："步厂长，有什么困难尽管说，你一定要东山再起！"

许多人到海盐衬衫总厂探望步鑫生，还有来自全国各地的不少信件。

"你的失败和免职是正常的。希望步厂长总结教训，东山再起，几年之后又是一个步鑫生!"——这是江苏一位大学生的来信。

"人生谁无过,何况今日失败。有人说步厂长年纪大了,这次倒下爬不起来。我认为,勇士不分年纪,站起来吧!"——这是西安一姑娘的来信。

一位出差海盐的外地人对记者说:"以前到这里,听到说步鑫生不好的多。这次来反倒好话多了。"

不能不负责地说这是"逆反心理"。有人说,公众舆论的导向反映了对某种偏激舆论的不满,人们亮出了被偏激舆论所忽略的公正标尺。记者的印象是:议论中间夹有牢骚,但也表达了一种民意。人们关心改革,希望改革,并要求公正地对待为改革付出过代价的人们,不管他们目前的处境如何。

四

在围绕步鑫生沉浮的议论中,新闻记者也成了公众评论的主要对象,这是新闻同仁们始料不及的。

"步鑫生没有你们吹得那么好,也没有你们批得这么坏!"一位工人说。

"有些记者既当接生婆,又做掘墓人,真缺德!"一位干部说。

"记者太势利,靠不住!"一位厂长说。

海盐县政府一位负责人在分析当地群众舆论时说,人们普遍对公开批评步鑫生的报道持反感态度。到海盐县采访的记者们均明显感到:人们投来的是卑视、冷漠的眼光。一位记者说:"当地人好像有情绪,回避记者,不想和你谈什么。"

这当然是记者的悲哀,有许多值得反思之处。

一位当年曾经报道过步鑫生的记者说:"尽管当时肯定步鑫生的报道有过多、过热的现象,并且相对地迁就了他本人的缺点。但记者们为改革的新事物所吸引,所激动,出发点是推动改革。记者的欠缺和不足是,在肯定属于步鑫生的改革开拓的作为时，较多地从报道对象自身的行为、价值去评价，去着眼，缺乏从整个社会改革的背景上去分析和考察，比如改革人物产生的动因和制约，他们的缺陷和发展趋向等等。因而对改革人物的把握性变得非常有限。步鑫生在僵化的旧体制束缚下产生的自发改革冲动，并不等于他具有的自觉改革意识，如果把他当成改革的万宝全书，就很难获得正确的答案，并最终给步鑫生自我估价的失态造就了机会。"

难以否认的事实恰恰是：那时，无休止的采访、参观、介绍，一张张报告、演讲请柬，几乎让步鑫生迈不开步。文艺界请他谈文艺，理论界请他谈理论，经济界请他谈经济，甚至要他去谈军事理论和部队改革，有的新闻单位还大量出版发行《步鑫生》专集……可他毕竟只是一个裁缝出身的县办工厂厂长。

"社会舆论在造就步鑫生地位、名望的同时，又和他一起共同铸造了他的错误和悲剧。"另一位曾经报道过步鑫生的记者说，"如果几年后的今天，关于步鑫生的报道重新招来读者反感，那其中同样反映了记者陈旧偏狭的思想方法，又一次把步鑫生当作一个孤立、具体的人物去对待。从个人道德、伦理、品质等方面去评述成败，分析原因和责任。没有回答一个改革人物的出现和失败，改革的动力和曲折，改革的宏观效应以及改革者在历史上的作用等一系列必须搞清的问题。因此其最终的结论依然是失真的。"

一位当地新闻界领导就此说："新闻亟需改革，最主要的是要改革新闻工作者陈旧的思维方式、非此即彼的偏狭评价。"……

围绕步鑫生沉浮的议论仍将继续下去，从中可使我们更多地透视到关于改革的各种社会心态，闻及各方面的反应。这场议论为公众创造了充分发表意见的机会，有利于深化对改革的认识，并将构筑起新的社会心理。

（原载《人民日报》1988年1月27日）

梳理、归纳也是"磨刀"

费伟伟

编者按

有家报纸副刊向著名作家冯骥才约稿,冯骥才道没时间。对方说,没时间你就赐篇小小说吧。冯骥才回答:"长篇小说有时间就可以写,而小小说有时间也不一定就写得出来。"为何?就在于篇幅越短选材越难,并且还越得费心打磨。

以千字篇幅写人物的困难也在于此。新闻报道无不源于生活原野上的"稻麦",如果说,一般的报道只须将"稻麦"脱粒去壳,加工成"面粉""面包"就可以的话,那么,人物特写则必须将"稻麦"做成"酒",需要酝酿。

这自然首先是记者该下的功夫,而同样也是编辑之责。所谓旁观者清,编辑对稿件中存在的问题有时比记者看得还清,从提炼主题到细节对话,从谋篇布局到锤锻文字,当及时沟通,多提好建议,同酿"一坛香"。

吴齐强的《"金牌调解"潘云辉》昨天在一版刊出,从报线索,到三易其稿,前后两个多月。为一篇不到千字的小稿,锲而不舍,一改再改,精神可嘉。在帮着作者一起折腾时,也深深感到,此稿存在的问题很有普遍性,就是在对素材疏理、归纳方面,下功夫不够。这个问题好多来稿中也存在，因此，借"稿"发挥一下。

梳理，即分清类别；归纳，是合并同类。此稿改了三回，第一稿，编辑感觉内容不够，近2000字，却只有两个小标题。于是退回，让补充内容，明确要增加一个小标题。二稿发来，小标题确实是加了一个，但细细审读，内容其实没增加。

何为"增加内容"？如果说一篇稿围绕一个大的主题，稿件里的每个小标题是一个小主题的话，那么，"增加内容"是指要增加那个新的小主题的内容。新的小标题不等于就是新的小主题，如果新增部分内涵和前面的小标题部分的内容一样，不过是又加了些新素材，意义不大。指出这一点后，第三稿增加了前两稿中没有的内容，即第三个小标题："当事人眼中的'好朋友'"。

审读前两稿，虽然素材很多，仔细梳理后可看出，基本上围绕两个方面，一是说潘云辉对工作绝对投入，很到位，最经典的就是调处张志兵交通事故案；二是他对自己很将就，忙起来水也顾不上喝，饭也顾不上吃，最经典的就是"年夜饭吃泡面"。当由这两点来归纳这些素材时，便发现，"年夜饭吃泡面"放到了调处张志兵案里，所以必须把这个生动的细节从里面摘出来，否则第二部分素材偏少，内容太弱。因此，根据稿件主题对素材作归纳，不只是把相同内容往一块儿扒拉，有时候还牵着筋连着皮呢，该往外摘的要往外摘，该挥一刀就得挥一刀。

梳理、归纳到位了，有这个专栏千字文的要求在那里，哪些内容该"舍"，也就好下决心了。新增的第三部分，标题立意清晰，是"当事人"看潘云辉。结果，写了一段小潘周末到敬老院做义工的事，和"当事人"完全不沾边，显然游离，自然便付与"手起刀落"了。

梳理、归纳到位，胸有成竹，也就容易提炼制作小标题。把2000字的来稿删编到1000字，这个过程也是反复梳理、归纳的过程，小标题自然"水到渠成"。

常言道：磨刀不误砍柴工。采访完了，不能急慌慌地"砍柴"，得把那一堆素材好好梳理、归纳，把那些故事好好在心里面一个一个过一遍。头脑里有条有理，笔底下才会有条不紊。梳理、归纳，其实也是"磨刀"。采写是这样，编稿也是这样。

吴齐强第二次来稿，谢雨精心编完，很为难地对我说，还是内容不够，跟吴主任说过一次了，这一次再要说，不知道怎么说。我便把这事应了下来。

《教育活动中的共产党员》这个栏目，分社同志普遍反映稿难写，因此投稿不大踊跃。吴齐强第一次开栏时就写稿，发了《"退位校长"的忙碌假期》。那一回第一稿来了也是内容差了点，他为改稿跑出好几百里地到萍乡作补充采访。他改稿积极性这么高，我担心电话里说不清，写了一信，也附在此后，因为，所谈的问题也带普遍性。

齐强：

《"婆婆嘴"潘云辉》一稿讲故事意识很强，这点十分可贵。

《教育活动中的共产党员》这个栏目开在一版上，杨社长亲自编稿，格外重视。要求我们不仅要讲故事，而且还要讲"好故事"。

何为"好故事"？就是不仅要讲述一个生动引人的故事，这个故事还要有主题，要通过故事能反映人物的内心世界，反映事件的本质意义。你讲的这个故事想说明什么？这是读者会追问的。

著名记者李耐因说过这样一句话："细节，一曰细，二曰节。光细不行，还有个节——要节制、节约，只截取其中最能说明问题、最能表现人物精神境界的那么一小节。"因此，要从人物的好多故事中去找出那个能展现人物自身核心理念、表现人物精神境界的故事，写那个最具典型性的故事。具有典型性的故事，好比将平面的生活聚沙成堡，堆砌成比现实更立体、更清晰的"真实"。（补注：李耐因是抗美援朝新华社首批特派记者之一，写过很多出色的战地报道。）

所以有行家说：在决定动笔之前，要品味这个故事。你要品味自己对这个故事的感觉，尤其是最初的感觉。感觉中最重要的是你自己听到这个故事后动不动感情？是惊讶，还是平淡？是感动，还是振奋？是开心，还是担心？是欢喜，还是忧虑、愤怒？如果你自己对故事或故事里的人物都没有强烈的感觉，那你怎么能够指望读者对这样的故事产生感觉呢？品味这个故事，可以为你确定主题，挖掘故事的深刻内涵，使笔下的故事具有思想性。

用这样的要求来看《"婆婆嘴"潘云辉》一稿，故事是有了，但典型性还不够，没有见出人物的精神境界。另外，三个小标题要讲的三个小故事之间，还要注意关联性和逻辑性。这一点，我给杨文明的提示中涉及了，供你参考：

"三个小标题讲三个故事，因此这三部分的内在逻辑关系就格外重要，我个人认为马跃峰的《'折窝燕子'邢孔丰》这篇写得很成功，'建高铁，先拆自家的楼'、'修水渠，先砍自家的树'、'台风来，先顾拆迁困难户'，不仅每则故事都讲得很精彩，而且三件故事联系起来，昭示了普通共产党员的一种精神，真正体现了先进性。可以看出马跃峰写稿时心里是有一根红线的。

如果三件事找不出那根红线来串，便要注意故事之间的关联，可以平行，不能越来越弱，虎头蛇尾。《'拐杖支书'杨彬》第三个故事里说为了村子的事，要让儿子也暑假回来守苗子，由自我奉献到让自家孩子也来奉献，境界又高了。《'必到书记'张伟林》最精彩的是第一个故事，结尾怎么结？实际上宕开一笔，把善于做群众工作提炼升华一下——五必到，结尾结在他朴实的话语上，所谓见人见事见精神，这是见精神。"

最后，以丰子恺喜欢的一句格言赠兄并共勉："最喜小中能见大，还求弦外有余音。"

（人民日报社地方部《值班手记》2014年7月1日）

附修改稿第三稿：

"金牌调解"潘云辉

南昌县医患纠纷道路交通事故纠纷调处中心首席调解员——潘云辉，人称"金牌调解"。

为调解工作"着迷"的年轻人

4月11日，9点刚过，调处中心已经来了第一拨群众。打印协议稿，复印证件，劝当事人平静下来……对潘云辉来说，一天的忙碌开始了。

"我这里有起交通肇事，挺麻烦的，事故双方点名要你调解。"9点35分，南昌县交警大队副队长龙慧华快步走进来，拉起潘云辉的手就要往调处室走。

10分钟后，潘云辉马不停蹄地开始了第二拨调解……1个半小时过去了，当事人双方终于达成了调解的初步意向。此时，第三拨群众又来到了调处中心，这是一起医患纠纷，医院和患者仍然是点名要潘云辉来做"和事佬"。

3个小时，小潘给3拨群众倒了23杯茶水，自己却没有喝一口。12点40分，顾不上吃饭，潘云辉又跟办公室同事交代："我带患者去省人民医院做医学鉴定。"

"累吗？"记者问。

"说不累是假的，但乐在其中。当事人不吵不闹了，利益有了保障，我就有轻松感和满足感。"小潘告诉记者："调解工作没有时间，没有场合，只有需求，好在我是'丁克'家庭，没有孩子拖累。"

"小潘是'编外交警'，他的调解工作无形中为我们增加了警力，其他县区同行都羡慕我有个减压中心呢！"龙慧华如是说。

"他都为调解工作着了迷了,跟以前简直是两个样子。"而据潘云辉的妻子小谭介绍,他过去很贪玩,性格也有些急躁,一句话说不到一块儿就会喊起来,可是现在就算被当事人指着鼻子"骂娘",他也始终是一脸微笑。"变化很大,但让人觉着踏实。"

耐心公正擦亮"金字招牌"

"我们要找潘云辉。"如此点名道姓并不少见。"金字招牌",是用耐心公正的态度换来的。

南昌县三江镇的张志兵非常认同这块"金字招牌"。1月6日,他驾驶的客车在向塘镇发生事故,万某被撞当场死亡。随后,几十名家属将张志兵团团围住,不仅要求巨额赔偿,还堵路上访。

经交警做出事故鉴定,责任对半,双方不服,都拼命找人,壮大声势。在调处中心,一方家属情急之下,冲着潘云辉左手就咬了一口,伤口鲜血直流。小潘简单包扎,坚持在现场劝导。9天后,双方签订了赔偿协议。

然而,纠纷并没有到此结束。20日,万某家属又因赔偿款分配发生矛盾。22日,潘云辉和同事们利用周末入村,苦口婆心地进行调解,促成家属间达成调解。而后,由于万某家属中有人反悔,不肯签字,并威胁张志兵。

1月30日,大年三十,家家户户都在忙着准备年夜饭,潘云辉却忙得脚不沾地。这边还在沟通,那边又来一起28日刚发生的交通事故纠纷案。安抚、倾听、登记、调解,潘云辉来回做工作,从早上九点一直忙到晚上八点。

鞭炮声中,周边店铺早已打烊,他忍着饿急冲冲赶回家,发现妻子回了娘家,自己只能泡面当年夜饭。

当事人眼中的"好朋友"

案件有始终,服务无边界。南昌县调处中心自2012年6月份成立以来，潘云辉参与调处各类纠纷超过180件，成功率达100%，接到群众送来的锦旗30余面。包括张志兵在内的很多当事人都和小潘成了好朋友。

今年3月，莲塘镇龚秋红遇到一起医疗纠纷。调解完毕，潘云辉了解到龚秋红没有工作，还有两个孩子要抚养，丈夫去世，家庭生活困难。于是，他主动联系民政局和莲塘镇政府，帮助她办理了低保。如今，遇到气候突变，潘云辉的手机总能收到龚秋红温馨短信，"我帮不了小潘什么，只是希望好人平安顺利！"龚秋红说。

"我有时也心烦，还失眠。可是，想想自己多罗嗦两句、服务好一点，社会就会少点怨言，公路上、医院里就会少点摆花圈、烧纸钱的，也就忍过去了。"潘云辉说："法治化就是让社会有秩序，大家都和和美美的，这就是我的一点梦想。"

工作之余，潘云辉还经常利用周末的时间去敬老院做义工，帮老人家搞搞卫生，和他们一起种种菜。

"有时候我会把自己调处的案件给老人家讲，他们很喜欢听的。"潘云辉笑着说："庭内艰辛庭外笑声，也不失一种乐趣。"

附见报稿：

"金牌调解"潘云辉

吴齐强

他是"减压中心"

"我这里有起交通肇事，事故双方都点名要你调解。"4月11日上午，江西省南昌县交警大队副队长龙慧华赶到县调处中心，拉起潘云辉就走。

中心于2012年6月成立，潘云辉是首席调解员，参与调处各类纠纷超过 180 件，成功率 100%。

"小潘是我们的'编外交警'，他的调解无形中为我们增加了警力，其他县区同行都羡慕我有'减压中心'！"龙慧华说。

三江镇的张志兵最明白小潘怎么做"减压"。1月6日，他驾客车发生事故，万某被撞死亡。几十名家属天天围住他要巨额赔偿，还堵路上访。

事故鉴定责任对半，双方都不服，越闹越大，甚至一方家属情急之下冲潘云辉左手咬了一口，但小潘简单包扎后，坚持现场劝导。9天后，双方签订赔偿协议。不久，万某家属又因赔偿款分配发生矛盾。潘云辉和同事又利用周末登门苦口婆心调解，终于促成家属息争。

年夜饭吃泡面

"我们要找潘云辉。"调处中心上午9点一开门，群众就指名道姓嚷上了。一上午，潘云辉马不停蹄给三拨来调解的做"和事佬"。记者观察，小潘给三拨群众倒了23杯茶，自己却没喝一口。12点40分，他顾不上吃饭，又带患者去医院做鉴定……

"当事人对调解不论时间，不讲场合，只有需求。说不渴、不饿、不累是假的，当事人不吵不闹，我就特别有轻松感和满足感。"小潘说。

今年1月30日，年三十，家家户户都忙着准备年夜饭，潘云辉还脚不沾地处理一起两天前发生的交通纠纷。安抚、倾听、登记、调解，早9点忙到晚8点。鞭炮声里往家赶，路边小店都关了，妻子也回了娘家，他只好给自己下了泡面，当年夜饭。

调处服务无边界

180多件调处案件件成功，也没"翻倒账"，诀窍何在？小潘说，案件可了结，服务无边界。

今年3月，莲塘镇龚秋红遇到一起医疗纠纷。调解中，潘云辉了解到龚秋红没工作，丈夫去世，还要抚养两个孩子。他主动联系民政局和莲塘镇政府，帮她办理低保。如今，遇到天气变化，潘云辉的手机总能收到龚秋红的温馨短信。

"潘云辉？我俩现在是好朋友。"张志兵这个曾经的当事人笑着告诉记者。

在小潘妻子看来，小潘被他那些当事人"教育"成了好男人：过去性子还有些急，现在就算被当事人指着鼻子"骂娘"，也一脸微笑。"跟以前简直两个样子，让人觉着踏实。"

被骂了还微笑？小潘回答："想想自己多啰嗦两句，调处成了，公路上、医院里就会少点摆花圈、烧纸钱的，就都忍过去了。大家都和和美美的，就是我的一点梦想。"

（原载《人民日报》2014 年 6 月 30 日）

一周采编业务述评摘录

编者按

人民日报社地方部（记者部）有个好传统，每周对当周刊出的稿件情况作一梳理并评点。这梳理容易评点难，只有梳理便容易写成"流水账"，关键在评，有一说一，有二说二。虽然通常是说好的多，谈问题的少，而实际上，这说好也不容易。泛泛而论，浮皮潦草，眉毛胡子一把抓，这样的说好，即便被表扬者大概也不会走心。表扬也得说到点上，好在哪里？说具体，说到位。正如著名作家叶圣陶所说："写得很好的地方，原作者未必自觉写得很好，也得给郑重指出，并且说明为什么好。原作者知道自己写的为什么好，跟知道为什么不妥当，同样在写作能力方面可以长进不少。"

一周一评，既增强了工作的指导性，也有助于提高整个团队的采写水平。值班是编辑，平常也要当记者，尤其是地方部经常从分社抽调记者回来轮流值班当编辑，作为一种业务培训。写周评不轻松，必须在思考中梳理，在梳理中思考，对一周的稿情要识出"好"、说出"好"，吸引大家一起去感受那个"好"。这一方面是启迪别人，同时也是提升自己，把一份思考内化于心，再写稿时就会化为自己的收获。

这里选了地方部近年来几则涉及人物报道的周评。

写人也好，写事也好，生动就好

（2013 年 12 月 30 日 ~ 2014 年 1 月 5 日）

侯露露

本周适逢跨年，各种领导人活动、工作总结、年终盘点等稿件占据了版面的大半江山，留给分社来稿的空间并不多。最大的亮点，应属"我这一年"和"人民满意的公务员"两块整版。

两块版每版 8 篇文章，均由分社记者供稿。一组写人，一组写事，主角不同，但共同点突出：篇幅不长、行文生动。

怎么把稿子写生动？

对于新闻记者来说，这是个永恒的话题。有个有趣的说法："专家就是那种知道 123 种恋爱方法，却根本不认识任何女人的人，读者对专家是冷淡的，对鲜活的现场观察却很有兴趣。"

在很多时候，一篇稿件之于读者，传递信息的功能远不如把故事讲好听更能打动读者。从这个角度来说，此次见报的两组稿件，进行了有益的尝试。

抓住一点，不及其余。副县长、信访局长、基层民警、环卫局长……这些被评为"人民满意的公务员"的采访对象，每个人身上都有一串光荣事迹，若是有闻必录，大概写五六千字也打不住。怎样在千字内把故事讲好，让采访对象跃然纸上？

只有抓住这个人身上最打动人、最有特点的个性。这种个性，正是使他之所以成为他，而不是其他人，使他做出了这些事情而不是别的什么人做出这些事情的关键。

武汉公安局江岸区民警许奎的特点是什么？"八零神探，专破小案"。"自 2004 年 9 月参加公安工作以来，许奎一直扑在'小案'上。"

文章讲了许奎破的两个"小案",一是撬盗汽车牌照敲诈车主,涉案金额才 2 万余元;一是飞车抢包案,案子也很小。小案很小,非关国计民生;小案不小,因为每个人都可能深受其害。更深层的意义是:当下普遍的社会共识是"小案几乎破不了",正如文中所言,虽然报了案,但被抢包的失主"对追回损失也没多大信心"。唯其如此,小案被破才更有意义,专破小案的民警才更为不易。

让故事和细节替你说话。宁夏西吉自来水公司经理高玉杰 2013 年的关键词是"水"(《苦盼二十年　喝上幸福水》)。"今年开春,国家投资建设的宁夏中南部引水西吉县城应急供水工程开工,50 万西吉人民高兴啊!"

怎么个高兴法?"78 公里的管线上征地补偿等工作,居然没遇到一点麻烦。"通水那天,"问询赶来的老百姓等在那里,舀一瓢,喝一口,眼泪就流出来了。"

一篇稿件,总该在读者掩卷后还能留下些印象,或是一句话、一个场景,或是一个故事。"舀一瓢,喝一口,眼泪流出来了",读者记住了,脑海里能浮现出那个场景了,稿子就算成功了。

语言的力量。山东淄博八陡镇民政办主任吕绪兰获评"人民满意的公务员"(《搭连心桥　做铺路砖》),为何她能够当选?来看文中这段对话:

"大娘,是不是俺张叔的病又重了?"

"闺女,俺是来告诉你,你张叔的病好转了,能吃下饭了!"

记者并没有对这个故事发表任何评价,但"俺"、"病又重了"、"闺女"、"你张叔"的字眼,至少能让读者感受到以下三点内容:吕绪兰对群众有感情、她关心群众生活、群众对她也有感情。

两句话,三十几个字,能够传递如此丰富的信息量,这就是对话的力量。

真实才能接地气。无论是典型人物报道,还是回顾性报道,最怕写成成绩总结,通篇"感人至深"的事迹、金光闪闪的称号和数据,只闻高大上，不见人、不见事、不见情。

如何破？回归人物、事件本身，有啥说啥，别端着。

"老家只有两个乡村医生'打游击'，谁也不准备长干。一来，大墩村偏僻，离县城17公里；二来，这是贫困县里的贫困村，村民看病舍不得花钱。"这是贫困渔村的真实情况（《成为公家人　倾情系乡亲》）；

"一开始拿起扫帚，心里很不是滋味，看垃圾箱的时候，都是偷偷躲在角落里。有人扔垃圾，我趁没人的时候才去捡。"这是大学生被分去当保洁员的真实心态（《躬身马路　呵护环卫》）；

"我看着一块一块像生了癫痫一样的山，怕得很：要是山砍光了，梯田里就没水了，我家山下三亩七分水田就毁了。"这是村民李政富主动报名当护林员的真实原因（《林茂水变清　美丽不是梦》）；

"咱农民没品牌意识，'景迈'、'芒景'等商标都被外人抢注了。"这是茶村发展茶产业的真实难题（《守护古茶树　创牌树标准》）。

有市井特质、有烟火气，而且深入人物内心、事件底层挖掘信息，读来让人觉得真实可信。

（作者系人民日报社南美中心分社记者，时任地方部编辑）

让规定动作亮起来

（2014年3月24日~2014年3月30日）

施　娟

本周习总书记出访，分社记者稿情比较清淡，但是26日要闻六版头条"守望"栏目稿件《乡医　乡恋　乡愁》，还是让人眼前一亮，尤其，这还是一篇规定动作。

一段时间以来，规定动作指令稿似乎进入了一个"怪圈"：规定动作对于记者来说，就像"包办婚姻"，往往没有自选动作这样的"自由恋爱"来得有激情；规定动作有版面保证，属于计划经济，采写缺乏竞争压力；加之规定动作常常任务来得急，今天来单子，后天就要上版，也难有时间去细细打磨……多种因素作用下，稿件质量有时差强人意，在版面上也就不那么受待见，版面充裕时用一用，紧张时便放一边。时间长了，记者采写的积极性也受到影响。

其实，版面不缺地方，缺的是好稿子。《乡医 乡恋 乡愁》就是一篇清新可读的好稿。

"踩着板凳，踮起脚尖，李文强探出右手，够了两次，才勉强将吊瓶挂到了窗楣上。"短短31个字，用了"踩、踮、探、够、挂"5个动词，勾画出一位个子不高的乡医工作时既认真又费力的状态，场景活脱脱就在读者眼前，平面的文字一下子鲜活起来。

"铝水壶在土炉子上嗞嗞作响。李文强还未归家，年过七旬的老母亲杨桂玲已将屋内炉火烧得旺旺的，'一出诊忙起来，常常吃不上热饭'，老人心疼地说。"

李文强家后院的仓库里，如今还停着一辆废旧的黑色摩托车，没有车座，车垫绑在车梁上。"车座太高，咱骑不上去，只好叫人拿大锤敲掉，坐在车梁上开着"，老李先后换过3辆摩托车，"3个村组来回跑，土路多，费车。"这两段，都是从侧面切入，用细节反映出李文强工作的投入和忙碌。

细节描写，多用动词和直接引语，让《乡医 乡恋 乡愁》一文没有了指令稿常见的"材料味"，当然，这一切的前提是记者深入的采访和细致的观察，才能捕捉到这样生动的细节和场景。

典型人物采写中，容易犯的一个毛病是过于拔高，反而不太真实。典型人物有其过人之处，但首先是个有七情六欲、有血有肉的人。文中写道，李文强为了方便出诊，自掏腰包买了一辆老年代步车，出诊交通成本增加不少。"今年三月走雪路，5天竟然吃掉了100块钱的油"，老李瞪大眼睛反复念叨着，有点心疼。"门诊费用6000元，公共卫生费8000元，药品'三统一'年补助1万元，刨掉各项支出，还剩个一万五六"，老李扳着手指。和绝大部分乡村医生一样，待遇问题让他过日子必须精打细算，"还得给闺女接济些"。这些细节，刻画了一个乡村医生并不宽裕甚至有点拮据的生活状态，而这并不是可有可无的。文中笔锋一转写道：但为乡亲减免医药费时，他却从未这般"盘算"过……先后为乡亲减免了10余万元的医药费。对自己的抠门和对乡亲们的大方，鲜明的对比，人物的境界自然凸显。

环境、待遇差，留不住医生，是很多乡村面临的问题，不能只靠个人奉献来解决。"我想让闺女回村里接过卫生室的工作，可闺女却说，坚决不回来。"赌气似的，老李又补上一句，"我说，接我去城里我也不去。"文中，李文强与女儿之间的分歧，真实展现了这个时代乡村面临的困境：上一辈人渐渐老去，新一代年轻人向往城市生活不愿回来，家园渐渐荒芜……在这样的背景下，李文强对乡村的留恋和坚守，凝结成浓浓的乡愁：未来谁来"接班"照顾乡亲？这不仅是一个村医的乡愁，也是这个时代的乡愁，文章给读者留下了回味的空间。

读之可亲，读完还能有所回味，是这篇文章给人的感受。同样的感受，在读"以先锋模范为镜"栏目曾经报道的云南怒江独龙族干部高德荣时，也很强烈。

规定动作之所以成为规定动作，必然有其新闻价值所在。而且，规定动作往往是诸多媒体同台竞技，规定动作的采写，是对自己业务水平很好的锤炼。投入了，用心了，写好了，规定动作一样出彩。

（作者系人民日报社地方部主编）

带着一点爱意去写作

（2014年7月21日~2014年7月27日）

魏 薇

本周内最值得书写与赞扬的是海南分社全体同仁在抗击台风中的表现。不得不说，面对灾难，这是一支特别能战斗的队伍。这两天，我插缝采访了异常忙碌的分社记者们，他们不谈累瘦了好几斤，不介意晒黑了好几度，说的最多的却是"守土有责"，让我深为感动，真心致敬。

18日，18级台风威马逊登陆海南，分社被吹掉了屋顶，6天没有恢复供电，水泡过的办公桌上都长出了蘑菇，记者家中也遭受了不同程度的破坏。但是在陈伟光社长的有力指挥下，记者们克服了恶劣条件，迅速进行了科学分工，并在台风过后第一时间到达受灾现场进行报道，还尽自己所能地为灾民带去了大米和药品。其中，陈社长坐镇指挥；马跃峰重点报道政府救灾措施；丁汀重点报道灾民生活现场；黄晓慧重点报道政府信息发布；分工明确又互相联系。

21日视点版《台风过后　海南仍在战斗》；22日评论版《一线视角》栏目《灾难面前，没有孤岛》；23日视点版《海南全力抢险救灾》、《台风过后，本报记者一线直击——灾区群众最缺啥》、社会版《"威马逊"掠袭下的记者亲历　海口：灾区五日》、连线基层版《体验》栏目《家里的第一顿午饭》；24日四版综合稿《用人间真情，战暴雨台风》；25日四版《安全米，这样抵达》、社会版《海南供电局聚焦最后一公里》；26日四版《重灾区一日》；27日四版《让我们记住这些名字——追击抗击超强台风"威马逊"中牺牲的海南干部群众》……

仅仅读完这些题目，我们仿佛都能体会到记者们的劳累奔波，都能看到岛屿上的烈日、枯木、荒芜的街道、地里干抽如小地雷般的西瓜以及人与人之间的真情。这些稿件不少是记者从现场赶回唯一有电的社长办公室写的，浸透了汗水和感情。

并且，难得的是稿件中多一手资料，多白话实话，多白描细节，多平民善举，多当日约稿当日采写当日上版，篇篇都有故事细节，从不过度渲染，温润，有力，几乎每篇都在编前会上得到赞扬，让人充分认识了海南分社的战斗力。25日四版《安全米，这样抵达》稿件中的信息细致到了小数点后两位，让人看了心里能放120个心，仿佛也能想象到马跃峰拿着小本不断追问的景象。26日四版《重灾区一日》中黄晓慧写道："记者起身离开，林美英拎出一大袋花生：'还好，台风前收了些花生，感谢来看我们。'我们婉拒了她的好意。走出村口，才发现绝收的西瓜地一片狼藉，顿时哽住了，有泪流不出。"读罢这样的文字，我们的眼眶也会湿热。

在丁汀看来，此次报道中最大的收获或许来自对职业的认同感使命感进一步增强。她说："媒体的存在发展，是人类追求和推动更美好世界的产物。其生命力，不仅仅在传播力本身，也在于对弱势的关怀，对生命的尊重，对人性的反映。"

是的，看了这么多高质高效、让我心澎湃的稿件，让我觉得不管是遇上大型采访时的心潮汹涌，抑或平时小稿件中的含情脉脉，一个有情怀的记者对于自己笔下的文字，总是需要那么一点情、一点爱意。

我上一篇周评中曾经写道，移动互联网时代变化太快，连广场舞大妈都说："我要跳得再快点，这样孤独就追不上我。"被以秒计算的新闻撵着走的记者也会牢骚着说："我这张旧船票，能否登上你的破船。"但是，新闻多、新闻快并不意味着你就要去 Ctrl+C 然后 Ctrl+V，一天传回采访地点相隔百里的数篇稿件。这是个一切秘密都无法隐藏、一切行动都有迹可寻的时代，只有来自自己一手采访、全心写作的稿件才会具有最核心的竞争力和最广泛的传播力。

（作者系人民日报社北京分社记者）

讲好"这一个",写活"这一个"

(2014年12月15日~2014年12月21日)

姚雪青

从12月16日开始,本报在重要版面开栏"行进中国·精彩故事",拉开了走转改新常态报道的序幕。有了精彩故事,怎么精彩地讲述故事?怎么写出"这一个"和"那一个"的不同?

生态志愿者很多,16日的报眼,《廖理纯:从董事长到"锹王"》就写出了"这一个"的与众不同。"4年间,廖理纯拿出个人上千万元的积蓄,搭建起一个公益平台",点出了其独特。他为什么会做出这种选择呢?文中给出解答:30来岁,就赚了好几千万,成为中关村的成功企业家,他开始思考自己对于社会的价值。"他把余生一万多天,做成台历,每天倒撕一页,向死而生倒着过,由此思考活着的意义。"这句话,安在别人身上,也许显得矫情,但在他身上,却恰如其分、真实自然。

同样,17日的头条,《担当,是改革者必须的修行》,展现给读者们一位辨识度极高的法官形象。"我们的产品是司法公正,产品质量出问题,总得找原因"、"背着'黑锅'前行,是改革者必须经历的修行"、"每个人都是历史,如果每个人能让自己完美一点,历史也会完美一点"。这些诗意的、富有哲理的话语,不可能从环保企业家口中说出来,也不能够是大山深处干部的语言,只能是"这一个"——这位思维缜密、才华横溢的大法官。

八项规定出台以来,干部喝酒现象锐减,更别说喝得正大光明还写到头条报道里。18日的头条,《老高的牵挂》,为何多处提到老高喝酒?因为它有助于勾勒"这一个"的鲜明形象:大山里基层干部的身份、潇洒爽朗的性格、真诚质朴的少数民族汉子,要唱便唱,说干就干,这符合老高的个性。

一位生活谈不上富足、甚至接连遭遇打击的普通人，是什么样的力量让他组织一支民间救援队，并在种种考验下坚持下来，创造一年挽救200多条生命的传奇？20日的三版，《托起生命的圣洁》里的主人公，从儿子去世不得不面对生命的残酷，到挑战极限发现生命的可贵，他的人生观、生死观，在那一刻发生了转折。正是在这一个逻辑基点上，筑起俞关荣之所以成为"这一个"的伟岸形象。

我们常说"魔鬼在细节中"，细节是报道熠熠生辉的根基和保障。以上4篇"精彩故事"之所以将"这一个"写得生动传神，一个共同原因就是抓细节。

例如，《锹王》篇中所描绘"黑红的脸膛和质朴的笑容"，将长年的塞外辛劳刻画得真实准确；"又一阵狂风，贴地卷来，吹得人几乎站不住"，把当地的自然气候描述得让人身临其境。《法官》篇中用到"哀思如潮"这个形容词时，立即用了一个细节：2天里，10万多网友留言讨论；而讲到2000人来参加葬礼时，补充道："白花远远不够用。"或一句话，或几个字，真实感、说服力就增强了好多倍。《老高》篇中有个细节："给火塘添了几块硬木疙瘩"，假如没有到现场进行细致观察，哪能敏锐捕捉到这个"硬木疙瘩"呢？在《救援》篇中，记者对俞关荣微信昵称"大磉"的追问与解释，也是抓准了人物性格与形象的独特之处。

把好故事讲精彩，让"这一个"立起来，既要抓精彩细节，还要重视多种修辞手法、语言表达技巧的运用，以彰显人物的辨识度。

"凛冽的北风，刮过连绵的沙丘和枯草斑驳的草场，刮过近处成片齐腰高的樟子松林，刮过苗圃的防风帐，扑打在廖理纯发亮的脸上。"这是《锹王》篇描述的廖理纯工作环境。不对不对，这位董事长不应该在吹着空调的豪华办公室吗？场景的落差，暗含着对比，折射出人物精神的高度。《老高》篇最令人印象深刻的，是它的语言，质朴生动，多短句和口语，就像老高一样淳朴亲切，使文章与人物完成了内在连接。在《救援》

篇中，写生命失去时的残忍，是为映照获得重生时的美好，在烘托、对比中，主人公面对承受的日常，也就倍添了几份不平常。

"行进中国·精彩故事"栏目将持续一年，如何让众多人物在笔下"立起来"？必须是，也只能是紧紧咬住"这一个"，抓独特，讲不同，写细节。习总书记要求"把中国故事讲得愈来愈精彩"，并指出："要改变单一的'大水漫灌式'宣传教育方式，针对不同对象和受众特点多做'滴灌'，精耕细作，润物细无声。"

讲好"这一个"，写活"这一个"，就是"滴灌"，就是"精耕细作，润物细无声"。

（作者系人民日报社江苏分社记者）

"精彩故事"要讲出彩

（2015年1月26日~2015年2月1日）

袁 泉

以"讲好中国故事，弘扬中国精神，传播中国声音"为主题的"行进中国·精彩故事"采访活动，从去年年末开始以来，刊出了不少精彩佳作。本周刊发的多篇分社提供的该栏目的稿件，故事精彩，引人入胜，可信耐读，发人深思，在编前会上受到好评。

好评主要集中在两点，一是前一阵该栏目刊发的反映重大主题的稿件，主题确实重大，但有些讲述得不精彩。1月27日头版头条《山东改革坚持问题导向》（徐锦庚、卞民德、潘俊强）是一篇反映山东省改革发展思路与成就的"宏大选题"，以"核桃仁味美肉鲜，但外壳坚硬。敲核桃须使巧劲。轻了，敲不开；重了，易破损。一省的发展，同样如此"

这样一个精妙的比喻开篇，随后，分层展开——"敲核桃"，需要有的放矢的目光，找准弱处巧用力；"敲核桃"，需要敢用力，用足力；"敲核桃"，需要有序推进的智慧，不用蛮力用巧劲。用"敲核桃"比喻一个省的改革发展，反映民情、关注改革，有哲理、有事实，构思巧妙，论理精到，写重大选题举重若轻。

稿件刊发后，山东省委书记姜异康对本报表示感谢。他认为对"敲核桃"的几个关键点把握得很好，所举的事例有说服力，当事人说的话很贴切，真实反映了山东一年来破解改革难题的成就，是一篇难得的好文章。

好评之二，是"精彩故事"确实写得精彩。1月29日头版《"瓷娃娃"的美画人生》（王明峰）笔墨聚焦阿里巴巴上市路演视频中身患"先天性成骨发育不全"的"瓷娃娃"丁红玉。"记者找来一个小板凳，坐在丁红玉旁边，边看她画边聊。""由于不能像常人那样站立，加上胳膊短小，丁红玉只能把纸卷起来一点一点画，画一幅画要付出常人几倍努力。"记者走进采访对象的生活，贴近采访，贴心交流，语言平实生动，文字仔细推敲，展现了采访对象"受惠于这个伟大的时代"的主题。

精彩的不仅是故事，还有语言。1月26日头版《"接二连三" 种出金山》（汪志球）围绕贵州毕节倾力发展山地高效生态农业讲故事。这个题材并不讨巧，也不算新颖，新在语言，精在谋篇。虽然写的是一篇农业成就性报道，但没有"官话"、"套话"。全文人物多，出场人物5个；对话多，直接、间接的引语和人物视角的讲述8处；短句多，因此读来让人觉得轻松、清新、"接地气"。例如：

老天待毕节不怎么好，九山半水半分田。田少也罢，可还破碎贫瘠，山里人经常"春种一片坡，秋收一小箩"，过得苦巴巴。望天吃不饱，唯有走出大山讨生活，种地成了"人人嫌"。

搁以前，种油菜的收入就靠卖籽榨油。现在不一样，菜花可赏火了农家乐，菜籽榨油香喷喷，菜秆送到电厂当燃料每亩增值260元。油菜地变成了"印钞机",能种出过去几倍产值。

1月28日四版《"吵"出来的改革都服气》(卫庶、张志锋)也是一篇故事生动、语言精彩的好报道,记者把青海刚察保护草场的故事在矛盾冲突中展开。保护环境和保护群众切身利益二者之间有冲突,一冲突少不了"吵",记者把"吵"的过程讲述得跌宕起伏、风生水起,讲清楚了改革"必须切一刀,又不宜'一刀切'","为了多数、依靠多数"的改革才能事半功倍的道理。

文中的语言也很生动。比如:"草长起来后就像韭菜,啃啃长得更旺。"一听就是牧民的话。"夏季适度放牧,不影响草的生长,还能减轻秋冬季草场的压力。"文词不少,是专家的口吻,这样的语言符合采访对象的身份特征。

这些"精彩故事"受到好评,一个共同的特点就是走到基层,沉到基层,发现精彩。本周记者调查版《比保护一个故宫更难》是按照"前一"和"后一"两部分准备的。其中"前一"故事讲得很精彩,李总和阎总都批示可以上头版头条,无奈因当日版面重大时政稿太多,连个标题导读都没挤上,不得不忍痛割爱。然而,因为故事精彩,该稿仍然在当日百度转载排行居第一。为了写好此稿,记者历时半个月,深入江西、福建、贵州、安徽、陕西五省,足迹遍布数十个古村落。

习近平同志多次指出:"讲好故事,事半功倍。"怎么才能讲好?他强调:"宣传思想工作一定要把围绕中心、服务大局作为基本职责,胸怀大局、把握大势、着眼大事,找准工作切入点和着力点,做到因势而谋、应势而动、顺势而为。"在全面深化改革领导小组第一次会议上他又强调:"要善于观大势、谋大事。"

因此,"讲好故事",首先要关注"大势大事"。这方面,我们的稿件显然还有差距。目前报道面还不够广、题材不够丰富。着墨重大题材、重大事件的精彩故事还不多。一说"感人",往往聚焦小地方、小人物、小事件;一说走基层,就是"下乡进村",企业改革创新、国企扭亏攻坚、小微企业创业创新等等也是基层故事,同样值得挖掘,1月29日四版《十年算一"码"》(赵鹏),就是成功的一例。这篇报道讲述了作为全球仅有的5家之一、中国最早掌握二维码识读引擎核心技术的福州新大陆公司,锲而不舍,用十年时间研发成功具有我国自主知识产权的二维码解码芯片的故事,这样的"中国故事"更富时代感、现实感,彰示了当今中国的发展成就、发展道路、发展理念,展现了新一代科研人员蓬勃向上的风貌和当代中国的精气神。

"讲好故事",还要求我们不断丰富写作手法。口语体、第一人称、对话体等都可以尝试。曾获普利策新闻奖的美国记者富兰克林认为:用故事化手法写新闻,就是采用对话、描写、场景等,细致入微地展现事件中的情节和细节,突现事件中隐含的、能够让人产生兴奋感、富有戏剧性的故事。现在有些所谓讲故事的稿子,还只是把故事当做由头,后面仍然在大段堆砌材料,并没有起到讲故事的效果,其实还是"举例子(导语)+过渡+新闻主体"的模式,这是一种新闻写作的"新八段",虽有形象,却不生动,没有生气,没有吸引力,仍然不能使受众产生体验新闻的快感。

"行进中国·精彩故事"是中宣部在全国新闻单位部署的一项大型主题采访活动,栏目将持续一年。今年,也是编委会提出的新老媒体融合发展的关键一年。传播的技巧直接影响宣传的效果。因此,"行进中国·精彩故事"栏目的稿件还要注意发挥各种传播优势,加强与新媒体的融合,利用二维码、客户端等多种形式,增强传播效果。

"路为纸,地成册。行做笔,心当墨。"新闻报道是一门讲故事的艺术,讲一个故事容易,但讲精彩很难。这就要求我们要对人民有深情,对生活有热爱,要有发现美的眼睛,有倾听故事的心情,有传递故事的冲动,有超过普通新闻人的境界和情怀。

(作者系人民日报社黑龙江分社采访部主任)

精准"抓鱼",妙手"烹鲜"

(2015年2月9日~2015年2月15日)

钱 伟

本周分社来稿不少,尤其新开栏目"直击省部级单位民主生活会""岁末年初探作风""春运一线"等多为分社记者供稿,头版重点稿件除领导人活动外亦大多是分社活跃的身影。同时,针对网络热点,分社记者也能及时来稿,回应关切,发现新闻"具慧眼",讲好故事"见功夫",可谓是"精准抓活鱼,妙手烹美鲜"。

发现新闻,要的是"时时在状态,处处有心人"的敏锐洞察,时效一过,"鱼儿"便不鲜了。本周网络热点话题较多,分社记者都能及时发掘,迅速解读,回应受众关切。2月9日11版《捡到狗头金 到底该归谁》(李亚楠),以此前两天网络热炒的新疆青河县牧民捡到"狗头金"的事儿为由头,请专家学者和普通市民发表看法,是对网络众声喧哗的理性剖析,也是一次增强群众法律意识的宣传。

同样,2月13日11版《用五言诗作报告,合适吗》(刘鑫炎),聚焦山西运城市盐湖区人大常委会主任李治采用"五言诗"作人大常委会工作报告这一热点事件,客观呈现官员、学者等各方观点,引导受众讨论回归理性。

热点问题理性引导,虚假信息及时澄清。2月11日4版《微求证》栏目刊发《"西安古城墙被掏建办公楼"不实》(姜峰、方敏),记者通过走访市文物局、城墙景区管委会等单位,实地展现古城墙现状,同时为城墙利用展示法律依据,确认了属于合理利用复建项目的结论,网络热炒的负面信息得以澄清。

网络热点并非都是"猛虎来了",巧妙运用,也可以是冬日暖阳,温暖人心。2月13日6版《穿越时空的"廖厂长"》(周立耘),就讲了湖南娄底企业家廖群洪厂长资助大学生"寻梦"的故事,故事从网络红人吴晓波日前备受关注的一篇微博说起,充分利用了网络关注度高的"名人效应",让一篇看似平淡的人物报道,既有温度,又有热度,传递了正能量。

发现新闻是本领,表达新闻见功夫。"活鱼"到手,还看如何加工。做得好,是美味,不用心,反倒了胃口。本周分社来稿中,就有讲好故事、妙手"烹鲜"的好手。

讲好故事,首先要有故事意识,尤其是那些故事性不强的内容,也要有意识地通过故事巧妙表达。2月9日14版《只为路遇大熊猫的心动》(张文)介绍四川卧龙自然保护区,记者巧讲故事,倍儿有现场感。如开头:

"起风了,竹林窸窣作响。这里是四川卧龙自然保护区。严冬的静谧和寂寥,笼罩着广袤的林区。只有巡山队员的谈笑声,为这里平添了几分生气。"

让人身临其境。如果简单铺陈,平淡介绍,中规中矩,就会落入俗套。

讲好故事,要真讲,不能套个"故事"的壳儿,空有形式,没有讲故事的效果。社领导提出,现在大家都有讲故事的愿望,但往往故事只是作为一个导语、一个由头,没有贯穿文章的逻辑变化。这样一来,挂着"羊头",卖的还是"狗肉"。2月10日14版《河北:抓住"灰太狼" 村民"喜洋洋"》(史自强),就是一篇前后呼应、逻辑贯穿始终的好故事。故事从吴老汉家的母羊要生崽儿讲起,说到羊被偷了"老两口一整天吃不下一口饭""村里人心惶惶",一直到最后羊找回来,"'这下又有盼头了。'吴老汉像抱着两个娃一样抱着两只小羊羔。"故事有矛盾冲突,有人物心理变化,围绕人物命运变化的线索讲好了故事。

讲好故事,应直击要害,直面矛盾,把最精彩的内容放在开头,如高手过招,一击必杀。"直击省部级单位民主生活会"本周开栏,首篇《河北省委民主生活会辣味十足》（王方杰、李增辉）便在编前会上获得了肯定。报道开篇即用直接引语批评省委书记，辣味扑面而来，深具震撼力。一下就让读者感到这是一场不避重就轻、不走过场的民主生活会。

要做到开头精彩，就必须打破观念，敢于亮招，有所取舍，把最"抓人"的内容放到开头。不必拘泥成规，千篇一律，习惯性先讲正面内容，或者是"从头说起，面面俱到"。"抓人"，可以是矛盾聚焦，冲突毕现的震撼；"抓人"，可以是贴近百姓，事关各人生活的问题；"抓人"，还可以是入脑入心，渗入"泪点"的共鸣。

讲好故事，也可以设置悬念，引人阅读。如影视作品中开头刀光剑景，就是不见人物，不知缘由；或是空城无人，蒙面黑影，究竟前往何处？巧妙运用文学手段，创新文章叙事方式，能把故事讲得更引人入胜，抓着心走。

2月9日4版"点赞中国"栏目刊发《一个"阳光下的秘密"》（潘俊强），开头就说"济南铁路局临沂工务段的李锐，很长时间都是同事眼中的'怪人'"，文章一直讲"怪"，一直卖关子，吸引读者跟着走，直到最后才揭开谜底，不由让人心头一震，颇有共鸣。

讲好故事，还可以"色香味俱全"，烹调美味。语言、动作、场景、细节，让人如临其境，看得痛快。2月11日3版《一堂生动的中国文化课》（侯露露），大段的场景、语言、动作描写，准确对应人物性格特征，写得惟妙惟肖，如同说书人讲故事，绘声绘色，让读者"根本停不下来"。

春节将近，分社记者正投入到如火如荼的新春走基层报道当中。兄弟媒体都在"走"，华山论剑，谁能技高一筹？讲好故事，既练好深入采访的"硬功"，又掌握创新方法的"巧劲儿"，自然就能起到"四两拨千斤"的效果。

如此，请接招。

（作者系中央人民广播电台干部，
时任人民日报社安徽分社记者）

讲好故事，从头坚持别摇摆

（2015年4月26日~2015年4月30日）

李亚楠

"远处山上传来石头掉落的声音，只见一只雪豹正追逐一群北山羊。两者都是登山之王，你追我赶，在陡峭的悬崖和崎岖的山隙间如履平地。几番角逐后，一只北山羊幼崽不幸失足，摔死在山崖，成了雪豹的美餐。这是近日天山考察队近距离目睹的雪豹捕食的惊险场景。"这是《天山雪豹种群逐渐恢复》（27日16版）的开头，有场景、有动作、有对比，画面感强，动感十足，虽是篇小稿子，可依然是个吸引读者的好故事。

在编委会不断强调讲好故事的形势下，文风有了很大改观，可读性不断增强，但大家还是在讲故事上摇摇摆摆，有时讲有时不讲，讲得也时好时坏。

本周有两篇头版头条，故事讲得各有特色。

农民变市民，到底难不难？魏青梅有发言权。短短3年，她赶上大棚改，拆掉一处旧瓦房，免费分到两套新楼房；从污水横流的老村，搬进设施齐全的新社区。"村集体预留8000平方米商业房，租金共享，替农民交水费、物业费、医疗保险、养老保险！"《郑州大棚改 家门口城镇化》（26日）从具体的人说起，与生活紧密联系；

"爱打电话，爱发短信，爱装警察、装检察官、装法官，爱说电话欠费、恶意透支、法院传票、账户安全，其实就是个电信骗子，请立即拨打110！"4月25日，石家庄市新华区民警李志辉，放弃休息时间，来到和平二社区，针对近期电信诈骗案件增多现象，对着一大帮老大爷、老大妈绘声绘色地就案说法。《河北 过半党员当志愿者》（30日）从场景说起，与社会问题结合紧密。两篇稿子都关系到老百姓的痛感，又有人物的命运感和生动的画面感，颇能吸引读者。

梳理本周来稿，挺有意思，同一类型、甚至同一栏目的稿子，讲故事的水平很有对比性。

先看一组写人物的稿子。

走进技校那一刻，谢元立便与焊接这门手艺牢牢"焊"在了一起，只是没想到日后的人生也会如焊花般绚烂精彩。《谢元立：用青春和智慧点亮焊花》（27日9版头条）开头，一个"焊"字，真是传神，既与主人公谢元立的身份相符，又表现了他一生与这个行业的紧密联系：他的人生也如焊花般绚烂精彩。

同一天、同一版面的右肩，《大洋深处金刚钻》写的是中海油981作业团队，这是一个177人的团队，又如此优秀，其中的精彩故事，肯定不少，完全有条件超越谢元立稿成为头条，但作者是这样开头的：

作为目前我国最先进的海上钻井平台，中国海洋石油集团公司"海洋石油981"从诞生的那天起就受到世界的关注。

这样平淡的叙事，又能引起多少读者的兴趣呢？

同样写人，《高级技师杨杰　有技术就要传给更多人》（29日16版）是这样讲故事的：

在安徽淮北矿业集团朔里矿业公司，有个"杨杰讲堂"，是国内首个以一线工人名字命名、培训现代工业自动化控制技术的可编程逻辑控制器实训工作室，也是首批国家级技能大师工作室。

虽然也有场景，但整体是静态呈现，缺乏动感。讲故事就要讲最新鲜、最具体、动感最强、场面最有戏剧性的。或许，记者再挖掘挖掘"杨杰讲堂"的现场，就能讲出一个更吸引人的故事。

有些记者写人会讲故事，但写调查稿就不会讲了。

近年来，广东东莞社会资本举办的医疗机构借助高等医学院校资源优势，在设备、人才等方面下重本，技术及服务不断提升，逐渐赢得市民的信赖，成为医疗改革的重要推手和医疗服务市场的重要补充。（《东

莞民营医院撞破"玻璃门"》28日13版）

一段时期以来，劳动关系事件频发，引发社会关注，成为矛盾焦点。（《劳资诉求　该咋对接》29日6版）

这种文件式的语言，从概念开始，很难吸引读者。其实，讲故事并不局限于某种题材，调查稿更应该用事实说话，更应该讲好故事，以所调查的问题为导向，激发读者的阅读愿望。

老陈到公积金管理中心一查，傻眼了。工作了一辈子，临退休的老陈想把一直扣缴的公积金取出来，装修一下，迎接晚年生活。可公积金管理中心的人说，老陈根本就没有公积金账户。

《我们的公积金咋没了》（29日16版）开头就这样讲故事，绘声绘色，一波三折，短短不到一百字，不但讲了故事，还切了题，读者清清楚楚知道接下来要说"公积金没了"的事儿，但到底怎么说？老陈的公积金到底去哪了？这事儿咋解决？都吸引读者不得不读下去。

"乡镇卫生院的韦坚全，终于成了'县医院的人'。"《乡医院"找婆家"》（27日13版）从人物命运发生变化说起，韦坚全咋就从乡镇卫生院的人变成县医院的人了呢？"去年11月，广西上林县三里镇中心卫生院加挂'上林县人民医院三里分院'牌子，正式被县医院'收编'。"一句话点明原因，接下来就要讲如何"收编"、"收编"后有些啥变化、碰到了啥困难，也是娓娓道来，引人入胜。

同是讲故事，讲什么样的故事，怎么讲，效果也不一样，且看三篇"一带一路"系列稿件。

福建泉州东湖路，一座外形宛如古代帆船的白色建筑，静静地泊在绿树蓝天下，如一艘远航归来的海船缓缓驶入港湾，两片硕大的风帆高耸云天。这就是泉州海外交通史博物馆，简称泉州海交馆。

《泉州　干劲足步伐稳》（27日1版）语言优美，但过于静态，且描述了一个过去完成时的状态，文中倒数第二段列举了多个场景，其实都可以展开，选任何一个场景放在开头，都可以讲一个现在进行时的故事。

郑州机场。185条航线，繁忙起降，覆盖除非洲之外全球主要经济体，去年37万吨货邮吞吐量，联通四方。而今，登高远望，二期扩建工程步调铿锵。年底，郑州机场客运能力将提升至每年2900万人次，货运能力升至每年50万吨。

《郑州　谋划远措施实》（30日1版）倒是从当前切入，试图动态化，但太泛，有点儿概念化，不够具体，因此不够生动。

清晨，迎着渤海湾初升的朝阳，天津港集装箱堆场的装车现场，十余个装有来自日韩进口汽车的集装箱，将搭乘天津港至二连浩特的铁路班列发往二连浩特口岸，最终出口到蒙古国。海铁联运为日韩等地商品发往欧洲、蒙古国搭建了快速通道。'在传统路线下，货物从日本海运到俄罗斯圣彼得堡需要70多天，但通过天津港上岸，再由铁路运经满洲里或二连浩特运往圣彼得堡只需要25天左右，运输时间大幅缩减。'天津港物流发展有限公司市场事业部副经理罗津介绍说。

《天津　优势多行动快》（26日1版）的开头从明确、具体的人物和事件切入，还有直接引语，讲故事的指向是对的，白璧微瑕的是语言不够凝练，若再简洁些，故事更精彩。

讲好故事，归根到底是个意识问题，有了讲故事的意识，肯定能找出精彩故事来。以《一户年均节水五十吨》（25日10版）为例，"在河北石家庄2014年度'环保达人'颁奖现场，55岁的王方神采奕奕。苦心研究10多年之后，他发明的节水马桶开始走向市场。"开头的确是个场景，现场感也很强，但能不能更吸引人呢？接着往下看，"这种用半杯水就能冲净的节水马桶，颠覆了传统马桶的设计思路，一户人家每年可节水近50吨。"这句话提供的信息难道不是更有意思吗？正常情况下冲马桶需要多少水，相信大家都有个概念，与"半杯水"相比，反差可真是大，如果直接拿这个"半杯水"开头的话，是不是戏剧性、对比性更强烈些呢？故事要讲得精彩，就要把那个最抓眼球的点拎出来。

其实，每篇稿子都是记者深入采访的结果，采访中不可能没有亮点，记者需要做的就是坚定树立讲故事意识，把最亮的、最新的、最打动自己的东西放在最前面，讲故事，从头开始，不要摇摇摆摆，把亮点埋没在琐碎叙事中。

（作者系人民日报社新疆分社记者）

让人物"动"起来

（2015年5月25日~2015年5月31日）

杨 彦

本周稿情的突出特点，是人物稿多。《逐梦英才》《德耀中华》《劳动者之歌》《最美基层干部》《2015创业者》《点赞中国》等栏目在各版落地开花。让小编们为之欣喜的是，来稿质量普遍较高，有时虽一晚看稿两三万字，也不觉疲乏。过来两年，社领导反复强调"讲好故事"、抓业务的本领要"强起来"等要求，大家确是有了深刻领会。

写人物报道，贵在让人物"动"起来，将人物放在动态环境中来展现，本周多篇稿件体现了这样的追求。

例如，5月25日6版头条《"喜喜连长"坚守昆仑四十载》（韩立群）中，"喜喜连长"张永进关心维吾尔族牧工吐逊·巴特的故事，讲得尤其精彩。

一年春天，听说牧工吐逊·巴特从马上掉下来，胳膊摔断了。张永进来到家中看望。

破旧的土炕上，两个孩子正在玩耍。吐逊·巴特不好意思地说："两个孩子在外边玩，两个孩子在床上玩，两双鞋换着穿。"

张永进摸摸孩子的头，出去了。

一阵子过后，他提着一袋面粉、4双鞋回来，拿出2500元钱递到吐逊·巴特手中，"去买几只母羊，地要会种，羊也要养，才能富起来。"

张永进帮助吐逊·巴特垒起了羊圈，又筹集2000元钱帮他买回种子和肥料，把地种上。隔段时间，张永进都要骑摩托车跑38公里山路来帮忙。

一天，张永进看见吐逊·巴特的孩子在哭。

"怎么了？"

"娃娃要上学，没钱……"吐逊·巴特嗫嚅道。

"这么小的孩子，不能让他去放羊啊。学费我来交。"张永进说。

吐逊·巴特的眼泪一下涌出来。他知道，张永进并不富裕，一件夹克衫已经穿了好几年。

两年后，吐逊·巴特的羊发展到30多只，苜蓿和核桃也开始丰收。

400多字，分成11个自然段，全是短句，其中5个自然段为对话，另外6段也很少陈述性语言，多为两人的互动。

"两个孩子在外边玩，两个孩子在床上玩，两双鞋换着穿。"——不用细致描述房子的破烂、衣衫的褴褛，寥寥数语，贫困之状跃然而出。

"张永进摸摸孩子的头，出去了。""一阵子过后，他提着一袋面粉、4双鞋回来，拿出2500元钱递到吐逊·巴特手中，'去买几只母羊，地要会种，羊也要养，才能富起来。'"没有过多着墨，一个话语不多、朴实真诚的"喜喜连长"如在眼前。

"吐逊·巴特的眼泪一下涌出来。他知道，张永进并不富裕，一件夹克衫已经穿了好几年。"——张永进的生活状况没多说，"一件夹克衫已经穿了好几年"，这样的细节就是最生动的注解。而且，这个细节来自他救助的对象巴特眼中，在隐含的对比衬托中，"喜喜连长""用心用情，才能成一家人"的朴素情怀表现得更加真挚、深刻。

再看一稿。

5月26日12版《让梦想照进方里村》（李增辉），主角陈建明在文中没一处"正面露脸",形象却很鲜明,全是通过他人的讲述勾勒出来的。

"老陈,到家里歇会儿吧!"白墙灰檐的长巷里,绿荫掩映,一位老汉热情地跟身边的大高个说着话。老汉嘴里的老陈叫陈建明,52岁,河北石家庄市纪委干部,驻方里村工作组组长、村支部第一书记。

"老陈刚来时,我们不欢迎,不稀罕,不搭理。"2014年春节刚过,陈建明带着两个小伙子,兴冲冲地来到方里村,结果三进方里,愣是没找到地方住。

——这是文章的开头。

"村里以前是'水泥路',水和着泥的路。"60多岁的李占明打记事起,村里就没一块能下脚的干净地儿。

如今李占明家门口多了个小公园,街坊邻居一起在这里聊天。

——这是正文第一部分讲述的故事。

李文学自称是"钉子户",路修到他家门口,被他逼停了工。

李文学服气了。听说村里要搞宣传栏,李文学还要求把宣传栏钉到他家墙上。

——这是正文第二部分的主要故事。

这篇报道给人印象最深刻的,就是对比手法的运用。文如看山不喜平,静止的故事是不受欢迎的,读者最爱看的是动起来的故事,人物故事也同样,而对立元素轮番出现,对比中就形成了强烈的交锋、变化的动感,令人物形象更鲜明。

要让人物"动"起来,就要多用动词,少用形容词。为什么?一是形容词的主观色彩浓,为了保持新闻的客观性,应尽量避免;二是用形容词文章的行进速度慢,多用动词文章的节奏强,进程快。形容词模糊,而动词具体,鲜明,能让故事讲得更生动,让读者更有身临其境感,增强新闻的现场感和真实感。

5月29日4版《罗祥均 面对危险"让我来"》(杨文明)就是一篇善于多用动词的好报道,以文章开头为例:

洪水冲刷过的山路坑洼不平，学生、同事、亲友抬着罗祥均的遗体，却始终不肯放下。镇雄县鱼洞乡中心学校校长邓书学脱下外衣，盖在罗祥均身上，泪水夺眶而出，"罗老师，咱们回家吧！"

面对暴雨山洪，是自己避险，还是察看学生是否安全？鱼洞乡中心小学副校长罗祥均义无反顾选择了后者。

百把字连续用了五六个动词，文字立刻灵动起来，表现力大大增强。

5月26日17版《罗运仙：一生护林不言悔》（郝迎灿），文章一开头就是人物的一串动作："每次走到林场的路口，罗运仙总是习惯性地停下来，用手拍拍自己当年栽下的树，目光顺着树干慢慢移到树梢，入目满是郁郁葱葱。"

文字左下方配着一张照片，恰是老人手扶树干，深情仰望大树的画面，文字图片相得益彰，将老人对林地的情感表现得淋漓尽致，令人信服。

郝迎灿写的另一篇稿，5月20日9版《战场之外亦英雄》是这样开头的：

王明礼，曾在老山、者阴山战役中坚守阵地，痛失左腿，并被记二等功一次、三等功两次。退伍返乡后，不因残疾给国家提任何特殊要求，不论是在收发员的普通岗位上，还是在驻村帮扶的工作中，王明礼兢兢业业，用实际行动诠释着共产党员的风采。

一对比就会发现，这个开头不如上篇。像这样以概括性、评价性语言开头的人物稿，一度十分流行，现在也不少见，本周的稿中仍有多篇。

2015年，中国自主知识产权的原创抗癌新药西达本胺获准全球上市，让淋巴瘤患者得到了福音。这让'微芯生物'声名鹊起，轰动世界，也让更多人了解其创始人——'新药研发斗士'、'千人计划'创业导师、深圳微芯生物科技有限责任公司总裁鲁先平。

（5月23日4版《用所学回报祖国是我最大的梦想》）

非典、手足口病、甲型H1N1流感、H7N9禽流感……近年来，伴随这些传染病疫情，总有一个名字被提及——李兰娟。

她是中国工程院院士，我国传染病学领域领军人、国家内科学（传染病）重点学科学术带头人、浙江大学附属第一医院传染病诊治国家重点实验室主任、感染性疾病诊治协同创新中心主任。

（5月26日4版《阻隔疾病　让希望传播》）

即使是报道已经去世的人物，也可以让他"动"起来。请看《"四有"书记谷文昌》的开头：

他已经去世34年，却仍为当地民众深深怀念；

他带领群众植下的满岛木麻黄，如今已长成防风固沙的茂密森林；

习近平总书记撰文称赞他"在老百姓心中树起了一座不朽的丰碑"；

老百姓尊他为'谷公'，'先祭谷公，后祭祖宗'，成为当地多年的习俗；

他就是谷文昌，福建省东山县原县委书记。

刚刚过去的清明节，东山的父老乡亲，扶老携幼，络绎不绝，又一次拥至谷文昌墓前，献一捧自己采摘的花草，放一盘自家做的吃食，燃一根他生前最爱抽的香烟，寄托无限缅怀。

古人云："山之精神写不出，以烟霞写之；春之精神写不出，以草树写之。"逝者已矣，自然无法"动"，然而可以通过逝者与他人的关系以及缅怀者系列动作的呈现，巧妙完成对逝者形象的塑造，记者用眼睛捕捉到群众清明时节自发祭悼谷公的细节，气氛、神态、动作等具体的信息和细节，把读者带入现场，带入所要报道的内容。

为何"落入俗套"？有个很重要的原因，就是没以为"俗"。人物报道一定要把人物放在动态环境中来展现的意识还没在心底扎根。新闻事实说到底是人的活动的事实，人物报道更应是人的活动的报道。我们想把报道的这些先进人物的事迹传播开去，不能要求传播对象接受你对人物概括的那些抽象认识，而要捕捉人物可感、可信的行为、语言、状态，让读者从你的描述中获得一种感性印象。你笔下的人物"动"起来了，才能使受众从感官到心理也处于一种活跃的状态，参与到新闻传播过程中来。

  让人物"动"起来，是让人物"立"起来、"活"起来的根本途径。"动"，既指人物本身的动作，也指人物与他人的关系互动。而要抓住这些细微的言行、微妙的关系，方法只有一条，就是记者采访要多"动"——多动腿、多张嘴、多用脑，深入到与人物相关的环境中去，扎扎实实采访。

（作者系人民日报地方部编辑）

新闻生产力是如何产生的

——从《擦鞋者说》看编采互动

编者按

　　2006年3月19日,《人民日报》在一版刊出龚永泉写的人物小通讯《擦鞋者说》。人民日报记者关注街头一个普通擦鞋工,《人民日报》在头版位置刊登这样的小通讯,并还特地给这篇通讯加上"编者按",在新闻界引起强烈反响。大记者写小文章,第一大报关注小人物,小文章折射大时代,一时传为美谈。很多人笑称这叫:擦出名堂、写出名堂、登出名堂。这篇报道获当年中国新闻奖。

　　一石激起千重浪,余波涟漪一直荡漾到四年后。2010年7月31日,人民日报地方部在京召开龚永泉李战吉作品研讨会,借两人分别由江苏分社社长、甘肃分社社长岗位退休之际,对他们的为人、为文、为事热烈研讨。《擦鞋者说》在研讨发言中又擦出不少火花。

　　报社领导还指示地方部将这次研讨发言整理成册广为分送,"让大家都来感染,都来学习,都来奋进"。

　　《擦鞋者说》之所以获得成功,固然有记者选题独到、写法独到的原因,也离不开与编辑部的互动。这种互动始自地方部编辑收到来稿后"鼎力吆喝",在总编室"卖了个好价";报道刊出后,编辑部继续互动,又约作者"夫子自道",并请同仁作"旁观者说";而研讨会则把这份互动推向高潮,将一篇报道升级为一次对报社全体采编人员的培训。

　　新闻生产力如何产生?需要记者深入一线接地气、得灵气,也离不开编辑部的巧点拨、俏打扮。编采之间成功互动,是记者写出好稿的底气,也是让更多记者薪火相传、写出好稿的底蕴。

【夫子自道】

有准备的头脑才能创新

龚永泉

　　《擦鞋者说》的线索我是从《南京日报》上看到的。但有意思的是,江苏省委常委、南京市委书记罗志军看了《人民日报》发表的《擦鞋者说》后,告知市委宣传部长,要求市报转载。市报答复:"我们已报过。"市委宣传部反问:"你们是怎么写的,看看《人民日报》是怎么写的!"3月21日《南京日报》在一版全文转载《擦鞋者说》。第二天,《南京日报》又发了言论《创新是每一个人的事》。全文如下:

　　"南京的郭师傅擦皮鞋擦出了名堂:《人民日报》以《擦鞋者说》为题,介绍了他的成功之道。郭师傅的成功之道就是诚信和创新。其创新,尤能给人启发。他在鞋油中加了些其他成分,又把电吹风用到了擦鞋上。凭着'独门秘方',生意越做越兴隆。南京市主要领导说过一句话:'创新是每个人的事。'意思是,自主创新不能仅停留在政府和大企业层面,每个人都能参与到自主创新中。郭师傅擦鞋,就是个鲜活事例。建设创新型城市,需要大创造,同时也需要小创造。小创造搞好了,照样能带来大效益。从郭师傅身上我们看到,每个人实际上都能在本职岗位上搞创新。有些创新虽看上去很小，但众多小创造累积起来就会产生惊人效益。"

回顾《擦鞋者说》的成稿过程，没有十月怀胎的艰辛，只有一朝分娩的喜悦。正应了巴斯德的名言："机遇只偏爱有准备的头脑。"我究竟有哪些准备呢？

其一，2月下旬我听了由中宣部和科技部组织的自主创新报告团在南京的报告。在与媒体见面会上，熟悉的省科技厅副厅长要我开头炮。我从命，给报告人布置"当堂作业"：每位留一句赠言，会后"交卷"。5位报告人的赠言各有特色，报告团领队的"自主创新需要全社会总动员"，给我印象尤深。

其二，俗语说："三百六十行，行行出状元"，"门门有道，道道有门"，"一招鲜，吃遍天"。足球解说中说："用脑子踢球"……平时脑中多储备这些说法也是一种准备。因此，当我看到《南京日报》的报道时，"脑子里的发条咔地一响"，感觉是眼睛发烫，血流加速，如同采药人遇上了灵芝。于是当天下午2小时采访，当晚2小时成稿。至于第一人称的形式，除借用柳宗元的《捕蛇者说》外，还受社长王晨一篇文章的启发："将活人的唇舌作为源泉。"

当然，最重要的是2小时采访得到了很多材料，比如：郭兆松师傅已有12个春节未回老家；采访当天郭师傅一家三口一直未停止过擦鞋，平时都是自己做饭吃，那天只由街对面的面馆送来3碗面；他平时既怕下雨，又盼下雨，希望老天爷一星期下一天雨，可以休息一下；他偶尔也陪妻子逛商场，但到了商场是"各取所需"，妻子去看衣服，他去看各种皮鞋。

采访两个小时，我边看边问，郭师傅边擦边答，有时顾客也说上几句。其间一女士送来一双高帮女鞋，按明码标价应是4元。女士说："我的鞋帮比别人的矮，3元行不行？"郭师傅笑笑："可以，可以。"这为先前郭师傅讲的"和气生财"作了最好的注脚。

采访过程中，我的脑筋高速运转，这件事中的信息量还是很多的，起码有以下几点："擦鞋游击队"在一些城市已成为不和谐的风景线，"安营扎寨"才能从根本上改变这种状况，因此，我对介绍郭师傅租房的那名城管队员深怀敬意；送鞋来擦的顾客一送就是两三双，一方面说明了人民生活水平的提高，一方面使郭师傅晚上也有活可干，才能承受高额门面房房租；春节是擦鞋旺季，郭师傅已12个春节未回老家，正是有像他这样的一批农民工才缓解了春运的运力等。

文中别人擦鞋是1元，郭师傅是2元、房租每月800元及"足下生辉，走出风采"、"以诚信立基，做良心事业"，未有任何媒体提及，应算是"独家新闻"。

成稿之后，意犹未尽，加了一句附言："编辑组诸君：此事虽小，但关系到全民族创新的大义，望鼎力吆喝，卖个'好价'！"我的"预算"是能在四版加个花边刊发，不料，由于同仁吆喝有方和版面编辑赏识，不仅荣登一版，而且多了点睛式的编后。

（作者时任人民日报驻江苏记者站站长）

【旁观者说】

好稿子也是用出来的

顾兆农

读《擦鞋者说》，首先让人想起柳宗元的名篇《捕蛇者说》。题目的结构一样，文章的主人都是"苦人"。擦鞋者说得生动可信，创业的艰辛，成功的喜悦，未来的憧憬，实在而富有启迪的意义，通篇充满了平民的气息。这使我想起，老龚素有步行、骑车和坐公交车的嗜好。他走起路来快如风，讲话声音大大的，衣着随便得有点过分……一个地道的南京普通市民！

擦鞋者，农民也。成功与失败，有时就在一步之间，擦鞋者迈过了这一步，因此，他成功了。老龚凭一双慧眼和一颗炽热的心，在路边"拣到"了这样一位智慧而能吃苦的成功创业的农民典型，并把它搬到党中央的机关报上，这对全国的广大农民都是一种鼓舞，也是一种引导，主题不可谓不大。这位农民兄弟是在南京这个特大城市实现了成功创业，因此，它对城市的下岗职工，也是一种示范。

版面就是指挥棒。一定程度上，好稿子也是用出来的。编辑部善于不拘一格地用稿子，记者就会打破程式写稿子。我想，正是从这个意义上，安岗同志曾说："一张报纸办得好不好，是总编辑的责任。"看3月19日本报一版，"擦鞋者"与吴邦国委员长肩并肩地站在一起，"擦鞋者"一稿还另加了个框，并配了点评，如此浓墨重彩，擦鞋者仿佛站到了舞台上，格外醒目。版面语言已经说得很清楚，就是要让你刮目相看！如果编辑部不是偶尔为之，而是把这种选稿标准作为一种常态，一种意识和一种追求，长期地坚持下去，我想，用不了多久，就会产生《修鞋者说》和《卖鞋者说》等作品。

再得寸进尺地大胆设想一下，如果把《擦鞋者说》放在本报的头版头条的位置上，可不可以？会产生什么样的效果？

愿我们的编辑思想再解放一点；愿我们的记者像老龚那样深入生活，多从群众的角度、以平民的意识去反映生活；愿我们一起用心，把这张报纸办得更好看一些。

（作者系人民日报社湖北分社社长，
时任人民日报驻江苏记者站采访部主任）

【研讨者说】

写出真实依然是最基本的功夫

阎晓明

  善于捕捉小人物的时代感受，走向人的心底，新闻体现人性，这是龚永泉新闻作品很大的特点，某种意义上说，他是在文学与新闻边缘游走。

  曾经有一种观点说，有的人是好记者，但不是好的人民日报记者。这句话背后的意思是人民日报的记者要写那些架势很大的文章。小而有味道，不能表达大思想。事实上，不管时间如何飞逝，世事怎样变革，写出真实依然是最基本的功夫，也是最高的境界。真实包括事实的真实这个层面，也包括思想真实这个层面，这是说起来最容易、做起来最艰难的事情。

  擦鞋者说，其实也是龚永泉说。说了什么呢？他说：新闻是靠脚走出来的，新闻是要走进人心的，新闻不是网上扒下来的，新闻不是别人写好了自己署名的，新闻可以做到说真话、不说假话、空话、套话。《擦鞋者说》这样的文章是很难"引起强烈反响"、但又是真正能引起热烈反响的。那个反响就在读者心里。

  我觉得"擦鞋"二字对今天的记者有一种寓意：一是为谁擦鞋？这是新闻的价值取向问题，也是报道对象问题。当然重点是为"擦鞋者"这样的群众擦鞋。中央说：镜头和笔触要对准普通群众，而普通群众中也蕴藏着丰富的新闻素材。这样的指导思想既符合中央对党报的要求，也顺应新闻规律；二是记者也要为自己擦鞋。如今我们都太匆忙、太纷扰、太浮躁，外表光滑水亮，因为我们很少深入了，但思想或者思索的脚步却尘封已久。该擦擦自己的鞋了。最好自己擦，实在擦不动，就让擦鞋者擦。龚永泉是一个擦鞋者，他的工具是：心犹不甘，路在脚下。

（作者系中央人民广播电台台长，
时任人民日报社北京分社社长）

【研讨者说】

"真僧只说家常话"

贺广华

作为人民日报的驻地记者，我们平常打交道的对象大多是各级党政官员，这是工作需要，很自然也很正常；但久而久之，难免高高在上，而忽视了深入基层贴近群众。我们在日常工作中，习惯于关心中央的大政方针、地方的重大举措，而很少关心普通人家的日常生活。即便是我们真的下了基层，恐怕更多的是一种"体验式"的采访，在很大程度上停留在一种姿态，而不是真正地放下身段，以平等心态与百姓交流沟通，以平民视角采写新闻报道。

在这方面，老龚无疑是我们学习的榜样。在江苏，各地宣传部门的同志说起老龚平易近人的采访作风，没有不赞叹的。有什么样的作风，就有什么样的作品。正因为他多年来始终自觉践行"三贴近"，才会写出《擦鞋者说》这样的精品力作。老龚一向过于谦虚，他对我说，当初采写

《擦鞋者说》只是唠嗑后的一时灵光闪现,是一挥而就的即兴之作。但在我看来,并不是什么记者都能捕捉到这份"灵光","妙手偶得之"的背后,必然是长期的积累与付出。

在老龚眼里,新闻不但要有情感,还要有温度,有色彩。老龚不只一次对我们说过,不带感情,"深入"是一句空话;心灵如沙漠,笔下不会有绿洲。还是以《擦鞋者说》为例,老龚与擦鞋师傅一来二往成了朋友,直到今天,老龚仍在倾心关注郭师傅的生存与发展。前些日子老龚在与我闲聊中不经意地说起,郭师傅的生意越来越好了,已经开了两三家连锁店了。他说这番话时的那份真诚与温情,那份发自内心的骄傲,就像在述说着自己的亲人、自家的家事。感情到了这个份上,报道能不写活么?

(作者系人民日报社江苏分社社长)

附:

擦鞋者说

龚永泉

南京有一个"郭师傅擦鞋店",别人擦鞋1元一双,这里却要2元,可生意依然红火。

来到位于莫愁新寓的这家小店,可见门口醒目的牌子上写着五六个服务项目和价格,还有两句话,一句是广告:"足下生辉,走出风采";一句是店规:"以诚信立基,做良心事业"。店里鞋架上放满了擦过或待擦的皮鞋。

郭师傅名叫郭兆松,41岁,一家三口都在这儿擦鞋,去年毛收入10万元。

他一边擦鞋一边与我交谈：

有人问我，别人擦鞋都只要1块钱，你为什么要两块？我说，这叫优质优价！同是皮鞋，有几十元的，还有上千元的不是？

我是安徽固镇人，1991年举家来南京打工，搬运工、收破烂都干过，活不轻，钱不多。有一天，在闹市区看到一字排开的擦鞋摊，生意还不错，便悄悄在旁边看，一连看了5天，一位好心的师傅收我当了徒弟。我也成了"擦鞋游击队"的一员。

2001年，在一位城管队员的帮助下，我租了间7平方米的门面，月租800元，做起了定点生意。刚开始，擦一双鞋1块钱，没有多少生意，急得直上火。暗下决心：凡事要用心，虽说是擦鞋，也要擦出点名堂来！

以我的经验，鞋油都是一样的，差别就在鞋蜡上。我就琢磨自己配，成份有蛋清、鞋乳、白醋等。那些日子，我是白天试，晚上想，觉睡不实，饭吃不香。经过近百次试验，终于达到了满意的效果。我清楚地记得，那是2003年11月6日，晚上我一人喝了8两白酒，尽兴地醉了一回：咱也有"独门秘方"了！

自从用了自配的鞋蜡，生意一天比一天好。有一天，我在理发店理发，看到染发的要用电吹风吹，灵机一动：擦鞋也可用电吹风呀！现在，我擦鞋都加一道吹干程序。刚擦过的鞋，你端一盆水往上浇，一滴不沾！这样的效果，收2元钱不多吧？

你问我下一步的打算？我这店也算有了点小名气，我想让妻子和儿子留在这里干，我找个地方再开新店。现在城里人有钱没时间，穿皮鞋的越来越多，自己擦鞋的越来越少，市场大得很！

编后

生意有大小，创新无分别。与多数企业比起来，一家擦鞋店微不足道，更谈不上有什么"国家扶持"。但郭师傅在擦鞋中肯动脑筋，小革新照样出效益。从这个事例中，我们是不是可以悟出一点创新的道理呢？

（原载《人民日报》2006年3月19日）

没有互动，就没有创意和精彩

——从高德荣系列报道看采编全程合作

编者按

独龙族老县长高德荣，是中宣部确定的宣传典型，要求各中央主要新闻单位连续报道三天。这是一次重大指令性报道。

有人戏称做指令性报道好比"戴着镣铐跳舞"。镣铐在身，缚手束足，舞者自然很难张扬个性。而《人民日报》的这次报道却大放异彩，三篇报道组合在一起，塑造了一个朴实真挚、个性鲜明的少数民族好干部的形象，同时，在新老媒体融合整体性报道方面也可圈可点。比如探索通过移动终端互动程序的方式对高德荣以多图、少文、配乐的方式加以展现，突出用户体验；首次推出H5产品《有志就是这么"任性"》，与《人民日报》的系列报道同步推送，技术公司制作的二维码也首次登上《人民日报》。真正产生了"一次采集、多种生成、多元传播"的效果。

这首先是拼采写，更重要的，端赖版面编辑与前方记者全过程互动。在互动中确定报道角度，在互动中激活多种表达创新。诚如编辑感慨所道："没有互动，就没有创意和精彩。"人民日报总编辑李宝善批示肯定这组报道："让指令性报道出新出彩，是长期以来的难题，也是用武之地。'老县长'系列报道的编采实践提供了有益经验。"

这组报道推出后，地方部便请云南分社对报道认真总结，同时在当周"采编述评"中予以肯定,让各地记者及时分享这一"有益经验"。

一次自我超越的背后

徐元锋　杨文明

接到关于高德荣的报道任务,我们又发憷又有点小兴奋,实事求是地讲,大多数记者不太愿写指令稿:多家媒体共同采访,难以采到独家;但同台比拼,不能"丢份儿"。2013年11月,云南分社曾推出高德荣的长篇通讯《生活在群众中让人充实》,因写活了"倔老头",在业内受到好评和肯定;如今既要同台竞技,高出一筹,又要超越自我,登上新高,是有些"压力山大"。

一周探访独龙江、一周挑灯细打磨,临上版时,还在电话里和编辑斟酌。"再碰"高德荣,采得辛苦,议得热烈,写得动情,相比分社之前对高德荣的报道有突破,相比其他媒体报道有亮点。虽也有遗珠之憾,但迈出了自我超越的一步。

整体策划,写出人物命运感

接到采访指令后,云南分社社长张帆第一时间召集分社全体记者研究三篇通讯和评论如何某篇布局。大家分析,高德荣的成长工作环境有其特殊性:是典型的边境民族地区,这里面国防、民族的新闻元素"顶天",但又以其封闭、落后和偏远,成为真正的深入基层"立地"的典范。高德荣所在的独龙江脱贫、高黎贡山隧道打通,体现了党和政府对独龙族和人口较少民族的关心。大家探讨,高德荣作为独龙族厅级干部,他从一个放牛娃成长起来的经历，给人的个人命运感强；同时，独龙族短短60年、尤其是近年来"跨越上千载"的民族变迁发展史，又展现了一个民族的命运，历史感强。"顶天立地"和人物的命运感，在高德荣这篇稿子上体现出高度的统一。

至于谋篇布局，徐元锋提出，一是既要写活高德荣个人，又要展现一个民族的变迁历史，体现党中央、习总书记对独龙族的关心和地方民族工作的成绩；二是分析高德荣的闪光点，要结合当前干部思想作风领域的突出问题，贯彻党对干部的一系列新要求。分社年轻记者杨文明提议，要从年轻人的视角看待"老典型"。这些经过碰撞的观点得到了大家一致认可。张帆总结说，三篇文章既要一以贯之，又要各有特点和风格，相互呼应、相得益彰。

首篇《"长"在群众中的"老县长"》是典型的通讯体，明线讲老县长个人，暗线谈党和国家关心下独龙族的变迁和独龙江乡的发展；第二篇《老县长素描》[1]则采取记者手记的形式，老县长的个性、风采跃然纸上，可亲可信；第三篇《有志就是这么"任性"》[2]则以青年一代对"老典型"普遍存在的疑问展开，语言也更为"青春化"。第三篇收尾之作标题又直接呼应开篇快评《有志者必能至》，三篇通讯、一篇评论各具特色，又浑然一体，在此次参与高德荣报道的中央媒体中，独标一格。

直面疑惑，从问题出发报道人物

除了开篇采取常规通讯的方式，系列报道第二篇记者手记体，第三篇以一个80后记者的视角，是分社记者从当下的问题入手，探索对一个人民公仆特性的深度揭示。

---

[1] 本文原载《人民日报》2014年12月23日
[2] 本文原载《人民日报》2014年12月24日

首篇文章按照一般的人物通讯体，要讲人物的印象、境界、情怀等。要自我超越，就得换个写法。通讯里讲最能代表老县长事迹和地域特点的公路、草果、环境、教育等方面的故事，把人物的印象、境界和情怀渗透进故事里，从读者的评价看这样比较实。

"车进独龙江，一幅鲜红的标语映入眼帘：'独龙江人民永远跟党走'。"在当前网络舆论场中，一旦提到"跟党走"、"讲政治"似乎就不够"酷""炫"，易受部分舆论的质疑，但在《老县长素描》中，一开头就是老县长"讲政治"，旗帜鲜明、直面问题。随后通过独龙族边缘化的历史、国家对独龙族帮扶的回顾、独龙族人民生活由苦到甜的变化，以故事阐述"讲政治"的来源，解疑释惑。这样的叙述方式，无形中回应、澄清了某些"流行的"模糊甚至是错误的认识。

《有志就是这么"任性"》中，则更进一步，针对年轻人对"理想主义"的人生观、"大公无私"的价值观和"发展不仅是GDP"的政绩观的困扰，通过讲故事的方式一一解答，写作更有针对性，也更耐读。以年轻人视角观察高德荣，让80后、90后与50后展开心与心的交流乃至于碰撞，让年轻人从一个饱经风霜的老人的身上感悟到信仰的追求和向善的力量，从而更好地认知国家、社会以及执政党等"大课题"。

我们一直要求时政类的深度报道要从问题出发，实际上，人物写作一样可以尝试以"问题导向"的方式加以引导和呈现——中央一直强调传播好中国声音，讲好中国故事，而故事恰恰离不开对时代问题的解答和回应。从高德荣稿件的写作体会看，迎着时代的问题写人物，确实有嚼头也有写头。

精益求精，主动参与传播方式创新

媒体融合发展新要求让我们十分在意这样的一个问题：精心采写的人物，谁想看？怎样能让更多人爱看？而新媒体的技术手段，也让点击量甚至受众结构分析成为可能。

为此，我们一方面注意报道的整体性和问题导向，同时提前与人民日报媒体技术公司联手，探索通过移动终端互动程序的方式对高德荣以多图、少文、配乐的方式加以展现，突出用户体验。技术公司以我们提供的高德荣脚本，首次推出了H5产品《有志就是这么"任性"》，与《人民日报》的系列报道同步推送，技术公司制作的二维码也首次登上人民日报。这款以"传统"典型人物故事为元素的H5产品，得到了普通客户和广大基层干部的认可和热情转发，特别在怒江当地，广受一线党员干部好评。

手机互动程序原有配乐没有民族特点，为赢得更好的用户体验，分社记者和技术公司技术人员一直忙乎到夜里两点，克服各种技术难题，换上了高德荣作词的独龙族民乐，增加了产品的民族特色和吸引力。正是对用户体验的用心追求，对细节的精益求精，才能获得"一次采集、多种生成、多元传播"的效果。

在高德荣系列报道的后期版面处理中，要闻四版编辑们通过创新版面设置、引入二维码、素描、人物签名等方式进一步创新版面表达，给读者带来了更多阅读惊喜。总编室的领导、同事们始终不吝惜版面，与一线记者共同策划、深切互动，是我们能实现自我超越的坚强后盾。

高德荣系列报道虽然有亮点、有特色，但仍大有提升空间：比如《有志就是这么"任性"》能够有记者更多"代入式"的写作，会不会更有说服力？如果采访之初，媒体技术公司人员与我们一道采访，互动程序会不会更精彩？希望这些遗珠之憾，能给下次报道带来更多借鉴。

（徐元锋系人民日报社云南分社采访部主任，杨文明系云南分社记者。）

指令稿，也能有精彩！

——独龙族老县长高德荣系列报道的版面创新

人民日报总编室要闻四版编辑组

"老县长"系列稿，不好编。

这次采访，既有"跟随式采访"，又有"体验式采访"，还有"座谈式采访"，来稿11000多字，内容十分丰富。记者一线采访，深有感触，兴之所至，字数难免超标，这可以理解，但对要闻版来说，大大不妙。临近年底，版面极为紧张。大篇幅报道要用出来，首先面临的就是压缩、改编的问题。结果能否让记者认同、读者满意？所以，不好编。

"老县长"系列报道，也不好摆。

连续就一个人作三天报道，对有心的记者来说，选取角度很重要。对有心的编辑来说，也得拿出一点创意来，不然就是将几篇稿件往版面上一堆一放，长文贯到底，省事不好看。

12月24日，"老县长"最后一篇报道见报后，云南分社张帆社长特地给四版值班主编打电话，交流这组报道的反响、心得。张帆社长认为，版面提前策划、互动编辑，让这组稿件的传播效果更加好。的确，回顾这组报道的全过程，互动是个关键词，没有互动，就没有创意和精彩。

在互动中改稿：变"抽脂减肥"为"锻炼瘦身"

说实话，当看到《"长"在群众中的老县长》一稿时，编辑还以为是三篇稿一起发来了。通常在要闻版发通讯，也就是2000字左右，而发来的第一稿就有5000多字，拆分下来，不就是三篇吗？

细看稿子，编辑发现，稿件细节很多、故事生动，称得上是句句用心。况且写这么长，本身就足以见得前方记者的付出。如果是一般的消息，由于大部分都是金字塔结构，编辑删改起来非常方便：删去旁支事实，掐头去尾、删枝去叶即可；若是一些结构松散、材料无光的长文，编辑起来也不是难事。但这篇稿子，如果编辑依照自己的经验和感受"抽脂减肥"，一是可能把握不准报道的重点，出现偏差；二是存在把记者最看重的、感触最深的"悟性材料"给删没了的风险。

为做好这组报道，保证见报版面呈现创新风貌，四版主动作为、提前策划，决定与记者共同对稿件"锻炼瘦身"。当即，就与分社徐元锋联系，把版面对稿子的具体想法跟分社记者交流，由最了解情况的记者，综合版面的意见，自行"锻炼"删改。几小时后，"锻炼"后的稿子回来了，交由夜班精加工。夜班编辑过程中，编辑再次与记者联系，将想要进行删改的内容和理由与记者对接，共同确定稿件最终的面貌。这样的做法，对编辑来说虽然费了时间和精力，但避免了以往简单改稿的生涩，实现了编采之间深度的有机互动，为"因材施教"地打扮报道、设计版面打下了基础。

在互动中创新：变"被动改造"为"合作创造"

多种资源统筹调配，融合创新。为了使整体更加生动，前方记者与版面沟通后，增加了人民日报媒体技术股份有限公司提供的、利用HTML5技术制作的图文产品《高德荣》，也在当晚以二维码的形式在版面上迅速推出。

这一图文产品以微信海报形式在朋友圈、微信群得到大量传播，反响良好。值得一提的是，这也是媒体技术股份有限公司HTML5产品首次在《人民日报》亮相。

编采前后详细沟通，携手创新。互动贯穿于编采全过程，带来的"化学反应"就是，采为编提供创新的角度，编从采汲取创新的营养。

第一篇《"长"在群众中的老县长》，围绕"题区布局"、以一张高德荣头像照为主进行创新。四版编辑在稿件见报的头天下午提前与记者联系，了解采访、写作背后的细节、故事，为精编稿件做好准备。同时联系美编，提前设计，确定将高德荣头像抠图，在夜班排版过程中，逐渐形成了创新性的题区布局：突出文章提要，米色底纹贯穿，二维码穿插，高德荣人物照压轴，使这篇报道的题区位置成为版面视觉重心。这样的安排，使"老县长"的形象面貌、性格特点、工作作风，通过图文互见的方式，得到充分的展现。

第二篇《老县长素描》，紧扣文章中"素描"二字创新。版面在了解到稿件主题为"给老县长画画像"后，迅速约请社内知名素描作者、政治版主编马国英为高德荣绘图，以此契合主题，起画龙点睛作用。夜班编辑中，更将主标题进一步提炼为"老县长素描"，既呼应版面上的素描图，也更精炼地概括了全文。

第三篇《有志就是这么"任性"》，是由报社80后记者以80后独到的眼光采写的作品，在众多对高德荣的宣传报道中别具风采、独树一帜。作为系列报道的最后一篇，编辑有意做突出处理，考虑到此篇以"任性"二字概括高德荣的性格特征，而俗话讲"字如其人"，因此，除了前两篇的"照片""画像"之外，用高德荣自己的"签名"来反映其性格特征，是再恰当不过的了。当天中午起床后，版面编辑迅速联系记者，请其联系高德荣为本报报道签名留念。高德荣个性很强，很少接受记者邀请签名、留言，因为这次本报报道效果好，他破例签了名。

此外，题区用大面积米色底纹压底，三篇报道从整体上打造统一感，增强了连续报道的辨识度。

指令编辑　要闻版怎么创新？

这次"老县长"系列报道的策划编辑有三点启示：

一是"站位要高,格局要大"。不论在采访环节,还是编辑环节,指令稿最容易被无视。一般认为,只要按要求交稿、见报就行了,用不着花费太多心思。事实是,大多数指令稿"来头"是很大的,"背景"是很深的,导向性、配合性是很强的,从党和政府工作的角度出发,宣传报道,意义很大。因此,应当丢掉"小家子气",提高站位,认真对待,精心采编。

二是"用心去做,用情去编"。对编辑工作来说,用心是最关键的。心到,才能手到。每一次编辑工作中做出哪怕是些许努力,一步步累积,一点点成就,突破就不会遥远。用情,就是要感知报道主体的力量,珍惜记者的努力和付出,通过编采充分沟通,通过对稿件细致打磨、反复斟酌,为报道穿上"最适合的衣服",让版面焕发出最大的能量。

三是"小处创新、局部扮靓"。对要闻版来说,像新闻版那样推出整版策划和设计的机会少之又少,结合版情,不断创新、小处推进、局部扮靓大有潜力。

(袁振喜、肖潘潘、胡安琪、马龙、陈亚楠、孙振、段宗宝)

真实就是"干货"

(2014年12月22日~2014年12月28日)

韩立群

本周对独龙族全国人大代表、原怒江傈僳族自治州人大常委会副主任、原贡山独龙族怒族自治县县长高德荣的报道可谓浓墨重彩。

22日周一,4版头条《"长"在群众中的"老县长"》见报,含二维码。23日周二,《老县长素描》4版见报。24日周三,《有志就是这么"任性"

——一名80后记者眼中的老县长》4版见报。三天连推3篇。

其实,本报早就报道关注高德荣。2013年11月11日头版就刊载《"泥腿子"厅官高德荣》。那次报道采访记者吃了不少苦。当时高黎贡山独龙江公路隧道还未贯通。曲折小道盘旋在崇山峻岭间,汽车颠簸了3个半小时,才从90多公里外的贡山县城开进来,沿途塌方、滑坡、滚石不断,头次进山的记者吐了个一塌糊涂。这篇稿子发出后,从中央到地方多位领导作了批示,许多人哭着读完了文章。

而这一次,云南分社还和人民日报媒体技术公司合作,在手机客户端播发了高德荣的报道。这种手机互动方式的报道,有音乐、图片,发出后反响很好,当地转发、分享量较大。许多年轻人通过网络、客户端了解、承认了老县长,说:新时代还是有可敬的共产党员。

当选怒江傈僳族自治州人大常委会副主任,却向组织申请把办公室搬回距离州府六库300多公里外的独龙江乡——他出生的地方。高德荣的事迹确实令人感动。云南分社的报道成功地为我们传递了这份感动。

刘云山同志前不久会见中国新闻奖、长江韬奋奖获奖代表时强调:讲好中国故事,重要的是解决好讲什么、怎么讲和怎样讲好的问题。怎么讲,就是要真实、生动、鲜活地讲,真实的故事最精彩,百姓的故事最生动,要坚持实事求是,见人见事见思想见精神。怎样讲好,就是要走出办公室、走出高楼大厦,在路上心中才会有时代,在基层心中才会有群众,在现场心中才会有感动。

云南分社这组报道的成功,也生动体现了云山同志的这个要求。

上次采访的艰辛前面已简单说过。这次采访,同样是下足了功夫,做了许多他人没做的功课。杨文明告诉我,张帆社长统筹安排,与总社多次沟通,提前进行了谋篇布局。两位记者到独龙乡后,除参加集体采访外,常常独自行动,尽可能找熟悉老县长的人。他们还不畏艰险,"开小差",不住宾馆,跑到边防派出所住了2天,采到了不少鲜货。想办法多跟不待见记者的老县长独处，虽然挨了不少"骂"，但收获颇丰。采访扎实进行了一个星期。又经过一个星期的紧张写作、打磨，圆满交出了稿件。

而更难能可贵的，是坚持实事求是，紧紧把握住了"真实"这一新闻之魂。

写高德荣怎么做——

跟高德荣共事过的人，很少有没挨过他骂的：工作不尽心被骂，甚至犯小错也会挨骂，但没有一个记恨他。"他'刀子嘴、豆腐心'，不会当面认错"，跟他掀过桌子的肖建生观察："但他也会'艺术'地表达歉意，比如第二天喊你吃早点。"

写高德荣怎么说——

当年从州人大副主任位置上回独龙江乡时，老县长说："我的同胞还在受穷，我却在外面享福，这个脸我丢不起！"

记者问高德荣："这么多人来采访，你怎么看？"

"不高兴"，老县长提高嗓门说："典型再多，经济发展上不去也不行！"

没有刻意拔高，不搞去粗取精，保留了人物鲜活、带着泥土气的一言一行，从而把高德荣这样一个很有个性的人，写出了特点、写出了真情、写出了境界。第一篇如全景油画，后两篇则如侧面素描。形象立起来了，又鲜活、又可亲。"先进人物往往被人写成高大全，一般出不了什么彩。老百姓也不太愿意相信。"杨文明说，但张帆社长要求见他人之所未见，要有自己的干货。

人物报道要把人写活，把事写生动，必须走心——走到读者心中。而读者最喜欢的，就是真实。真实才抓得住鲜活，真实才最能传达正能量，真实，就是我们要抓的最大的干货。

（作者系人民日报社新疆分社采访部主任）

附：

"长"在群众中的"老县长"

——记独龙族共产党员高德荣

徐元锋　杨文明

独龙江是一个让人流泪的地方：美到让人流泪，苦到让人流泪，让人爱到流泪。

她是祖国西南边陲上的"秘境"；独龙族同胞世居这里，长期以来"可吃的东西不多，吃人的东西挺多"；在这片净土上，多少人呕心沥血，多少人洒下热泪！

12月初，奔波劳顿来到独龙江，记者心里有一丝疑惑：眼前的路、房，到处都是新的，那个落后、封闭的独龙江呢？

先后五赴独龙江的云南省委书记李纪恒曾咏叹：如果以前有人问我，这里是什么地方？我会说是让人流泪的地方；今天你再问我，我答是"人间天堂"独龙江！

提起独龙江，绕不开一个人——高德荣，大家习惯叫他"老县长"。

采写高德荣，像一次时空穿越，也是一次精神洗礼。

公路

一边是高耸入云的山体，一边是悬崖深不见底，车子在坑洼积水的独龙江公路上颠簸，记者腿肚子发软，心也揪紧——独龙江之行，步步惊心。

这条路，连接着一个民族的历史和未来。

新中国成立前，独龙江人翻越高黎贡山走到贡山县，来回要半个月。新中国成立后修通"人马驿道"，一个来回要六七天。1999年独龙江简易公路贯通,除去大雪封山,七八个小时可到县城。而正在收尾的新隧道通车后,三个小时可到县城。

今年元旦前夕,老县长和几位基层领导喜不自禁,给习近平总书记写了一封信,报告独龙江隧道即将贯通的好消息。"获悉高黎贡山独龙江公路隧道即将贯通,十分高兴,谨向独龙族的乡亲们表示祝贺。"总书记的回信,让独龙江沸腾了。

今年4月10日,新隧道终于打通。老县长带着群众早早来了,他们采了杜鹃花,把独龙人民的"英雄花"别到施工人员胸口。

路,是独龙族人的"命根子"。

独龙江"开山"时,每年都要推雪通路,短则两个多月,有时要从3、4月推到7、8月。老县长每年都会来,"他在意他那个民族,想早一点通路"。

2007年5月,老县长又来了,他自封"队长",还取名"雪山飞狐推雪队"。他和交通局的职工一起睡工棚、吃干粮,"盖三床被子还嫌冷"。积雪厚达四五米,推起来得凭感觉。一次快收工时发生雪崩,一下子把驾驶员和老县长埋了进去。

"要不是急退了三四米,恐怕扒不出来了。"当年一起被埋的驾驶员褚丽光说。

任县长期间,高德荣就制定了"南下北上、东进西出"的道路方案,打破贡山"口袋底"。他拿着地图,用红笔标出需要建设的"路",翻山越岭去考察,住牛棚、宿江边,四处汇报、争取。

这些"图上的路",渐次"落地"了。如今在独龙江乡采访,一天就能跑完全乡。

草果

老县长"躲记者"出了名,他尤其不愿多谈自己。但和他聊聊草果,他就兴奋起来,介绍这个村种了多少,那片山有多少亩,末了还说:"这是独龙人民的'绿色银行'。"

草果看起来像草，能长两三米高，活二三十年。红灿灿的果实结在根部，是上好香料。老县长挑三拣四，选中草果：一则气候湿润适合草果生长，森林是"天然凉棚"，不用砍树；二则草果是"懒庄稼"，群众易接受；三则作为调味香料，烘干后耐储存，市场风险小。

目前，独龙江乡种植草果4万多亩，人均近10亩。今年全乡草果收获近300吨，按每公斤六七元算，就是200多万！

要知道，上世纪90年代，独龙族群众还靠救济粮，靠狩猎、打鱼、挖野菜果腹充饥；2010年前，大部分群众住的还是茅草房、木头房，人均纯收入不到900元。

种草果是门技术，播种、分株、除草、培土、排灌都有学问。老县长建起草果基地，分批手把手地培训村民。培训虽然免费，还是有人不愿来。老县长就自掏腰包，发工资请他们来管理草果基地——等草果苗长好了，再白送给他们。

马库村有放羊的传统，种下的草果被山羊啃个精光，有群众一气之下拔下来丢进火塘。老县长挨家挨户做工作，在村里待了一个星期，大伙儿才安心。

现如今，老县长又领着乡亲们种起了重楼。"独龙江雨多，草果开花时碰到下雨会减产"，老县长分析："重楼不怕雨，大森林里长出的重楼最好了！"

"听说您还要搞'独龙茶'？"记者问。

"谁说的？"老县长反问："草果、重楼够奔小康了。计划一大堆，不如办一件实事。"

教育

老县长说："没文化素质，独龙族还会返贫，独龙江不能再生产文盲和穷人了！"

他任县长时,全县财政收入一两千万,却用二三十万建了所完小。

在独龙江乡办九年一贯制教育,曾经是高德荣的一个"心结"——有件事刺痛了他。

独龙江公路绵延于森林密布的高黎贡山上,独龙族初中生以上的学子,都要翻山求学。一次贡山一中放寒假,独龙江公路勉强可以通行,80多个独龙族学生冒着封山的危险,徒步回家。

老县长闻听此事,让乡政府赶紧组织找学生。他也赶回乡里,几天才把学生找齐。

教育好孩子,也得教育成年人。

1997年7月1日,经高德荣等人多方奔走呼吁,群众盼望已久的独龙江公路开工了。贡山县原政协主席赵学煌任建设指挥长。高德荣建议:最后5公里,由独龙族群众组建一个工程队施工。赵学煌不敢答应。高德荣劝他:"正因为独龙族落后,才更需要学习经验技术,以后独龙江修公路,不靠他们靠谁?"

群众施工队组建起来了,赵学煌担心的事也发生了——有的民工没干几天就跑回家去。高德荣挨家挨户把群众找回来,白天和他们一起修路,晚上和他们一起住工棚。天还不亮,他就为大家生火煮饭。就这样,独龙江公路的最后5公里按质按时完成——后来修乡村公路,这批施工队员果然成了骨干。

家人

"老县长,手机响,那是百姓有事讲;老县长,背竹筐,农用家具往里装;老县长,坐火塘,促膝交谈拉家常……"

这首快板书,说的就是高德荣。当年从州人大副主任位置上回独龙江乡时,老县长说:"我的同胞还在受穷,我却在外面享福,这个脸我丢不起!"如今8年过去了,有人评价他:"不是'和群众打成一片',而是'长'在群众中。"

女儿高迎春回忆，父亲早出晚归，小时候很少见他。妈妈是卫生院医生，碰上妈妈出门，就得照看弟弟，自己六七岁就会管家了。

老县长对孩子们付出不多，要求却很严。

儿子毕业后考公务员，三年才考上——彼时他正是一县之长；女儿单位集资房10万多元，从银行借了10万元，10年才还完——但他不要组织上安排的房产，补贴也不拿；女婿怒文军本是乡村教师，自己努力考进了县档案局——他是半年多后才知道的；儿子、女儿的婚礼，没请一个父亲的同事朋友——女儿结婚时他的司机都不知道。

高德荣搬进独龙江乡后，老伴也随他到乡里安了家。"如果没有马姨，老县长早不行了。"跟高德荣开车15年的肖建生说。

2010年，云南省启动独龙江整乡帮扶，老县长忙得更欢实了。马阿姨6点多就起床，给老县长做好饭，好让他"饱饱暖暖出门"。晚上老县长回来赶不上吃饭，火塘边的瓦罐里，一定备好了"牛奶煮荷包蛋"。

"你理解父亲吗？"记者问高迎春。

高迎春想了想，说："生孩子后，感觉不一样了，他很喜欢外孙。"她给记者讲了一个事。一天晚上，在草果培训基地学习的30多名独龙族乡亲就要"毕业"回家了，父亲杀了鸡，拿出自酿的酒，乡亲们围坐在他身边。

大家喝高兴了，唱起了独龙民歌，跳起了独龙舞蹈。父亲跟着唱起了他作词的歌："美丽的独龙江哟，我可爱的家乡，处处鲜花开放，沐浴着温暖的阳光；美丽的独龙江哟，我可爱的家乡，插上了高飞的翅膀，靠的是伟大的共产党。"

哼着哼着，高迎春眼泪流了下来……

（原载《人民日报》2014年12月22日）

后 记

　　走进人民日报地方部办公室，整墙的头像照便扑入眼帘，地方分社和地方部上百张记者的笑脸簇拥着"记者之家"四个大字。我于2010年底任人民日报福建分社社长，从此便在这墙上微笑。

　　2013年7月调回地方部后，每天都会从墙旁走几趟，这墙似乎常常提醒：你在"家"里扛起那份应当承担的责任了么？

　　《人民日报》是第一大报，主旋律报道任务格外重，特别是先进人物的报道，这些活大多由地方分社承担。其中自然不乏佳作，有的还得过全国好新闻一等奖，但也难免参差不齐。到有关部门参加先进典型报道通气会时，便曾有领导直言不讳地批评：你们上次报道的那个人物没写好，这次要抽调擅长人物报道的记者去。

　　如何破解人物通讯采写方面存在的问题呢？

　　回总社后，常常翻阅地方部（原记者部，2000年改名）历年编的业务内刊和相关书籍，从那些业务研讨文章中汲取营养，寻求解疑释惑之道。读着这些文章，发现人物报道怎么采、怎么写，以前做过大量研讨。遗憾的是，"铁打的营盘流水的兵"，宝贵的经验虽记录在那里，但已掩在时光的流沙下，"流水的兵"们未必知道，未必看到。我编稿中有时和年轻记者聊天，把老记们业务研讨中的经验之谈荟给他们，有记者大呼茅塞顿开。当然，针对具体稿件，也是需要再对症加进一两味"新药"的。

　　禁不住想，倘若把多年来地方部（记者部）在人物通讯采写实战中总结出的那些宝贵经验汇总起来，让人手握一卷，胸罗百策，多好。再说了，这些业务研讨文章是陆续发的，自然难成系统，汇编在一起，可以互相参照，相得益彰，极大增值。于是暗暗生出编这本书的念头。

本书旨在探讨人物通讯采编业务，为利于观点阐释并方便阅读，附上相关见报稿。选录的研讨文章，有些原本是综合性的，只摘出其中所论采写人物通讯的部分。"题好一半文"，研讨同一个主题，有些文章难免"撞题"，有些标题则观点不够鲜明，对这部分文章，我重做了标题。这恐怕是长期当编辑的积习，未必恰当，是要敬请作者们谅解的，好在都是"一家人"。

谈新闻采编，"编"自然不可缺位，但地方部不管新闻版，编辑职能不完整，本书这部分所谈或疏漏较多，不能不说是个遗憾。为说明编采互动的重要性，选用了一篇人民日报总编室谈处理分社记者稿件时如何在版面上创新的业务研讨文章，在此谨致谢忱。

"文章合为时而著"，尤其新闻，故选编时，侧重于近两年地方部、地方分社的最新成果，另收部分记者部前辈的"旧文"，虽时光稍久，但仍不失其针对性，可补"今文"不足。所引资料，有多篇选自《灿烂的星河——人民日报记者部新闻实践与思考》一书，特别向该书主编、原记者部高级记者赵兴林表示诚挚感谢。

还要感谢报社领导王一彪秘书长，特地提供他的一篇稿件，以示对这样形式的业务研讨的充分肯定。

本书体例有些小小创新，其中责任编辑林薇女士提了很多好建议，也特别表示感谢。

书中文章未特别注明稿件出处的，均选自人民日报社内网"业务研讨"。

此书旨在谋破解之策，实际效果如何，恐怕未必如愿，否则，"纸上得来终觉浅"这一古训，也就不会流传至今了，还是贵在身体力行，在实践中多总结、多思索。倘能让喜欢人物报道的同行欣然开卷，并有一二获益，那么我便不仅是可以在"记者之家"欣然微笑了。

费伟伟

2015 年冬于北京金台

图书在版编目（CIP）数据

人民日报记者说：典型人物采访与写作 / 费伟伟主编 . —北京：人民日报出版社，2016.3
ISBN 978-7-5115-3660-0

Ⅰ. ①人… Ⅱ. ①费… Ⅲ. ①先进工作者－新闻采访 ②先进工作者－新闻写作 Ⅳ. ① G212

中国版本图书馆 CIP 数据核字（2016）第 034000 号

书　　名：	人民日报记者说：典型人物采访与写作
主　　编：	费伟伟
出 版 人：	刘华新
责任编辑：	林　薇
封面设计：	春天书装
出版发行：	人民日报出版社
社　　址：	北京金台西路 2 号
邮政编码：	100733
发行热线：	（010）65369527　65369846　65359509　65369510
邮购热线：	（010）65369530　65363527
编辑热线：	（010）65369526
网　　址：	www.peopledailypress.com
经　　销：	新华书店
印　　刷：	大厂回族自治县彩虹印刷有限公司
开　　本：	710mm×1000mm　1/16
字　　数：	310 千字
印　　张：	23.25
版　　次：	2016 年 4 月第 1 版　2023 年 8 月第 10 次印刷
书　　号：	ISBN 978-7-5115-3660-0
定　　价：	46.00 元